# 散户怎样战胜庄家

## ——民间高手谈股经

谢宏章 著

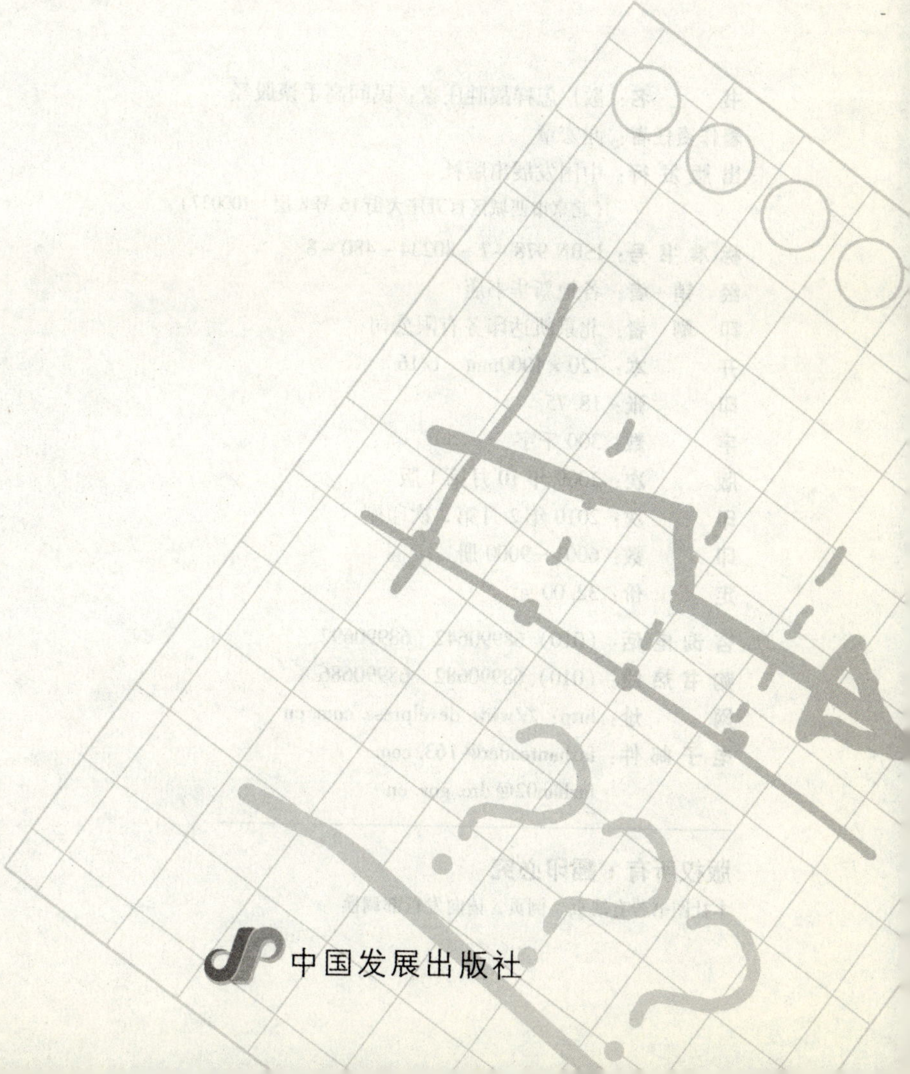

中国发展出版社

**图书在版编目（CIP）数据**

散户怎样战胜庄家：民间高手谈股经/谢宏章著.
北京:中国发展出版社，2009.10（2010.2 重印）
ISBN 978-7-80234-480-8

Ⅰ.散… Ⅱ.谢… Ⅲ.股票—证券投资—基本知识—中国 Ⅳ.F832.51

中国版本图书馆 CIP 数据核字（2009）第 183848 号

书　　名：散户怎样战胜庄家：民间高手谈股经
著作责任者：谢宏章
出 版 发 行：中国发展出版社
（北京市西城区百万庄大街 16 号 8 层　100037）
标 准 书 号：ISBN 978-7-80234-480-8
经 销 者：各地新华书店
印 刷 者：北京凯达印务有限公司
开　　本：720×1000mm　1/16
印　　张：18.75
字　　数：300 千字
版　　次：2009 年 10 月第 1 版
印　　次：2010 年 2 月第 2 次印刷
印　　数：6001—9000 册
定　　价：32.00 元
咨 询 电 话：（010）68990642　68990692
购 书 热 线：（010）68990682　68990686
网　　址：http：//www.develpress.com.cn
电 子 邮 件：fazhanreader@163.com
fazhan02@drc.gov.cn

---

# 有“股”的日子真好①

自从20世纪90年代踏进股市大门的那一刻算起，至今已有十几年了。这些年来，与数以千万乃至上亿的中国股民一样，我在股市投入了大量平时省吃俭用节省下来的资金，付出了许多宝贵难忘的时光，一路走来，虽充满艰辛，却无怨无悔。

炒股十几年，到底图的啥？付出了多少、得到了什么？不去想它还好，一想起来，还真有些惭愧，有些心酸：普通股民赚钱真难！十几年了，当初的美好梦想，真正实现的恐怕没有几个。要说得到的，除了一大堆交割单（如今连交割单也不需要了）外，恐怕只有那些“酸、甜、苦、辣”的“味道”，留给自己慢慢咀嚼、细细回味了。

**酸**。记得初入股市那阵子，想法也简单，以为只要大盘一涨，自己的市值也能水涨船高。殊不知，第一板那些“涨停板”与自己无缘不说，而两市仅有的几只“跌停板”自己倒常常是“榜上有名”。再加上，经常追涨杀跌、心态不稳，投资效果总是不尽如人意。每当看到大盘和其他个股“山丹丹开花红艳艳”，而自己的股票和市值却依然“绿油油”的一片，内心的感受好比喝了陈年老醋一样，别提有多“酸”了。

---

① 写于2008年7月14日，原载于2008年18期《民主与法制》杂志。

**甜**。人在股市，有时候也会尝些甜头。记得当年飞乐音响从 8 元开始“起飞”，接连涨停。在 12 元多的时候，我也忍不住买了 2000 股，仅两天时间，就涨到了 14 元多，赚了 20%。那时的感觉就像是吃了蜜糖——甜滋滋的，自我感觉“特别良好”。有时看到菜场卖菜的、街上扫马路的，心想：靠赚这样的几个小钱，还弄得好？还不如咱炒股挣钱来得既多又快，还常常自以为是：咱炒股的人，就是不一样，就比别人强！

**苦**。炒股的确很累、很辛苦。记得刚开始那会儿，为了研究股价变化规律，找到发财致富捷径，也不知道还有 K 线图可供研究分析，就找来纸和笔，“亲自”画起了“走势图”。每天下班回家，第一件事便是“画图”，希望能从中发现点蛛丝马迹、规律什么的，好早点圆上自己的赚钱梦。除了辛苦，还有痛苦。每当想起自己的付出得不到回报的时候，每当看到账户里的市值一天天地缩水不止的时候，痛苦、委曲就会涌上心头：这 360 行，干什么不行，为什么偏偏要干炒股这一行？

**辣**。如果说辛苦和痛苦是自己酿成的“苦酒”，理应自己来“喝”的话，那么最大的郁闷在于，对自己所干的这行，同事和家人的不理解。在单位，股票涨了，不能喜形于色；跌了，不能把表情挂在脸上。回到家里也一样，赚了还好，自然会高兴一下，在家人面前自夸一番。一旦亏了，却不便表达，只好闷在心里，所有的痛苦和委曲只能自个儿独自承受。即便如此，有时候还少不了家人的埋怨和数落。

夜深人静的时候，静下心来、理智地想想，当初要不是炒股，要是换别的行当，或者把钱投到别的地方去，同样经过这十多年时间的辛勤劳作，同样品尝这些酸甜苦辣的“味道”之后，或多或少总会有些收获。比如，当时要是把炒股的钱用来买房，资产早翻了好几个跟头。即便是存在银行，尽管收益低些，总归还有些利息。唯独只有炒股，辛苦十几载，白忙乎一场，到头来是两手空空、一无所获，还把老本也给赔了进去。

除了“酸、甜、苦、辣”，炒股的“味道”还有很多。但有时候，换种方法想想，感受倒会好些：炒股毕竟是你自愿的，谁也没有逼着你去炒股。再说，亏钱，往往是因为你太想赚钱才亏的，如果当初你不想在股市赚钱，也就不会亏了。这叫风险与机遇并存，亏钱与赢利同在。

再想开些，炒股十几年，说无收获，其实也有。比如，增长了知识。股市是所大学校，要不去炒股，怎么会关心股市！怎么会懂得这么多有关股市、股票、财经、投资方面的知识和道理！怎么会一提起股票来就滔滔不绝、没完没了，有着说不完的话、道不完的理！

比如，丰富了生活。书中“有股的日子真好”，“生活因股而精彩”，这些文字都是自己真切的感受。可以设想一下，假如没了股市，生活会是什么样，会不会像杯白开水，平淡无奇、没了味道？正因为有了股市，才会在紧张、纷繁、刺激的生活中，多了一分激情与企盼。

比如，收获了友情。人生是个大舞台，股市也有一分子。茫茫人海里，因股而走到一起，着实不容易，也是种缘分，尤其是那些“情相投”、“意相合”，有着许多共同语言的人们，时常地在一起，交流心得、切磋技艺、相互学习、彼此勉励，倒也情趣盎然、其乐融融。

这，或许就是炒股的“味道”吧，不是股民，想尝还尝不到呢！

作　者

# 目录

## 动作篇　善于调“兵”遣“将”

在股市投资，能否成功，不仅取决于能否赶上一轮大牛市以及“牛有多大”，取决于能否骑上大黑马以及“马有多黑”，而且取决于投资者驾驭股市和股票的能力强不强，取决于调兵遣将的工夫深不深。

## 坚守篇 “不操作”往往就是“最好的操作”

频繁操作，不仅难使收益最大化，而且常常“因小失大”，或在“快进快出”中痛失牛股，或在不知不觉中犯了追涨杀跌的毛病。实践表明，保持平常心，降低期望值，耐心持股，减少操作，往往能取得意想不到的收益。



## 牛市篇 “高空作业”怎样做到镇定自若

炒股，说白了就是风险与机会的博弈，风控与逐利的较量。衡量投资者是否成熟，不仅要看其逐利能力的大小，更要看其风控能力的强弱。处理好了风控与逐利的关系，离成为一名理性、成熟的投资者就不远了。

## 熊市篇 别被“狂泻”冲昏了头脑

与股市同呼吸、共命运，对股票涨不喜、跌不悲，操作时进可攻、退可守。在大盘已经腰折、许多股票跌破了发行价、股市的融资功能遭到严重破坏、绝大多数股民都在亏损之时，更应该坚定信心，做一个坚定的投资者。



## 技巧篇 炒股，怎样才能少“买单”

众人聚餐，无非三种人：一是只管用餐、无需买单；二是既已用餐、就得买单；最倒霉的，餐未用上、却要买单。在股市投资，最终结局何尝不是这三种情况：赚了钱的，溜之大吉；不赚不亏，也算幸运；最糟糕的，钱没赚到，却接了最后一“棒”，要么“站岗”，要么“买单”。

## 借鉴篇 世上没有“股神”，适者才能生存

世上没有“股神”，适合自己的就是最好的。而这，需要投资者在实践中不断学习、积累和摸索，善于在股市这所大学校里不断磨砺和提高自己，努力地去适应这个收益和风险同在、机遇和挑战并存的市场。

## 执业篇 让炒股成为一种生活方式

随着经济、社会的快速发展，谈股论经的人越来越多了，选择炒股的人越来越多了。人们对股市、股票和股民的兴趣和看法也比过去要积极和理性得多，更有不少人甚至像工作、学习一样，把炒股当作日常生活的重要组成部分。



## 实战篇 操作，在投资理念指引下

操作，一定要在投资理念指引下，无论是发现、跟踪，还是等待、建仓，都必须要有理由。光有“理念”不执行，或盲目操作无“理念”，都是投资的大忌。前者会使投资“理念”变得毫无意义，后者会使操作缺乏底气、屡战屡败。

## 评论篇 散户的钱是这样亏掉的

"甜药"在散户心中埋下亏钱的"种子"，"诱惑"送散户上了"贼船"，"倔强"让散户掉入"陷阱"，"突变"使散户作出断臂"壮举"。以上"四步曲"告诉人们：散户的钱就是这样亏掉的。

## 入门篇 新股民风险警示学堂

“铁打的营盘，流水的兵。”股市亦不例外。老一代股民因为种种原因，终究要陆续淡出这个市场，新一代股民自然会纷至沓来，股市的最终未来属于年轻人。



## 闲话篇 股市是所大学校

日复一日，年复一年，潮涨潮落，世代相传。不管离去的是什么时间，以什么方式，也不管是面带微笑地离去，还是含着眼泪地淡出，唯一不变的是，前来“中国股市大学”就读的学员依然趋之若鹜，兴致勃勃。

## 感悟篇 炒股，要经得起“考验”

考验，无处不在；考验，无时不有。这就是股票，这就是股市。只有那些面对考验不惊慌失措，面对考验始终做到方寸不乱的投资者，才能在这个高风险的市场里生存，才会在这个许多人难以立足的市场里笑到最后。



## 尾 声 做个股市“硬汉”

# 动作篇：善于调“兵”遣“将”

在股市投资，能否成功，不仅取决于能否赶上一轮大牛市以及“牛有多大”，取决于能否骑上大黑马以及“马有多黑”，而且取决于投资者驾驭股市和股票的能力强不强，取决于调兵遣将的工夫深不深。

## 多学大妈“买菜经”

在证券投资中，应学大妈们的“买菜经”，货比三家，专挑“价廉物美”的买。

早晨起来，多数人都要去菜场买菜。在菜场，最常见的现象就是“讨价还价”。

年轻的“主男”们买菜时相对要“爽”些，但那些大妈们却要精明许多。买菜时，同一品种、相同规格、质量相仿的东西，希望价格越便宜越好；同样价格的东西，希望质量好些、再好些。为此，大妈们往往不惜费时费力，跑来跑去，货比三家，精挑细选。最后，才把那些又便宜又好的东西买回家。

这些大妈们买菜时讲究的是“价廉物美”。其实，在证券投资中，在选股票、买股票时，又何尝不是这样呢？同样的股票，如能以相对较低的价格买入，风险就小，收益就大；同样道理，以同样的价格买入的股票，如果品质更优，岂不更好？

这个浅显的道理，说起来大家都懂，但真要做起来就不那么容易了，相信很多人都做不到这一点，包括我妻。

2007年9月7日（周五），湖北迈亚在停牌一段时间后，巨量封涨停。9月10日（周一），追涨心切的妻马上要我保本（还算理智）把买入不久的太龙药业卖了，并以涨停价13.76元去追入迈亚。由于周一太龙未到委托卖出价，未能成交，因而也没有资金去买迈亚，而迈亚却以涨停价13.76元高开后，一路走低，至12.60元收盘。随后几天，迈亚继续下跌，直到10元左右才止住。短短几天，跌幅巨大。幸亏当时未能成交，否则一个来回，损失就大了。

在迈亚跌至10元左右的时候，我建议妻可以腾出资金买迈亚了，但妻见迈亚这几天的表现不尽如人意，也改变了想法，连连摇头，不要迈亚。原来，妻早已把兴趣转到了其他“热门”的股票上去了。

才几天时间，迈亚还是原来的迈亚，基本面也一点都没有改变。13.76元急着想买的迈亚，到了10元反而不要了。对妻的这一动机和做法我算了解得比较透：她之所以在13.76元想买迈亚，是因为预计迈亚还有进一步上冲的动力，还会一涨再涨，贪婪之心占了上风；10元左右不想要了，是因为担心迈亚还将继续调整，还将一跌再跌，恐惧之心正在作怪。

事后，迈亚的表现证明了妻当初的贪婪和恐惧都是错误的。迈亚不仅没有继续下跌，反而出现了大幅反弹的走势。短短4个交易日，迈亚的涨幅达到了30%。看着迈亚几天来的走势，妻懊悔不已。

妻在日常生活中，非常节俭。但在证券投资中，怎么像换了个人似的，出手大方，不惜重金，追涨杀跌，且眼睛连眨都不眨一眼，日常生活中的“精明”荡然无存。“长此以往，妻不亏谁亏？”我想。

在证券投资中，妻要是能学学大妈们的“买菜经”，专挑“价廉物美”的来买该有多好。虽然，妻早晚会有这一天，但看来还需要时间，需要等上够了“课”，交足了“学费”，成了一名“久经沙场”的老股民以后。

（写于2007年10月8日）

## 股票也要“反季”买

如果把日常生活中的“反季节”消费方式，运用到证券投资中，同样会取得意想不到的效果。

精明的消费者大多知道“反季节”消费的益处。同样的商品，如果“反季节”购买，就能以相同的钱买入更多的商品，或能以更少的钱买入同样多的商品。在日常生活中，不少消费者既是这样想的，也是这样做的。

如果把日常生活中的“反季节”消费方式，运用到证券投资中，同样会取得意想不到的效果。

大唐发电和工商银行都是我钟爱的股票，但却各有各的“旺销期”和“滞销期”。记得两年前，当大唐发电备受冷落的时候，工商银行却受到广大投资者的追捧，进入了销售的“旺季”，股价也一路上扬；但随后，工商银行开始了漫长的“冬眠”，价格不仅没有随大盘的上涨而上涨，反而出现了逆市阴跌。而大唐发电却渐渐地开始“复苏”，甚至出现了被人争抢的销售“旺季”。股价从6月4日开始大幅上涨以来，到8月7日收盘已涨至24.93元，两个月时间，涨了一倍还多。而8月7日工行的收盘价仅为5.80元，还在原地踏步。

此时，作为投资者是随大流，赶时髦，以24.93元去追“旺销”的大唐，还是“逆向思维”，人弃我要，以5.80元去买“滞销”的工行？

喜欢短线急进的妻见大唐日日涨、工行天天跌，反复劝我抛掉手中“毫无起色”的2万股工行，去换4653股“风头正劲”的大唐。而在股市尝遍了酸甜苦辣的我依然“我行我素”，不去凑这个热闹，也不去赶这个时髦。尽管我对大唐十分看好，但感到“反季消费”也比“当季消费”强，即使要买大唐，也不应是这个时候，而要等“反季”到来时。见“老股民”不听，妻也没有办法。

一转眼，3个月过去了，街上行人的“行头”也由夏装换成了秋装。再来看看大唐和工行，发现他们也在悄悄地进行着各自的“季节更换”。工行渐渐地受到大家的欢迎，由销售的“淡季”变成了“旺季”，股价也随之稳步上升，至11月12日收盘已达8.17元；而大唐却由“旺季”变成了“淡季”，股价也一路下滑，至11月12日收盘时已跌至13.78元。此时，如将手中的2万工行，再去换大唐，就不是4653股，而是11858股。

仅仅三个月的时间，大唐还是原来的大唐，本钱也是原来的本钱，只是由于“季节变换”，卖出的时机由“淡季”改为“旺季”，买入的时机由“旺季”改为“淡季”，从而使大唐的股份由原来的4653股，变成了11858股。如果以股份计算，三个月时间增加了155%，翻了一倍还多。

如果说，生活中的“反季节消费”，有时会因商品过时、变质，以及消费者观念的不同等原因，并不是所有的商品都适合这种消费方式。那么，证券投资中的“反季节”却没有这种过时、变质等方面的忧虑，品种还是这些品种，数量还是这些数量，一切都没有变化。

当然，投资中的“反季节”也有个前提，这就是股票的质地要好，估值要合理，还有就是要采取长线价值投资的策略。如果是股票质地有问题，或采取的是短线操作，那就要另当别论了。

由此可见，不仅在日常生活中，“反季节消费”益处多多，而且在证券投资中，股票也要“反季”买。

（写于2007年11月12日，原载于2009年4月22日《羊城晚报》）

## 选股也兴“票决制”

用“票决制”选股票，笔者定的标准有6条，其中两点特别需要引起重视：一是股票的基本面，不能有大的问题，否则不具有可比性；二是累计涨幅不能太大，尤其是不能被爆炒甚至恶炒过，否则，即使在一段时间内跌得再多也不予考虑。

在两市1000多家股票里，如何去选择自己称心的股票，不同的投资者有不同的方法。假如把平时大家在行使选举权时常用的“票决制”用在选择股票上，效果也不错。

2007年6月8日，是“530”超跌后反弹的第四天。当时，上证指数收在3913.14点，笔者准备选几只股票待买。考虑到尽量使入选的品种做到既安全稳妥，又有潜在涨升空间，自定了以下6条标准：

一是基本面尚可，一季报不亏或初亏（没有被摘牌的风险），每股收益越多越好；

二是市盈率不高，越低越好；

三是最新收盘价适中，中低价最好；

四是近期跌幅相对较大，跌得越深越好；

五是涨幅相对较小，涨得越小越好；

六是短线形态有企稳迹象，最好处于上升通道初期，且位于通道的下轨。

按照这6条标准，笔者开始寻找目标。开始时“候选对象”有几百只，经过几轮“筛选”，后来还剩下10只，但还是存在“这方面好，但那方面差”的问题，很少有十全十美的。于是就再次对照这6条标准，并逐条比对，逐个量化，按照从高到低进行打分，确定符合某项标准的前五名，在对应股票的投票栏内“投”上一票。在全部6项“投票”结束后，再进行汇总。方法是：先进行累加，看谁的得票多；再按照总得票数，把所有候选股票按从多到少进行排列，确定最终入选的5支目标股，依次是：青海华鼎（6票）、兴业银行（5票）、上海梅林（5票）、凯恩股份（4票）和中兴银行（3票），其余5只股票因得票数都在2票以下而被“淘汰”。

这5只“入选”的股票就成了笔者在大盘和个股回调的时候择机买入的重点品种。5个多月过去了，这些昔日曾经被选“中”的股票表现怎么样呢？11月23日收市后，笔者找出当时的“选票”，对照这些股票当时的价格和如今的收盘价，计算了各自的涨跌幅，结果如下：青海华鼎涨26.20%，兴业银行涨94.24%，上海梅林涨5.60%，凯恩股份涨6.78%，中兴银行跌0.39%。其中涨幅最大的是兴业银行（涨94.24%），涨幅最小的是中兴银行（跌0.39%），平均涨26.49%，同期上证指数涨28.60%。单从这些股票的平均涨幅看，虽然连上证指数都未能跑赢，但与其他“落选”的品种平均跌13.71%相比，已是万幸。

用“票决制”选股票，笔者定的标准有6条，其中两点特别需要引起重视：一是股票的基本面，不能有大的问题，否则不具有可比性；二是累计涨幅不能太大，尤其是不能被爆炒甚至恶炒过，否则，即使在一段时间内跌得再多也不予考虑。如果能有这样的前提，又是上市不久的新股、次新股，且有较大跌幅，甚至基金、主力也深套其中，这样的品种可加以重点关注和考虑，在底部企稳、放量突破时果断跟进。

政治生活中的选举，是人们行使民主权利的重要形式和手段，目的是把大家信得过的人选出来。股市投资中的“票决制”虽然“选举”的“对象”不同，但目的也一样，就是在控制风险的同时，力求把那些质地优良、估值合理、具有一定涨升空间的股票选出来。

（写于2007年11月26日）

## 找对象与选股票

**建仓前须精挑细选、慎之又慎，买入后则任凭折腾、安心持有。**

年轻人找对象有个特点——一见钟情，看对方优点的多、缺点的少，有时甚至把缺点也看成是优点。但结婚后正好相反，常常是看对方这个不如意那个不顺眼，还经常把对方的优点看做是缺点。一些人结婚不久又离婚，一个重要的原因就是婚前草率婚后挑剔。

炒股也一样，不少投资者在选股票时，会感到这只也好那只也不差，尤其是位于涨幅榜前列的股票看起来更是情人眼里出西施，只只都喜欢，恨不得一口气吃个够，把它们全买下来。但一旦买入后不涨，又懊悔不已甚至胆战心惊，觉得还是别人买的好，自己拿着股票提心吊胆、很不踏实，一会儿想抛弃、一会儿想换股，常常犯追涨杀跌的错误，到头来只赚指数不赚钱。

针对生活中出现的婚前草率婚后挑剔这种现象，“过来人”往往会劝年轻人找对象时要擦亮眼睛，多长个心眼；结婚后倒可睁一只眼闭一只眼，不妨大度些、随和些。炒股也一样，建仓前须精挑细选、慎之又慎，买入后则任凭折腾、安心持有。

2009 年 2 月，妻子要我帮她买两支股票。当时，大盘和个股自低点反弹以来，累计涨幅已大，许多板块都已轮番表现过，有的个股涨幅更大甚至已翻了几个跟头。是追当时的强势板块，还是按照找对象的标准精挑细选买“放心股”？考虑再三后我决定采用后者方法选股。于是，在 11 日和 16 日两天，经过筛选，分别买入招商轮船 20000 股、中海集运 3900 股，价格分别为 5.18 元和 3.91 元，17 日再次以 3.85 元的价格加仓中海集运 9700 股。

建仓这两只股票体现的就是精挑细选找对象的原则。虽然在购买时这两支股票都表现平平，但买入的理由却非常充分，招商轮船业绩良好、股价超跌，本轮行情中涨幅偏小，内在价值未被市场充分挖掘，投资潜力较大；中海集运生不逢时，发行上市后正赶上两市走熊，此时股价已跌破发行价（只剩下发行价的6折），所有建仓主力悉数被套。两只股票的共同特点是业绩优、跌幅大、涨幅小，价值被低估，属于机会大于风险类，可以放心购买的品种。

像找对象一样精选的股票，买入后还须安心持有。建仓后，招商轮船和中海集运依然如故，表现不佳，大盘大涨它小涨，大盘小涨它不涨，大盘一跌它却跌得比谁都厉害，才几天工夫两支股票都作了深幅调整。见此情景，妻有些“拿”不住了，几次想一抛了之。我说，别的股票心中没底，但这两支像找对象那样选来的股票我心中有数，都是好品种，千万别割肉，拿住它定会有不错的收益，一定要耐心、要稳住。于是，在随后的一段时间里，干脆采取“任选风吹浪打，我自岿然不动”的策略，有时间看一下最新价格，没时间理都甭理它。

接下来便是“见证奇迹的时候”。几天后，正当对这两支股票的短线表现不抱任何希望之时，一向表现“低调”的招商轮船和中海集运终于发威，双双以涨停价报收。见此情景，妻干脆将已经获利的招商轮船以涨停价卖出，将属于自己的那份收益收入囊中，中集海运则继续持有。

投资招商轮船和中海集运一事说明，要成为一名成熟理性的股民，取得投资的成功，重要的一点就是要像找对象那样选股票，建仓前精挑细选，买入后安心持有。

（写于2009年4月2日，修改于2009年6月27日，原载于2009年5月9日《金融投资报》）

## 建仓前需要想清楚的几个问题

买入前，胆子要小，要多问自己“为什么买入”；一旦买入，胆子要大，要坚定自己的判断。

最近，股市出现剧烈震荡，投资者的心态也出现了不稳定。表现之一，就是买入一支股票前往往缺乏计划，稍有冲动，就会买入，较为随意；一旦买入，又提心吊胆，后悔不已。实际上，要做一个沉着的投资者，在买入股票前，必须想清楚一些问题，尤其是在大盘和个股出现剧烈波动时。

### 1. 大盘会不会出现与自己预期相反的走势

指数从高点下来，最大跌幅达70%以上，“破发”家数不断增多，许多股票的价格只剩下零头。从低点1664起来，至2402点涨幅一度达到40%以上，目前2300左右的点位，是高了，还是低了？如果还嫌太高，可以离场，可以持币，但一旦涨到3000、4000点，甚至更高的时候，就不该再去追涨；如果认为低了，可以进场，可以持股，但一旦跌到2000、1000点，甚至更低的时候，就不该再去杀跌，对此，一定要想清楚。

### 2. 有没有港股直通车的担忧

H股和A股的巨大差价，以及港股直通车问题，一直以来困扰着广大投资者。为此，在买入股票前，要先看一看股本结构，有没有H股。如果没有H股，就可以不考虑此问题；如有H股，就要比一比H股和A股的价格。如后者大大高于前者，就要特别小心；如后者大致等于甚至低于前者，就没有这方面担忧，可以考虑作为买入的备选品种。

### 3. 有没有大小非减持的可能

在查看股本结构的时候，还要看一看限售股情况。如，限售数量、流通日期。如数量巨大、时间临近，就要小心；否则，如果解禁的数量不多，时间还早，说明压力不大，就不必过于担心。有的虽然已经全流通或大部分解禁，但解禁股减持的意愿依然较强，主力尚未“减透”，操作时仍要特别小心。

### 4. 粗算一下主力成本以及目前价格的获利空间

这包括备选品种的发行价格、最低价格、最高价格、最新价格。通过查看，如果发现累计涨幅不大，获利空间较小，就比较理想。如果主力获利丰厚，就要注意回避。另外，如果前10大流通股东多为机构、基金，且控制了比例较高的流通筹码，这也是好事，但要看其建仓期及建仓价格，如现价已被套甚至深套最好。

### 5. 基本面是不是“良好”

重点关注一下最近公布的年报业绩，分配预案。如果业绩优良，分配方案又好，当然是首选的品种。

总之，买入前，胆子要小，要多问自己“为什么买入”，多想想上述几个方面的担忧；只有想清楚了上述问题，对上述可能出现的担忧一一地被排除掉了，才可以考虑建仓。但是，一旦买入，胆子要大，要坚定自己的判断。只有在建仓前就已想清楚了这些问题，才能使自己对买入的股票“放心”，才能使自己做一个沉着冷静的投资者。

（写于2008年3月30日，修改于2009年3月25日，原载于2008年8月27日《大众证券报》）

## “三比”制胜

当别人贪婪的时候你恐惧，当别人恐惧的时候你贪婪，就会取得好的结果。在股市“搏杀”，与其说是在炒股票，不如说是在炒心态。

炒股的招数有很多，不同的投资者都有自己不同的招数。结合自己多年的投资实践，今天再来介绍一种简单、实用的制胜方法——“三比”法。

### 1. “此时”与“彼时”比

贪婪和恐惧是许多投资者共有的弱点。记得2007年行情好的时候，即在大盘五六千点的时候，许多人因贪婪高位追入，眼睛连眨都不会眨一下。后来，在大盘跌破2000点的时候，不少人又因恐惧低位杀跌，担心大盘会跌了又跌。贪婪和恐惧重复上演的故事，致使不少投资者的真金白银有去无回。

假如，投资者能够换位思考，当别人贪婪的时候你恐惧，当别人恐惧的时候你贪婪，就会是完全相反的结果。要做到这一点，其实也不难。投资炒股无非是风险和机遇相比哪个更大些，别人6000点以上建仓，我在2000点之下买入，风险肯定比他们小很多，谁能说“后者买入”这样的操作决策是错误的呢？哪怕买入后仍会下跌，但“我比他们买得便宜”这已是不争的事实。

### 2. “此价”与“彼价”比

无论是投资炒股还是平常生活，有这样两种有趣的现象值得我们注意：一是在我们生活的周围，时常有一些曾经五六十元买铝业、两三百元买中船的投资者抱怨自己被“深套”，不知何时能“解套”；二是一些工薪阶层时常抱怨自己的薪水收入低、工资奖金少。其实，财富多少、收入高低都是相对的，甚至是互相转化的，尤其是对于在股市投资炒股的人来说。打个比方，年薪60万元的高收入投资者，以60元的价格一年收入不吃不喝只能买入中国铝业1万股，但普通的工薪阶层，一年收入无论如何都买不到1万股的中国铝业。但一年以后（2008年10月），中国铝业的价格已跌破6元。一样的中国铝业，年薪只需要6万元，一年收入就能买到1万股。换言之，昔日的高收入者由于“彼价”买入，与后来的低收者已没有什么两样；后买的低收入者由于“此价”买入，也俨然成了“高薪一族”。想到这些，还有什么理由不以这样的低价源源不断地建仓呢？

### 3. “动”与“不动”比

前面两个“比”，对于长线投资的人而言比较有效，但对于短线操作的投资者来说，问题恐怕没那么简单。即使是做长线，也不意味着一定就是“死捂不动”，也可适当地做做短线，长中有短，长短结合。对此，笔者在部分仓位保持不变的前提下，按照既定的策略，也经常做一些短线操作。以2008年12月中旬的操作为例：16日3.86元买入景兴纸业7800股，6.40元买入威华股份2525股，17日4.03元卖出景兴纸业7800股，6.89元卖出威华股份2525股。这两个品种的买入价都比一周前卖出的价格要便宜，顺利地做了个差价。但这次卖出时，尽管离买入时间只隔了一天时间，收入已经不错，但也“担心”它们还会再涨，结果也涨了。这样的操作对不对，算不算成功？答案是肯定的，因为卖出后再涨——“不是你的就别再勉强”。我只以“动”与“不动”相比，股份数量不变，但两个账户里的资金却分别多出了1203元和1170元。

在股市“搏杀”，与其说是在炒股票，不如说是在炒心态。用“三比”法战胜贪婪和恐惧，看似有些“阿Q”，实际上正是普通投资者实现心态自我调节、有效排除各种干扰、顺利完成股市“绝杀”的有效方法之一。

（写于2008年12月21日，修改于2009年6月6日，原载于2009年5月13日《羊城晚报》）

## “多动症”好不好

在一轮明显的上涨行情里面，不适合多“动”。多“动”最适合的时机是在大盘和个股涨涨跌跌、反复震荡的特殊市道里。

经常关注笔者博客的朋友可能会问，一向坚持长线价值投资的笔者，为何近期短线操作开始多了起来，是不是也得了“多动症”？

与以往相比，笔者最近的操作的确多了一些，尤其是短线和超短线的操作，即差价不多、时间很短，有的甚至进行当天T+0操作。

为什么？主要考虑近期行情比较沉闷，涨跌波幅都不大，比较适合做一些短线。

当然，做短线也好，“多动症”也罢，要真正“动”好也非易事。这里，结合自己近期的操作，谈几点体会。

先要明白，在什么情况下适合多“动”？依我之见，在一轮明显的上涨行情里面，不适合多“动”。因为此时多“动”，往往会踏空。在下跌趋势明显形成的情况下，也不适合多“动”，因为此时多“动”，往往会套上加套、输得更惨。多“动”最适合的时机是在大盘和个股涨涨跌跌、反复震荡的特殊市道里。比如，最近大盘经常围绕3400点上下作窄幅波动，个股也涨跌不大、波澜不惊，就比较适合做短线。

还有就是，多“动”怎么个“动”法？这里有两条原则。一是要及时“归位”。对于长线投资者来说，在“动”的时候要保持原有仓位基本不变，即，要及时地“恢复原位”，既包括总体仓位控制，也包括个股仓位。高抛后，要注意及时将抛出的筹码低吸回来；低买后，要注意及时将买入的股票高抛出去，防止踏空和被套。对于短线投资者另当别论。二是要有计划地“动”。“动”之前，一定要制定周密的计划，包括买卖时机、品种、数量、价格，以及在“动”后的再“动”计划，切忌看着盘面心血来潮、追涨杀跌。

最后一点，一旦“动”反了该怎么办？如果“动”对了，“动”得好，可以在股份数量保持不变的情况下，使资金余额慢慢地增加，达到“动”的预期目的。但股市情况千差万别，再周密的计划，也难免会有“失足”的时候。一旦“动”反了怎么办？必须严守纪律！比如，“高抛”后，本想低位接回，结果涨了上去，无法接回，这时就必须放弃；再比如，“低吸”后，本想高位抛出，结果出现下跌，不盈反亏，这时就必须坚守，除非大盘和个股发生突变。

“多动症”好不好？严格地说，没有一个统一的答案，需要因人而异。在没有把握的情况下，不妨选择长线价值投资，坚持自己的初衷，少“动”或不“动”。只有在较有把握、胜算较大的情况下，或实在耐不住长线投资寂寞的时候，才可以少量地尝试多“动”操作。

（写于2008年6月2日）

## 过好四道“坎”儿，欲速也能达

短线操作四道“坎”儿：捕捉目标、伺机待买、果断出击、及时收兵。

炒股要有耐心，欲速则不达，这是许多老股民用真金白银“换”来的炒股经。的确，许多牛股在启动之前大都经历过反复折腾的“阵痛期”，拉升阶段持续时间一般也比较长，少的一年半载，长的三年五年才完成主升浪，实现翻倍、翻几倍的运作目标。对这样的牛股，最好的策略是买入后一路持有，适宜操作的对象是长线股民。

然而，对于喜欢快进快出、擅长激进投资的“短线客”来说，长线持仓这种不温不火的操作方法显得不够刺激，也不过瘾。对于这类群体，还有一种操作方法比较适合，这就是“超短线”操作法。日前，笔者在大秦铁路上就“超短”了一回：2009 年 4 月 1 日下午开市后，8.90 元买入 10700 股，第二天早上以 9.66 元的价格进行场外卖出委托，下午一开市便在大秦铁路冲高过程中顺利成交。

持仓时间才一天，大盘涨幅不到 1%，而短线获利却达到了 8% 以上。大秦铁路“超短线”投资的成功，从表面上看“一进一出”十分简单，还带有几分偶然的成分在里头，但操作的背后、期间所跨越的四道“坎”儿还是让笔者留下了深刻的记忆，给人以许多启迪。

**第一道“坎”——捕捉目标**

2 月初，大盘从低点反弹以来已有不小涨幅，账户里的部分资金处于踏空状态，想择机进场，但选什么样的品种，是买涨幅已大的强势股去图快速获利，还是买涨幅偏小的弱势股以求安全第一，当时我选了后者。于是，在自己平时关注的品种中，专门挑了质地不错、涨幅落后的 13 支股票（包括大秦铁路），把它们收入到自己的“自选股”里，作为密切关注的“预备队员”。

**第二道“坎”——伺机待买**

目标进入视线后，无须急于建仓，日后还会有更好的时机供自己买入。记得刚入选目标股那天，上证指数 2181 点，从低点 1664 点起涨以来涨幅已达 31%，而大秦铁路 9.39 元，即使以 2008 年 12 月 29 日创下的调整新低 7.53 元计，涨幅也只有 25%，在两市属于少有的稀缺品种之一。尽管当时很想买入，但最终还是决定防守等待，寻找更加合适的买入时间。在伺机待买阶段，对入选的13支股票，“优胜劣汰”的标准只有一条，这就是“谁跌多买谁”。

**第三道“坎”——果断出击**

两个月后，上证指数从2181点不知不觉涨到了2400点以上，而大秦铁路却“反其道而行之”，从9.39元跌到了9元下方。4月1日前市收在8.94元，成了这些预备队员里“表现”最差的一员，当然也成了伺机买入的首选目标，于是下定决心买入。下午开市后，大秦铁路稍作上冲便又开始下杀，便以前市最低价8.89元加一分8.90元的价格将余下的资金挂单全仓买入10700股。有趣的是，收盘后发现，买入价竟比全日最低价高了1分。

**第四道“坎”——及时收兵**

买入后不久，随着大盘的反弹，压抑已久的大秦铁路终于发威，至收盘时，股价离买入价已有5个点以上的涨幅。既然是短线操作就决定快进快出，第二天早上，由于没时间看盘，按照既定的目标，在大概3%左右涨幅的价位（9.66元）上，作了场外集合竞价卖出委托，在下午开市后顺利成交。同样有意思的是，卖出价竟比全日最高价只低了3分。

“一进一出”大秦铁路是近年来较为成功的一次“超短线”操作。既有偶然的成分——大盘的配合和个股的下杀与上冲，特别是买、卖成交价分别在当天的最低价和最高价附近，偶然的因素更大些，但也有必然的因素——大秦铁路超跌后的补涨。虽然何时启动、幅度多大，当时自己也无从知晓，但作为一次成功的“超短线”，在经历了这难忘的4道坎儿之后，获得的来之不易的短线收益和其中的投资感悟，倒让人实实在在地体味了一番什么叫“欲速也能达”。

（写于2009年4月9日，修改于2009年5月31日，原载于2009年6月5日《上海金融报》）

## “等” 来的收获

等待的痛苦主要来自大盘和个股的上涨导致的踏空，以及别人赚钱所带来的诱惑和压力。但是，等待也是幸福的。

2008 年元旦，笔者推出了一个新的栏目——“20 万元投资组合”，目的在于坚持价值投资理念的同时，适当地尝尝短线急进的味道，体验一下频繁进出的快感。

然而，正当许多投资者对新年的行情充满了期待与憧憬之际，2008 年的股市，却与广大投资者开起了玩笑，且这个玩笑开得还不小：先在元旦过后涨了涨，让股民高兴一下，接着，便张开了血盆大口，令股民吐出 2007 年的所有收获，甚至把老本赔上。

针对 2008 年行情的这一特点，笔者不得不采取了“等”的操作策略。结果表明，这一策略还挺好、挺有效，不仅较好地避免了大盘暴跌带来的损失，而且还取得了意想不到的“等”来的收获。

### 1. 在空仓中等待

元旦过后的短暂上涨，一般不会持续太长时间，此时应该选择空仓观望。但期间尽管指数涨得不多，个股往往会比较火爆。此时空仓，对投资者来说，会是一种考验，这种考验主要来自别人的赚钱和自己的踏空。但一旦过了这“诱惑”期，大盘和个股就会露出本来的面目，展开相互厮杀，跌得面目全非。等暴跌过后，投资机会就会悄悄地来临。于是，自元旦一直至 1 月 22 日，笔者一直选择空仓观望，把保护好资金作为首要的任务。

### 2. 在重仓中等待

23 日，等待已久的“20 万元投资组合”首次进行了买入操作：8.08 元买入林海股份10000股，6.95元买入太龙药业10000股。当时，之所以进行这样的操作，理由共有七八条，但最关键的一条是“大盘和个股从上周开始的调整已有多日，特别是本周连续两天的大幅调整，有跌过头的‘嫌疑’，今天若再跌，就是本周的第三天调整，俗话说‘事不过三’，当时判断应该离反弹不远了”。与此同时，还有一条理由是“原先抛出的两支股票（林海和太龙），曾经想保本接回，现在已有较多差价，从‘不能太贪’的角度考虑，也应该接回了”。买入后，又开始了“重仓中的等待”。

### 3. 等待是痛苦的

这种等待的痛苦主要来自大盘和个股的上涨导致的踏空，以及别人赚钱所带来的诱惑和压力。但是，等待也是幸福的。当大盘和个股暴跌的时候，自己的资金却安然无恙，毫发无损。此时，就会有“一样的暴跌，别样的心情”。还有，当自己建仓以后，又可享受大盘和个股反弹时自己的市值也随之“水涨船高”所带来的喜悦和快感。2月19日，在大盘和个股反弹时，对已有一定获利的林海和太龙进行了阶段性减仓，以8.87元卖出林海股份10000股，7.75元卖出太龙药业10000股。

当我送走了林海和太龙的时候，我又开始了新的“等待”……

（写于2008年2月19日）

## 该收手时就收手

涨的时候会产生强烈的追涨冲动，跌的时候又会产生惧怕心理出现跑的想法，因而常常犯追涨杀跌的毛病。怎么办？强迫自己忍耐，暂时告别股市，是十分管用的一招。

凡是股民都知道，在眼下尚无做空机制的情况下，要想在A股市场赚钱，唯有出手，没有他法。

然而，频繁出手，又不一定每次都能赚钱，弄不好还会前功尽弃，甚至亏损。因此，要想在股市获得最终的成功，除了要学会敢于进攻外，还要学会善于防守，只有做到进可攻、退可守，在适度进攻的同时，及时地将打出去的拳头收回来，才能规避风险、争得主动，为下次出击积蓄能量。

收手招数在炒股实践中非常管用。上周，上证指数4阴1阳，指数下跌了2.93%，许多个股跌幅更大。笔者的“10万元投资组合”由于处于退避收手、空仓观望之中，因而有效地避免了大盘和个股下跌导致的账户市值损失，较好地保存了胜利果实。

要做好收手文章，首先要给自己理由。与主动进攻需要理由一样，收手防御同样不能意气用事、盲目蛮干，同样需要有理由。这种收手理由，不是专家提供的建议，不是网民调查的结果，也不是媒体给出的意见，而是自己独立的思考。还是以上周为例。尽管有不少机构和散户都看好上周行情，但笔者感到，在周边市场和欧美股市屡创新低的情况下，中国股市却逆势走出了自己的独立行情，从低点1664起来至2402涨幅已接近50%。因此笔者感到，尽管中国股市的基本面没有任何问题，足以支撑这样的独立行情，但在全球股市没有彻底走出低谷之时，这种独立行情不可能永远持续下去，此时恰恰给散户短线减仓提供了较好的机会。鉴于这种认识，感到从安全角度出发，还是有必要暂时退一退、收一收。

收手，说起来容易做起来难。万一当你收手后，市场像前一阵子那样一路逼空怎么办？假如大盘和个股一个劲地上涨，别人的市值都在水涨船高，而你却只有站在一旁欣赏的份儿，你能坦然面对吗？这些都是在收手前需要想清楚的问题。因此，在作出收手决定前，一定要考虑清楚、计划妥当，要让自己有退路。比如，不要全部收手，可以收手自己账户里的部分仓位，变部分股票为资金，这样跌有资金、涨有股票，心态就会平稳得多。再比如，假如夫妻两人都在炒股，可以一人满仓、一人空仓，形成对冲。只不过在不同的点位，股票和资金各自所占的比例会有所不同，在相对高位，资金多于股票，在一定低位，股票多于资金。

理由有了，计划也想好了，还得学会忍耐。炒股的人都知道，股民的想法特别多，尤其是在行情交易的时间段里看着行情走的时候，往往会把原先的计划忘得一干二净。涨的时候会产生强烈的追涨冲动，跌的时候又会产生惧怕心理出现跑的想法，因而常常犯追涨杀跌的毛病。怎么办？强迫自己忍耐，暂时告别股市，是十分管用的一招。当自己感到需要收手时，可以在腾出资金后，关闭电脑、离开市场，甚至把资金从股市的资金账户转到银行账户，暂时让它休息，同时也分散自己的注意力。如果实在忍不住，可以在收市后看一眼行情信息，检验一下自己的收手决策对不对。如果行情走势与自己的预期相反，自然还有对冲部分给自己些许安慰，假如行情走势正如自己所预期的那样，收手决策正确的成就感就会悄然无声地浮现在自己的脑海里。

（写于2009年3月15日）

## 学会撒“网”捕“鱼”

买、卖股票之后，无论出现涨还是跌，只要自己的操作是按计划行事，符合自己的心理预期，这样的操作就是正确的。

经历过各种考验的老股民，时常在摸索适合自己的炒股方法。最近，随着买卖频率的加快和赢利次数的增加，突然感到自己所做的，与其说是在炒股票，不如说是在撒“网”捕“鱼”来得更为贴切。

### 1. 专捕自己“熟悉的鱼”

海洋里有鱼类品种无数，渔民要想掌握所有鱼种的捕获方法，显然不是件容易的事儿。要想取得渔业生产的成功，势必要突出重点，针对性地掌握其中几个鱼种的捕获方法。股民炒股也一样，两市共有1000余家上市公司，要想全部掌握这些上市公司的基本面和二级市场的走势特点也一样不可能，唯一有效的方法是选择其中几家上市公司进行重点跟踪，供买卖时选择。作为普通投资者，长期跟踪一二十家公司，同时持有三五支股票就够了。否则，整天围着股票转，挑三拣四、喜新厌旧，紧张忙碌不说，效果也不一定会好。

**2. 耐心等待“鱼入网”**

炒股有“长线”和“短线”之分，作为普通投资者，可采用“长短结合”进行操作。对“长线”品种可以选择在较长时间里持有不动，而对“短线”品种则可适度进行“短线进出”、“高抛低吸”。“高抛低吸”好比撒“网”捕“鱼”，目标要准，要有耐心。对“高抛”的品种，设好价位，订好计划，作好委托，等待接回，这就好比撒“网”；到价后，顺利成交，好比“鱼入网”。只要不是太“贪”，设定的价位不是太离谱，多数情况下都能成交。即，多数情况下，“鱼”都会“入网”。有时，事先设定的价位未能到达，也会出现“未成交”的情况，这种情况也属正常，对此，要有充分的思想准备。

**3. 该“收网”时则“收网”**

撒“网”不是目的，捕“鱼”才是根本。撒“网”且“鱼入网”后，接下来就要选择时机及时“收网”了。该“收网”时一定要记得及时，切忌太贪、“因贪失收”。记得2008年12月29日，我在先期高抛的基础上，以3.45元和6.40元的价格分别买入景兴纸业7800股、威华股份2800股，这一过程相当于再次撒“网”及“鱼入网”。而1月8日又以3.48元和7.02元的价格分别将它们卖出，这一过程则又变成了“鱼入网”后的再次“收网”。与“撒网”相比，“收网”显得更难，主要难在“收网”的时机较难把握，需在实践中多摸索、多体会。

**4. 要学“渔民”平常心**

渔民捕鱼大都有颗平常心，不会企求海洋里的鱼统统归己所有，而是完成既定的生产目标，把自己的渔船装满即可。股民炒股也一样，需要有颗平常心，自己持有的股票不涨停是正常现象，出现涨停才是特殊情况。对此，有些股民则不同，希望自己持有的股票能天天上“第一版”，涨停板的股票要求只只都是自己的。抱有这种心态的投资者结果当然可想而知。还有，买入的股票出现下跌，卖出的股票时常上涨，这也是再平常不过的事。买、卖股票之后，无论出现涨还是跌，只要自己的操作是按计划行事，符合自己的心理预期，这样的操作就是正确的。这就好比渔民捕获了一船鱼回去后，还有更多、更大的鱼留了下来、供别的渔民捕获一样，投资炒股也要有颗平常心。

（写于2009年1月11日，修改于2009年5月3日，原载于2009年5月23日《金融投资报》）

## 善于调“兵”遣“将”

投资者要始终做到“总有一些士兵在投入战斗”，以便见好就收，也“总有一些士兵在休养生息”，以便及时出击。

成语调兵遣将，大家都比较熟悉，意思是调动兵力，派遣将领，泛指调动安排人力。

最近几天，我的操作频率比以前明显加快，一会儿卖出北京城建和太龙药业，一会儿又买入新乡化纤和银鸽投资；“昨天”才用“城建”换“太龙”，“今天”又用“太龙”换“城建”；有时甚至刚卖出中国铝业，当天却又把它接了回来，等等。与以前相比，虽然操作的节奏和频率明显加快了，也有些许紧张与刺激，但却没有半点的压力和不安，倒是其中的动作又多了几分娴熟与自如。至此，我突然感到：自己所做的，与其说是在炒股票，倒不如说是在“调兵遣将”。

说炒股也是在调兵遣将，其实一点都不为过：沪深股市就是个没有硝烟的战场，个人账户里的资金就是已经上了膛的子弹，长期跟踪的那些自选股就是随时备用的千军万马，日常操作使用的电脑网络系统就是个信息畅通、设施齐全的指挥所，而其中的键盘就是那指挥旗、命令器。从这个意义上说，无论投入资金多少、炒股水平高低、赢利能力大小，每个股民其实就是名指挥官，每天进行的操作实际上就是在调兵遣将。然而，要真正当好“官”、用好“兵”，却不是件容易的事。其中，善于调“兵”遣“将”，做到得心应手，显得尤为关键。

首先，在对趋势的把握上，要做到当一轮大的“攻势”已经或将要发起的时候，要“重兵出击”；当一个“战役”已经或将要结束的时候，要“及时休整”。设想一下，当战斗已经结束，战士已经撤回的时候，你若再孤军奋战，自然就会凶多吉少，即使大难不死，恐怕也会被打得头破血流；而当部队已经出发、战斗已经打响的时候，你若呆若木鸡、按兵不动，那胜利的果实怎么可能落到你的头上呢？

其次，在概率的测算上，要充分考虑成败得失，估算出“胜出”的几率。不是每次战斗，都只有胜利这一种结果。除了胜利，还有失败的可能。但在事先，最终结果没有出来之前，谁也不知道结果会是什么样，但“胜出”的几率大小倒是可以估算出个大概的。比如，当大盘和个股涨到一定高位、投资者获利丰厚的时候，此时虽然仍有获利的机会，但总体而言，风险远大于机会，就该小心了。如果实在忍不住想操作，投入的“兵力”也不宜太大。当大盘和个股跌到一定低位、投资者纷纷被套的时候，此时虽然也有一定的风险，但总体而言，机会大于风险，应该一搏。与此同时，投入的“兵力”也要随之加大。

还有，在节奏的控制上，要力争做到进退自如、恰到好处。总体而言，无论大盘处在什么位置，业内人士看多还是看空，作为理性、成熟的投资者要始终做到“总有一些士兵在投入战斗”，以便见好就收，也“总有一些士兵在休养生息”，以便及时出击，也即我们平时所说的控制仓位。而具体在什么情况下谁该出手、谁该收手，需结合各人实际，灵活定夺。为便于调兵遣将，控制操作节奏，笔者感到，有这么三件事是“必做”的。

### 1. 要有“战区地图”

对自己长期跟踪的自选股，不妨设计张表格，将每周收盘的价格填入表内，每隔一段时间后，作一次分析、比较和研究，寻找和发现其中的规律，为选股做必要的准备。这张表格好比“战区地图”，这一过程好比“战前形势分析”。

### 2. 要有“作战计划”

不同的投资者有不同的操作风格，不同的股票也有各自的“性格特点”，在某一时间段，“自选股”里的品种都会出现较为理想的买、卖点。每当周末，投资者就可做做这方面的“功课”，把其中“待买”和“待卖”的品种选出来，记录汇总后制成“下周作战计划”，以便操作起来做到有备无患、有的放矢。当然“作战计划”也是动态的，“有效期”有长有短，有时几个月前的这份计划现在依然有效，有时上午刚刚制定的计划，到了中午就又变了。

### 3. 要有“战后记录”

“好记性不如烂笔头”。不少人买入和卖出股票后，过了一段时间，就忘得一干二净。我的体会是，买、卖股票后，一定要将数量和价格记录在相应的表格内，做到直观简洁、一目了然。而且，下次操作时，同一品种、数量不变要注意尽量做到“高抛低吸”、不要做反。这样，几个回合下来后，你会发现，尽管持有股票的品种和数量没有变化，但资金却多了出来。

在做好以上三门“功课”的同时，需要注意的是，在具体执行中，要严格按照计划行事，而且要用“平常心”待之。当你将正在前方奋勇冲杀的“勇士”（涨停板）撤下来（卖出）的时候，或许他还有余力（还会涨）；当你将正在后方休养生息的“预备队”换上去（买入）的时候，或许他尚未进入状态，表现得还不够勇猛，还有可能下跌。但这些都不要紧，不要对自己作出的调兵遣将的决定的正确与否有任何的怀疑，要拿出自己的大将风度，坚信自己的判断。

善于调兵遣将，既可以使自己在一轮牛市里同步分享股市上涨带来的赢利，使自己的收益率求做到最大化，也可以使自己在熊市里有效地避免因操作不当而导致的投资损失，使自己的损失降低到最小的程度。而且，善于调兵遣将，最大的迷人之处还在于“调兵遣将”本身，由“调兵遣将”这一“过程”带来的快乐与满足。

拿破仑说过一句经典的名言——“没有无能的士兵，只有无能的将军。”他还说，“一只狮子领导的一群羊，能打败一只羊领导的一群狮子”。两句话，说的是同一个意思，即强调了指挥员在战斗胜利中所起的决定性的作用。把战争中的这一现象引申到炒股中，是否也可得到这样的结论：在股市投资，能否成功，不仅取决于能否赶上一轮大牛市以及“牛有多大”，不仅取决于能否骑上大黑马以及“马有多黑”，而且取决于投资者驾驭股市和股票的能力强不强，调兵遣将的工夫深不深！

（写于2008年7月20日，原载于2009年4月7日《中国证券报》）

# 坚守篇："不操作"往往就是"最好的操作"

频繁操作，不仅难使收益最大化，而且常常"因小失大"，或在"快进快出"中痛失牛股，或在不知不觉中犯了追涨杀跌的毛病。实践表明，保持平常心，降低期望值，耐心持股，减少操作，往往能取得意想不到的收益。

## 让股票成为家庭财产的重要组成部分

拥有上市公司品质的优劣、股份的多少，以后会成为衡量一个家庭财产富裕程度的重要标志。

小时候，一只柜子、一条板凳，甚至一块木板，都是家里的重要财产；后来，家里慢慢地有了收音机、缝纫机、自行车、电视机等“贵重物品”，这些，当时就变成了家庭的重要财产；再后来，家里有了一些余钱，存银行可以“钱生钱”，所以，银行存款的多少，成了衡量一个家庭富裕程度的重要标志；近些年来，又时兴起了房产投资、收藏投资，等等，进一步拓展了普通家庭的投资渠道，体现了家庭财产的多样化和丰富性。

今后，随着经济社会的快速发展，普通家庭投资的主渠道会有哪些？家庭财产的内涵会发生哪些变化？衡量一个家庭富裕程度的主要标志又是什么？我认为，上市公司的股份——股票，将逐渐成为今后相当长一段时间里家庭财产的重要组成部分。拥有上市公司品质的优劣、股份的多少，将成为衡量一个家庭财产富裕程度的重要标志。

让股票成为家庭财产的重要组成部分，是经济社会发展的必然产物。最近看到一份某区的《国民经济和社会发展统计公报》，从公报反映的情况看，经济社会发展整体向上的态势仍然十分明朗，但其中“一涨一跌”还是给我留下了极深的印象，也从一个侧面反映了经济社会发展的“晴雨表”。“一涨”是：证券经营机构证券成交总额同比增长447.6%，列所有经济数据中增幅第一名；“一跌”是：城乡居民定期储蓄存款余额同比减少2.0%，为所有经济数据中唯一呈下降趋势的指标。这“一涨一跌”鲜明的反差充分说明，当经济社会发展到一定程度，特别是股市经过2008年大幅下跌后，普通老百姓希望通过自己的资金投入，去共同分享改革发展成果“大蛋糕”，进而实现家庭财产的保值增值的愿望越来越强烈，而实现这一愿望的重要途径之一，就是购买优质上市公司的股票，成为这些公司的股东，并长期持有这些公司的股份。

让股票成为家庭财产的重要组成部分，是投资者日趋成熟的重要标志。股市进入中国的时间还不算长，投资者队伍也有一个“从小到大”、“由新变老”、从不懂到娴熟这样一个渐进发展的过程。频繁进出，整天提心吊胆，结果往往得不偿失。随着所付“学费”的不断增多，操作教训的不断积累，投资者将逐渐地变得成熟和理性。这种成熟和理性的重要标志，就是把股票看做是家庭财产的重要组成部分，心态更加平和，操作节奏趋缓，持股时间变长，收益稳步增长。这不仅反映出广大投资者投资理念的日趋成熟，同时也体现了管理层不断加大对投资者风险教育的初衷和希望看到的结果。

让股票成为家庭财产的重要组成部分，是投资者不希望被市场所淘汰的必然选择。退一步言，即使不考虑能否确保长期稳定的赢利，单是考虑能否在这个市场里生存下去，能够“活”得多久，会不会被市场无情地淘汰，也要求投资者树立起正确的投资理念，包括“把股票看做是家庭财产的重要组成部分”。凡在市场里经历过各种风浪考验的投资者，或多或少都会有一些难忘甚至痛苦的回忆，不少人曾因此“翻船”、出局，被市场所淘汰。惨痛的教训，进一步促使越来越多的投资者，为了在这个市场里能够生存下去，“活”得更好，笑到最后，而不得不选择让股票成为家庭财产的重要组成部分。

有人说，股票是用来炒的，绝大部分股票都不具有投资价值。而我却认为，绝大多数股票不但有“炒”的功效，还有“投资”的价值，更有将它当做家庭财产重要组成部分的必要。在今后相当长的一段时间里，与“炒”股票相比，“投资”股票将大行其道。像添置家庭财产那样，精心选择优质的上市公司，买入后一路持有，长线投资，从而共同分享企业快速发展所带来的丰硕成果和成功喜悦，将成为越来越多的投资者共同的选择。

（写于2008年1月20日，修改于2009年4月6日，原载于2008年2月21日《浙江工人日报》）

## 哪些人需要坚守或买入

如果股价在十几、几十元的时候，你曾经想买或者买过。如今，股票还是这支股票，公司还是这家公司，一切都没有改变，而价格却只剩下了三、五元甚至零头，就需要坚守或买入，除非公司的基本面发生了突变。

已经半年多了，股市正由昔日的“获利场”，变成了“吃套所”。谁买谁套，不买不套；少买少套，多买多套，全买全套；买就是套，想套就买，想不套就别买！

股市跌到今天，股民套到今天，很多人已经后悔莫及，很多人已经不相信价值投资，更多的人正在思考大盘的底到底在哪里，要不要割肉、要不要清场？

“要不要割肉、要不要清场？”作为一名身在市场的投资人，看着自己的资产一天天地缩水，来之不易的劳动成果无情地付之东流，不去想这个问题的确不可能。

问题是，要是在6000点的时候考虑“要不要割肉、要不要清场？”那是高手，今天才想到“要不要割肉、要不要清场？”还有用吗？还来得及吗？

笔者是过来人，经历了无数次风浪和坎坷的考验，自喻是只股市“不死鸟”，再大的风浪也能顶着，再多的坎坷也无所畏惧。我始终认为，天塌不下来，无论发生什么，日子还是一样的过！有鉴于此，时至今日，不仅不去考虑什么“要不要割肉、要不要清场？”的问题，而是在想，要不要继续买入，能不能坚定执留？

答案是肯定的。要继续买入！要坚定执留！假如你是如下几种人之一，那就更需要坚守或买入。

如果大盘在6000点的时候，你看高至8000点或10000点，选择了做多，那么在2800点的今天，就需要坚守或买入，除非你的信念发生了改变。

如果股价在十几、几十元的时候，你曾经想买或者买过。如今，股票还是这支股票，公司还是这家公司，一切都没有改变，而价格却只剩下了三、五元甚至零头，就需要坚守或买入，除非公司的基本面发生了突变。

如果你想在这个市场里待下去，不准备离开这个地方，那么在大家恐慌的今天，就需要坚守或买入，除非你不想在这个市场里待下去，想离开这个地方（真离开）。

如果你想在这个残酷的市场里成为那少数的赢家，那么在所有的参加者纷纷亏损的今天，就需要坚守或买入，而不是在大家都获利的时候才去买入，除非你真有过人的本领。

如果在3000多点管理层推出降税措施的第二天，你曾经认为这是政策底，害怕踏空而追涨买入过，那么在大盘和个股的价格远低于当时的今天，就需要坚守或买入，除非你的初衷有变。

如果在将来大盘和个股绝地反击的时候忍不住想追入的话，那么在大盘和个股恐慌杀跌的今天，就需要坚守或买入，除非你就是一个“高买低卖”的人。

如果你是个爱国的股民，对中国股市的未来充满信心，那么在中国经济不断发展的今天，就需要坚守或买入，除非你对此也产生了怀疑或动摇。

如果你对红五月、红六月的行情曾有过期待，对2008北京奥运会的行情曾有过期待，那么在这些期待纷纷落空的今天，就需要坚守或买入，而不是等行情好过以后再去买入，除非你也已经不是当初的你！

如果，如果……

笔者就是这“八个如果”的人，在6000点的时候看高至8000点、10000点；在十几、几十元的时候曾经拥有过她们；想在这个市场里待下去，想在这个残酷的市场里成为那少数的赢家；在管理层推出降税措施的时候曾认为这是政策底；同时也是个爱国的股民，对中国股市的未来充满信心，也对红五月、红六月的行情有过期待，对2008北京奥运会的行情有过期待。2008

元旦写的博文的题目就叫《2008，有钱就买》，所以在“2008”变成“2800”的今天，我要坚守，我要买入。

当然，想买入不等于乱买入。还是要有自己的计划和打算：笔者在2700点的时候买剩余资金的一半，2500点的时候满仓，2500点以下有钱就买，除非大盘到不了我预定的点位（上周瞬间到过2700，因没有实时看盘，错过了买入的机会）。

买入备选的品种和数量：北京城建10元、3000股；景兴纸业6元、5000股；广深铁路3.80元、10000股；新海股份6.5元、5000股。另有值得买入的品种工商银行（最新价5.18元）、太龙药业（最新价4.08元）等。

是过来人，自然懂得固执的后果。买入后，可能会有狂风暴雨，可能会有惊涛骇浪，尤其是在今天，我一直以来天天关注并非常看好的国金投资也开始减仓了，诚实基金也已清场了。但我始终坚信会有充满幸福微笑的一天。因为我相信强大的中国，相信管理层的调控能力，相信精彩的奥运行情，而且我有时间、有耐心，我会坚持到底，哪怕市场里只剩下了孤零零的我。

（写于2008年6月22日，原载于2008年6月26日《浙江工人日报》）

## 坚守需要有理由

在这个市场里，笑到最后的不是那些自认为水平高超的“短线高手”，恰恰是那些长期坚守的长线客。

大盘从突破6000点，到跌穿2000点，经历了此起彼伏、疾速式的调整。自见底1664点后，仅仅半年时间，又涨了50%多，许多个股上蹿下跳。一些好心的朋友问我，你怎么不在6000点上方走一走，不在2000点下方进一进，这种大起大落的行情你不怕吗？

每当此时，我都如实相告：不是我6000点上方不想走，也不是2000点下方不想进，而是自感没有这个水平；也不是这种大起大落的行情我不怕，毕竟人心都是肉长的。之所以选择坚守，选择持仓，我有我的几个“理由”。

### 1. 方向上看趋势

笔者一直认为，本轮行情的启动和发展，有着基本面的配合与支持。中国经济的持续快速发展，股指期货的即将推出，都是中国股市总体向上运行的坚强后盾。一轮大的牛市一旦形成，趋势就很难改变，更不会发生逆转。但有涨也有跌，有买也有卖，这是股市永远不变的定律，何况牛市也有“阵痛期”。在确信行情总体向上不变的同时，理性面对正常的调整，对操作、对心态都没有坏处。而且，在牛市里，适当地进行一些调整也不是什么坏事，可以使行情走得更远、更高。这是笔者对未来行情总体向好坚信不疑而始终选择长期坚守的重要原因。

### 2. 能力上要低估

承认自己是个学生，承认自己能力有限，以良好的心态、较低的期望去面对，也是笔者选择坚守的原因之一。既然认为行情远没有到此为止，既然确信今后行情总体向上的趋势不会改变，那么对于持仓的，自然是继续持仓；对于手头有资金的，自然是逢低吸纳。无论是持仓的，还是持币的，都要尽量少操作或不操作，除非自己持有的品种涨幅已大，需要调仓的，除非自己的短线能力特别过人，能够把握的。市场上，不少人都喜欢做高抛低吸，高抛低吸也的确是使自己的利润达到最大化的有效途径，这不仅是大家所共同追求的目标，也是笔者所渴求的。但多年的实践表明，真正能做到、做好的人却不多。对于绝大多数人来说，是做不到这一点的，本想高抛低吸的操作，结果却往往做反，事与愿违，很多次操作以后才发现，要是当时采取一路持有的策略就好了。作为一个成熟、理性的投资者，善于低估自己，把自己当学生，在操作的时候做到涨不喜，跌不悲，耐心持有、从容面对，往往能笑到最后。

### 3. 操作上看高手

在过去的日子里，笔者也常常犯追涨杀跌的错误，10 几年来账户也一直起色不大。但经过长期摸索，事实证明，正确的理念是投资成功的关键，好心态才会有好收益。比方说，在实际操作中，别说新入市的股民，就连我这样的老股民，也常常有急功近利的思想，渴望买入一支股票后立即涨停，卖出后立马下跌。殊不知，在实际操作中，多数人根本不可能做到、做好。还有，在平时许多人常常把“涨时高兴，跌时悲观”的表情“写”在脸上，这样的投资者更需要做到，不因买入的股票出现上涨而喜出望外，也不因持有的股票出现下跌而悲观失望。因为，在这个市场里，笑到最后的不是那些自认为水平高超的“短线高手”，恰恰是那些长期坚守的长线客。

这三条理由，说起来容易，做起来难。因为，在牛市的上升阶段，市值随股指水涨船高，要坚守并不难。但在下跌时，要坚守甚至“死守”却有些痛苦。看着指数一天天地下跌，自己的市值也跟着不断地缩水，的确非常考验人的耐心，这时候就尤其要想想自己选择坚守的初衷和理由，想想自己在6000点以上都舍不得卖的筹码，在如今就肯轻易放手，交给别人?！有了这样的理由，坚守起来恐怕就不会太难。

人在世上，有些事情非常简单，简单得不需要任何理由。但市场的情况千差万别，投资者的实际也各不相同，当你决定投资股票，选择买或者卖的时候，还是需要有理由的。无论是在大盘红红火火、投资者激情燃烧的岁月，还是在调整不断、投资者情绪低迷的市道里，无论是选择离场，还是选择坚守，都需要有计划、有理由。有了这种计划，有了这种理由，才能在错综复杂的市场里做到正确把握，从容应对。

（写于2007年11月23日，修改于2009年4月26日，原载于2009年7月4日《中国证券报》）

## 炒股莫患“健忘症”

中石油48元时抢着购买的情景，等它跌到10元时忘得一干二净。这样的“健忘症”患者，不亏才怪！

还记得中石油吗？记得中石油上市时的情景吗？如果你已经忘记的话，

那么下面提醒一下："2006年，中国石油以1300多亿元净利润蝉联《亚洲金融》'亚洲最赢利公司'。净利润相当于A股1500多家上市公司净利润总额的30%以上"；"中石油A股的回归，让国民有更多可能得以分享蓝筹成长收益"；某机构的分析报告指出，"中石油的回归可在一定程度上吸收目前比较充裕的流动性，给国内投资者一个更加优质的投资选择"，"国内投资者可参与分享"，"股神"巴菲特之所以成为"股神"，原因之一就是在石油股票上大赚了一把。

带着这些美丽的"光环"，中石油闪亮登场A股市场；带着这种美好的"联想"，不少股民准备在中石油上市首日第一时间买入并持有几年，期待着有朝一日，能像巴菲特那样尝一尝因石油股价飙升所带来的"美餐"，体验一回成为一名中国式"股神"时所特有的快感。妻还算理性。上班前，她再三叮嘱如中石油开盘价在30元以下，帮她也买点，免得"过了这个村，就没那个店"了。

发行价高达16.7元的中石油吸引着无数股民的眼球。上午9点25分，显示屏上，"48.60元"的开盘价，尽管让有些股民望而生畏，但还是吸引了不少人前去购买。许多人生怕错过这千载难逢的"赠钱"机会，或在开盘的"第一时间"买入，或在盘中回调时建仓，或在收市前的"最后一刻"抢进。在大大小小的机构，还有数以万计的散户共同追捧下，中石油上市第一天就成了全球市值第一的上市公司和中国A股市场第一大权重股。然而，这种激情、冲动，只持续了几个小时。"最高48.62元"、"最低41.70元"、"收盘43.96元"，这些看起来像天花板一样的数字，随着下午3时收盘，永远定格在了中石油的K线图上，也成了不少曾对中石油寄予厚望的股民，在未来漫长的日子里无法抹去的记忆和心中永远的痛。

这一幕，发生在2007年11月5日；这一刻，稍微有点记性的股民，都还记忆犹新。在随后的日子里，伴随着全球金融危机和大盘的暴跌，中石油毫无抵抗，先是接连跌破40元、30元、20元整数关，接着连重要的"生命线"——16.7元的发行价也"晚节"不保，后又无法支撑住两位数的股价，瞬间跌破10元大关。八成市值灰飞烟灭，无数股民痛心疾首。沪深股市和中国石油所发生的一切，彻底击碎了"石油迷"们品尝"美餐"、体验"快感”的美梦。许多人在忍无可忍的情况下，不计成本、割肉离场，乖乖地交出了带血的筹码。

一个月前，吃过晚饭，出去散步。同行的还有妻、妻妹、妻的妹夫H，一共4人。走着走着，大家又谈论起了股票。

H问，最近拿着什么股票？

我说，中石油，今天刚买，你的石油还在吗？

在，29元买的3500股，至今还拿在手里。

现在12元不到，怎么不补点？

没兴趣。

妻也认为，这种股票没啥买头！一样的石油，仅仅过了一年多时间，就从红极一时的“明星”变成了无人理睬的“垃圾”；一样的股民，也只过了一年多时间，看法和预期来了个180度大转弯，从当初48元“抢石油”变成了今天11、12元“用脚踢”。

没有只涨不跌的股票，也没有只跌不涨的股票。中石油最近的强势表现再次印证了股市这一亘古不变的规律。自4月10日笔者买入中石油当天起，至6月12日，上证指数上涨12.25%，而中石油则从买入时的11.44元，涨到了13.89元，涨幅21.42%，跑赢大盘9.17个百分点。

现实生活中，有种现象叫“健忘症”，类似有人为了找钥匙把家里翻了个底朝天，结果发现钥匙原来在自己手里面！炒股也一样，不同的股民，有人赚、有人亏，原因之一便是记性不同。有人记性特好，对大势的判断有记性，对钟爱的股票有记性，对过去做过或曾经想做的操作也有记性，并坚守初衷，据此操作，因而时常取得投资的成功；有人刚好相反，记性差，忘得快，48元的中石油抢着购买时的情景，跌到10元时忘得一干二净。这样的“健忘症”患者，不亏才怪！

（写于2009年5月17日，修改于2009年6月14日，原载于2009年6月19日《经济参考报》）

## 炒股需要有“记性”

在大盘和个股不断上涨、屡创新高的时候，不但要牢记牛市的判断，更要有风险意识，多一份理性；在大盘和个股连连下跌、屡创新低的时候，不但要有风险意识，更要牢记当初对大势“牛市”的判断，多一份激情，逢低从容地吸纳、补仓。

做人、做事都不能没有“记性”。一个人如果失去了记忆，往往会一事无成。要炒好股票，希望做个“常胜将军”，同样不能忘记过去，同样需要有好的“记性”。

**1. 对大势的判断要有“记性”**

经历了从6124点以来72%的跌幅后，本轮反弹从1664点起涨以来，指数不断上扬，个股屡创新高，量能不断放大，股民开始增多。所有这些，都是基于广大投资者对未来的良好预期和“看多”判断，认为反弹未完，股市还会上涨。这种判断，在大盘和个股不断上涨的过程中不大会出现动摇和淡忘，因为大家都沉浸在赚钱的喜悦之中。但在下跌甚至暴跌的时候，这种判断就容易发生动摇，容易被许多人遗忘，因为到时候大多数人都沉浸在赔钱的痛苦之中，心态变了，大家怕了。追涨时激情来了，“热血沸腾”，杀跌时理性没了，“壮士断臂”，是许多人亏钱的重要原因，也是一些庄家所希望看到的结果。我的体会是，在大盘和个股不断上涨、屡创新高的时候，不但要牢记牛市的判断，更要有风险意识，多一份理性；在大盘和个股连连下跌、屡创新低的时候，不但要有风险意识，更要牢记当初对大势“牛市”的判断，多一份激情，逢低从容地吸纳、补仓。

### 2. 对钟爱的股票要有“记性”

涨跌，是股市的“铁律”；高抛低吸，是所有股民都知道的基本常识。但在实际操作中，在同样的投资环境下，对同样的一支股票，有的投资者三五十元的时候非常想买，但当股价跌至一二十元的时候，往往变得不要了，不想买了；有的投资者当股价一二十元的时候不想买，但当涨到三五十元，甚至上百元的时候却又想要了，想买了。这同样是许多投资者造成屡买屡套屡亏的重要原因。我的体会是，对自己所钟爱的股票，需要有好的“记性”。曾经想买的股票，当回调的时候，下跌的时候，不仅不改初衷，不轻易杀跌，而且应该加仓，应该越跌越买，除非目标股曾被暴炒过，或者涨幅已大，或者基本面出现了问题。否则，对在高位曾经想买的品种，在基本面不变的情况下，应逢回调予以加仓。

### 3. 对做过的操作要有“记性”

曾经做过的操作，以什么样的价格，买卖了多少数量什么样的品种，当时为什么会进行这样的操作，在过了不长的时间以后，常常被许多人所忘记，这也是一些人常常亏钱的“致命伤”。我的体会是，操作前要独立判断，慎之又慎，操作后要坚守初衷，“记性”要好。林海股份和太龙药业都是我原来持有的长线品种，2008 年元旦前，曾以 9.95 元和 7.66 元的价格卖出。元旦以后，由于大盘和个股表现红火，林海和太龙也一路上扬，没给我接回的机会，当时只有一个想法，只要能够保本，就把它们接回来。后来，大盘和个股出现了较大幅度的调整，林海和太龙也同步出现了下跌。一个月后，当行情出现反弹的时候，我没有去追当时表现抢眼的“热门股”，而是始终牢记当初的“计划”，选择逆市下跌的林海和太龙，在它们调整时，分别以 8.088 元和 6.95 元的价格把原来抛出的筹码接了回来，不仅保持了原有股数不变，而且多出资金 17625 元。

（写于 2008 年 1 月 27 日，修改于 2009 年 5 月 3 日，原载于 2008 年 1 月 31 日《浙江工人日报》）

## “不操作”往往就是“最好的操作”

只要拿得住，最终大多数股票都会给投资者带来不菲的收益。

做股票赚钱，甚至赚大钱、赚快钱，是广大投资者所追求的目标。为此，许多投资者希望通过加快操作节奏，提高操作频率，来达到收益最大化的目的。但结果往往事与愿违。频繁操作，不仅没有使投资收益最大化，而且常常“因小失大”，或在“快进快出”中痛失牛股，或在不知不觉中犯了追涨杀跌的毛病，有时还心神不定，提心吊胆，影响身心健康。多年的实践表明，保持平常心，降低期望值，耐心持股，减少操作，往往能取得意想不到的收益。

### 1. “不操作”就是“最好的操作”

中国联通是我长线持有的品种，半年前买入的时候价格只有5元多，采取的策略是“不操作”，一路持有。但有一次，妻未经我的同意，在中国联通冲高的时候以8.36元（相当于当天涨幅8.71%）的价格委托卖出。但就在成交后的几分钟时间里，该股被巨量封至涨停，前市收盘后联通在涨停板上的委买量为1.3亿股。下午，当我得知以后，便在联通打开涨停，逐波回落之时，以8.26元的“保本”价把她接了回来。现在，联通的收盘价已在12元以上，给长期持有她的股东以良好的回报。前段时间，《浙江工人日报》也报道了一则类似消息，说的是“1年操作3次，高手将10万元变成120万元”的故事，该股民采取的也是长线投资“不操作”的操作策略。

### 2. “不操作”也是“最难的操作”

频繁操作很难，“高抛低吸”很难，“不操作”其实更难。特别是当大盘和个股一路上扬，甚至疯涨的时候，而你或手握现金被“踏空”，或所持有的品种不涨反跌被“套牢”，走出了与大盘背道而驰的行情。此时，要做到沉着镇定，坦然面对，非常艰难。大唐发电也是我重仓持有的品种，10送10除权后，上证指数一路上扬，但同期大唐发电却在短暂上冲之后，便一路阴跌，跌至最多的时候股价只有高点时的一半左右，“虚盈”也变成了“实亏”。对这样的股票“拿着它”，“不操作”，就显得很难，心态也容易变坏。但现在再回过头来看大唐，你会发现，当时的持仓“不操作”其实是非常正确的，实际上这段时间恰恰是最难“忍”、最考验投资者耐心的“黎明前的黑暗”。如果经得起当时的考验，今后的“钱途”就一片光明，否则将前功尽弃，痛失机会。

### 3. “不操作”还是“要求最高的操作”

“不操作”看似无所事事，非常轻松，实际上也是一种要求很高的“不操作”的“操作”。要做好这样的“不操作”，需要苦练内功：

一是要货比三家，精挑细选。选什么样的品种。长线捂股“不操作”，是投资中最为关键、最难把握的问题。以往，我在选股的时候，很少考虑股票的质地，认为只要能涨就是好股票，为此吃过不少亏，付出过不少“学费”。如今，在总结过去经验教训的基础上，坚持价值投资的理念，把质地优良、估值合理，作为选择的标准，买入后便一路持有“不操作”。

二是要注意搭配，分散投资。为使投资效益最大化，不少投资者都喜欢重仓出击一支股票。但这种操作方法有利也有弊，最大的弊端就是抗风险能力比较低。一旦买入的品种出现“意外”，就容易倾家荡产或“全军覆没”。而且投资人在持有的时候，往往比较紧张，有时甚至吃不好饭，睡不好觉。为此，我从去年开始自己给自己增加了一条不成文的“规矩”：即每个品种建仓的时候，仓位的比例不得超过总市值的20%。这样做的好处是，可以最大限度地控制风险，防止因个股风险导致账户市值出现大的亏损。另外，在分散投资中，还要注意不同行业、不同盘子的股票的有效搭配，做到既有“大象”，又有“小鸡”，既有金融保险，又有通讯能源等。

三是要把握买点，人弃我捡。在以往的投资中，我也常犯“追涨杀跌”的毛病。但多次深刻惨痛的教训，使我逐渐形成了长线价值投资的理念，在买股票的时候尽可能做到在大盘和个股回调的时候买，在卖股票的时候尽可能做到在大盘和个股冲高的时候卖。如我相继买入的工商银行、中国铝业和中国联通等股票都是在个股出现一定的跌幅，一些投资者纷纷抛售的时候逢低捡拾的。买入后，尽管有的可能出现下跌（甚至大幅下跌），有的长时间进行棋盘整理，甚至在大盘创新高的时候仍毫无起色，不涨反跌，但我却始终坚持紧握股票不放。事实证明，只要拿得住，最终大多数股票都会给投资者带来不菲的收益。

此外，还要加强学习，做到心中有数底气足；还要降低期望值，既然选择一路持有“不操作”，就要作好坐电梯的准备，且要甘心情愿坐电梯，高兴乐意坐电梯；还要学会果断出击。“不操作”并非完全不动，当持有的品种达到自己预期的目标价位时就要果断出击，获利了结，做到“该出手时就出手。”

（写于2008年1月13日，原载于2009年3月24日《中国证券报》）

# 牛市篇："高空作业"怎样做到镇定自若

炒股，说白了就是风险与机会的博弈，风控与逐利的较量。衡量投资者是否成熟，不仅要看其逐利能力的大小，更要看其风控能力的强弱。处理好了风控与逐利的关系，离成为一名理性、成熟的投资者就不远了。

## 牛年炒股要执著

对自己潜心研究的个股做到不离、不弃、不放，

专做自己精心研究过、又非常熟悉的个股。

牛年股市姓“牛”还是姓“熊”？牛年能否给广大股民带来“牛运”，来个彻底翻身？牛年的“牛股”在哪里，谁是真正的“英雄”？所有的谜底，要等一年之后才能揭晓。

作为这个市场的普通参加者，笔者同样无法知道上述问题的答案。唯一能做的，就是精心准备，沉着应对，用自信和理性去迎接牛年的这场“大考”，以非凡的行动争取不俗的“战绩”。“法宝”之一，便是执著。

记得鼠年的最后一个交易日，笔者有一笔操作：3.86 元卖出景兴纸业 10000 股，就是“执著理念”在操作中的具体体现。景兴纸业 1 月 12 日创出今年的新高 3.87 元之后，笔者想做“高抛低吸”，拟以 3.86 元卖出 10000 股，以便回落时再接回。第二天，笔者早早地进行了委托，然而，当天景兴没有到过 3.86 元，未能成交。接着几天，笔者继续委托，景兴仍未到价。直到 23 日，第 9 次委托时，景兴冲高过 3.94 元，3.86 元的这笔委卖单才顺利成交。

有句成语叫锲而不舍，意思是做事要坚持到底，直到成功才肯罢休。景兴的“9 次委托、一朝成交”说明，炒股同样需要锲而不舍，同样要有执著精神。

**1. 分析研判“大势”，需要执著**

牛年的股市应该说机会与风险同在，机遇与挑战并存。但大盘怎么走？

是“开门红”之后“节节攀升”，还是首日“失利”之后一路阴跌；是先冲高后回落，还是先探底再回升？恐无人知道。因此，事先制定好计划，针对大盘不同的走法确定相应的操作策略去应对，总比要看着大盘“随机应变”要强许多。还有，有了计划还要落实。在实际操作中，往往计划好订执行难，“涨时不敢卖、跌时不敢买”成了许多散户共同的弱点。分析研判“大势”，有没有计划是一回事，能不能执行又是一回事，从某种意义上说，“执行”比“计划”还要重要，所以关键在执行，关键在执著。

**2. 潜心研究“个股”，需要执著**

作为市场的参加者，所有的股民都希望自己能够获取利润的最大化，但真正能够做到这一点的投资者却寥寥无几。有效的投资方法是“咬住青山不放松”，对自己潜心研究的个股做到不离、不弃、不放，专做自己精心研究过、又非常熟悉的个股。专做熟悉“个股”，需要执著，但执著起来，同样很难，主要难在来自方方面面的诱惑，比如人家涨、你不涨，怎么办？要不要换股？比如，面对一大堆涨停板股票，而自己手里的股票却老是“原地踏步”怎么办？该不该抛掉？还有各种股评、专家的荐股、点评等等，都有强烈的诱惑力，随时都可能影响你的操作。此时，能否坚守初衷，真正做到执著，显得尤为关键。假如能够做到，往往离胜利就不远了。

**3. 坚持操作“风格”，需要执著**

千千万万个股民，有千千万万种操作方法。有人喜欢追涨，有人喜欢低吸；有人适合做长线，有人适合做短线；有人善于做差价，有人不善于做差价，等等。但在众多的操作方法里，并不是所有的操作方法都适合所有的投资者，作为普通的投资者，适合自己的往往就是最好的。坚持操作“风格”，需要执著，切忌朝三暮四，今天这种明天那种，换来换去。当然，适合自己的操作方法也不是万能的，也有失算的时候，比如低吸后股价还有更低的时候，高抛后股价还有更高时，关键在于操作时要执著。一旦卖出后再涨，只能卖不能买，如果买入后再跌，只能买还不能卖，除非该品种的基本发生变化、或投资选股出现失误，否则必须严守纪律，“执著”执行。

牛年之役就将打响，谁能取胜、笑到最后，与其说比的是技术、能力，倒不如说是在比信心、比“执著”。牛年股市的最终赢家，一定是那些“执著力”特别强的人。

让我们拭目以待！

（写于2009年2月1日，原载于2009年第7期《股市动态分析》杂志）

## 牛市操作三法则

在一轮大的牛市里面，短线高手这样的“聪明人”往往不及静观其变的“老实人”，最好的操作往往不是“高抛低吸”，而是“持股不动”。

牛年就是不一样，表现在股市，也是牛劲十足。牛年春节后开市以来，短短10个交易日，两市一改一年多以来的“熊样”，大盘上涨了330.13点，涨幅高达16.58%，许多个股的涨幅更是牛气冲天，实体阳线也是越拉越大。如果以2008年10月创下的调整新低1664点计，仅仅三个多月时间，上证指数涨幅已近四成。更值得一提的是，沪深股市表现得如此强劲，是在欧美、周边股市跌跌不休、屡创新低的情况下发生的，更是显得难能可贵。

然而，与熊市一样，牛市同样是“有人欢喜有人忧”。在许多人分享“井喷”行情带来的可观收益的同时，也有为数不少的投资者因“踏空”而未能同步享受股市大幅上涨带来的收益与欢乐。笔者作为这个市场的普通参加者，在这轮牛气冲天的大行情里，也一样有喜有忧，既有成功的经验值得总结，也有留下的遗憾值得回味。其中最深切的体会是，股民要想成为牛市里的赢家，三条法则须牢记在心。

**法则一：“聪明人”往往不及“老实人”**

2008年下半年，股市在大幅下跌之后，始终在一个大的箱体内小幅波动。一些短线高手利用股市的这一特点做起了短线差价，虽没有暴利，倒也能在弱市里取得一定的收益。然而，这种短线操作的手法在牛市，特别是在一轮大的行情里面却渐渐失去了它原有的功效，操作的结果，往往是“捡了芝麻，丢了西瓜”，抛出的筹码很难在低位再接回，最终，要么花更多的本钱在更高的价位买回，要么干脆踏空，大盘和个股的疯涨“与己无关”。经历了多次这样的教训之后，很多人开始醒悟：在一轮大的牛市里面，短线高手这样的“聪明人”往往不及静观其变的“老实人”，最好的操作往往不是“高抛低吸”，而是“持股不动”。最大的赢家正是那些看似规矩老实、实则头脑聪明的“老实人”——买入潜力股票后坚定持有，直到趋势发生逆转时再抛出。

**法则二：“最危险”恰恰就是“最安全”**

许多稳健的投资者在牛市里面，特别是当股市涨到一定程度时，坚守的原则：首先是安全，其次是获利。但有些看似“安全”的操作其实存在着很大的风险，而一些看似十分“危险”的操作，其实则是“安全”的。以最近行情运行的特点为例，每当股市涨过几天后，不少人开始担心调整的发生，主力也正是利用投资者的这种心态，时不时地来一次洗盘、震荡，甚至“跳水”，清洗浮筹。一些意志不坚决、立场不坚定的投资者为了“安全”起见，将手中的筹码抛出，落袋为安或准备“观战”。还有，当周边股市下跌后，特别是当欧美股市暴跌后，第二天中国股市往往也会来个大幅低开。无论是洗盘，还是低开，事实多次证明，在这种“最危险”的时候进场往往是“最安全”的进场时机。相反，在大盘和个股高开高走这种看似“安全”的时候买入却往往包含着极大的风险。

**法则三：“贪婪心”常常伴随“恐惧感”**

股民在熊市里亏钱一点都不丢人，但在牛市里如果“只赚指数不赚钱”甚至别人赚钱自己亏，就有些说不过去了。牛市里踏空，最多只是不赚钱但也不会亏到哪里去，为何还有那么多亏钱者？其实，牛市亏钱的一定是那些心态不稳、追涨杀跌、乱了方寸的人。大盘刚开始涨时不想买，涨过几天后更不敢买，涨到一定程度后，反倒胆子大了，开始“贪婪”，于是，终于控制不住自己，心头一热、追杀进去，结果买在了高点，此乃“一错”；买入后，遇到主力打压，又提心吊胆，开始“恐惧”，担心“见顶”，急忙“杀出”，此乃“错上加错”。牛市的“亏损族”就是这样一批接着一批地“生产”出来。在牛市操作，说简单非常简单，只要逢低买入后一路持有、不操作即可。但无论是持仓的，还是持币的，假如一定要操作，就要注意控制节奏，切忌心血来潮、盲目蛮干。只有调整好心态、以平常心炒股，才能同步分享牛市带来的投资收益。

“有惊无险”是牛市行情运行的重要特点，但牛市不可能每次都“有惊无险”，牛市操作同样会有风险存在，同样要有风险意识。“牛市操作三法则”，正是股民在牛市里应对风险、稳健操作、获取收益的致胜“武器”之一。

（写于2009年2月15日）

## 从“比较”优势中去捕捉“黑马”

所谓从“比较”优势中去捕捉“黑马”，就是在被比较的品种其基本面大致相同（具有可比性），且没有发生重大变化的前提下，通过比较它们在一段时间内的涨、跌幅等数量关系，取其中最优的品种作为今后买入股票时的备选品种的选股方法。

面对两市1400多只股票，不少投资人感到：时下选股越来越难了。

在实际操作中，不同风格的投资者也都会因人而异，采取不同的选股方法。但无论采取何种方法，追求的目标只有一个——使风险最小化，赢利最大化。

为使风险最小化，赢利最大化，我在多年的实践中，总结了一些既简便又实用，且效果明显、胜算较大的选股方法。如从“比较”优势中去捕捉

“黑马”，便是其中的一种。

所谓从“比较”优势中去捕捉“黑马”，就是在被比较的品种其基本面大致相同（具有可比性），且没有发生重大变化的前提下，通过比较它们在一段时间内的涨、跌幅等数量关系，取其中最优的品种作为今后买入股票时的备选品种的选股方法。

下面，就以广深铁路和大唐发电为例，介绍一下具体的“比对”和“挑选”方法。

首先，“比对”广深铁路和大唐发电的基本面（详见表1）。

**表1　　广深铁路与大唐发电基本面情况比较表**

| 名　称 | 大唐发电 | 广深铁路 |
| --- | --- | --- |
| 所属行业 | 电力、蒸气、热水等 | 铁路运输 |
| 上市日期 | 2006年12月20日 | 2006年12月22日 |
| 上市首日开盘价 | 10.52元 | 6.72元 |
| 最新流通A股 | 60594万股 | 181714万股 |
| 2007年中报每股收益 | 0.16元 | 0.10元 |
| 2007年2月28日收盘价 | 5.66元（折算成除权价） | 7.70元 |
| 随后表现 | 3月26日之前，一直在5~6元（折算成除权价）之间震荡，3月27日开始，经历了5波拉升 | 一直在7~10元之间盘整 |
| 8月31日收盘 | 23.60（折算成除权价） | 9.13元 |

结论：通过“比对”，发现广深铁路和大唐发电是两家几乎同时在沪市上市、又都有H股，基本面也相差不大的公司，即具有可比性。因此，可以进行涨跌幅的“比对”。

接着，再来“比对”广深铁路和大唐发电的涨跌幅（详见表2）。

广深铁路是笔者在“5.30”暴跌中斩仓的品种。当时，一起被斩的还有大唐发电等共计7个品种。8日（星期六），我对这7个品种按照当时斩仓价与7日收盘价的涨幅进行排序。表2是“5.30”大跌时的斩仓价与9月7日收盘价涨幅比较表。

表 2　　“5.30”大跌时斩仓价与 9 月 7 日收盘价涨幅比较表

| 名　称 | 代　码 | 斩仓价（元） | 9 月 7 日收（元） | 涨　幅 | 名　次 |
|---|---|---|---|---|---|
| 广深铁路 | 601333 | 7.88 | 8.83 | 12.06% | 8 |
| 工商银行 | 601398 | 4.98 | 6.81 | 36.75% | 5 |
| 大唐发电 | 601991 | 9.70（除权） | 22.92 | 136.3% | 1 |
| 中国联通 | 600050 | 5.30 | 8.73 | 64.72% | 2 |
| 浙大网新 | 600797 | 9.12 | 10.73 | 17.65% | 7 |
| 北京城建 | 600266 | 25.64 | 31.35 | 22.27% | 6 |
| 大港股份 | 002077 | 9.26 | 14.10 | 52.27% | 3 |
| 上证指数 | 1A0001 | 3502.7 | 5277.2 | 50.66% | 4 |

选股原则：在各品种基本面均未发生重大变化的前提下，要充分考虑机会与风险的因素，在选择新的购买品种时，原则上应以涨幅最小的予以优先。从表 2 不难看出，首先应该考虑买入的是广深铁路（涨幅最小，只有 12.06%），同期大唐发电涨幅已高达 136.3%，同期上证指数涨幅为 50.66%。广深铁路的涨幅不仅与大唐发电的涨幅相距甚远，而且还远远落后于上证指数的涨幅，属于严重的“滞涨股”。比起涨幅已大的大唐股份，广深铁路展开报复性大幅反弹的机会远大于大唐发电，即使有风险，也只是“时间”上的风险，而无“价格”上的风险。

值得一提的是，在“比对”过程中，如出现基本面情况不一致时，就不能简单地按照涨跌幅的大小作为选股的依据，而应综合运用多种方法进行统筹考虑。特别是对于基本面趋于恶化的“垃圾”股，更不能以此作为比较。

结论：从“比较”优势中去捕捉“黑马”，就是要对基本面相差不大的公司，选择一段时间以来涨幅相对较小、而跌幅又比较大的潜力品种进行介入；若是在“比对”中发现被“比较”的公司同期涨跌幅相差不多，则应选择基本面相对较优的公司介入。本次“比对”结果，选择广深铁路。

结果运用：结果出来后，一般情况下，应在第一时间介入；考虑到大盘和个股实际确需再等待的，也要在回调之际及时果断地介入，以免因“贪”而错失投资的“良机”。

结果检验：文中大唐发电和广深铁路的比对日期为 9 月 7 日。到 9 月 18 日收盘，大唐发电最新价为 22.99 元，比“比对”时的 22.92 元只涨了 0.31%；

而广深铁路最新价10.30元，比“比对”时的8.83元上涨了16.65%。仅7个交易日，一出一进差价就高达16.34%，说明“比对”结果正确。

（写于2007年9月18日）

## 好股票怎样才能不"流产"

庄家赶散户下马、逼散户“流产”，从表象看情况千差万别、原因错综复杂，但使的招数却大体相同。无非就是让你“分不清股票好坏”、“经不起来回折腾”、“挡不住微利诱惑”，最终摧垮你的意志、动摇你的“军心”、达到“流产”目的。

在股市投资，一个不争的事实是，谁都买过好股票，谁都“骑”过大“黑马”。不同的投资者，区别在于，有人拿得住、“骑”得牢，有人拿不住、“骑”不稳，早早地被赶了下来。

打个比方，“十月怀胎，一朝分娩。”想要抱上“金娃娃”，得先做到“怀得住”。炒股也一样。问题是，同样的好股票，为何“怀”在有的投资者“身上”，最后总能“抱”上“金娃娃”，而“怀”在另一些投资者“身上”，却总是出现“流产”？究其原因，大致有三。

### 1. 分不清股票好坏

同样的股票，“怀”在不同的投资者“身上”，命运之所以大相径庭，区别在于主人“眼力”不同，有的被当做野草，有的则视其为宝。4月2日，妻要我用她刚刚在大秦铁路上获利腾出的资金，选一支股票买入。我左挑右选，最后选定了中国联通，因为在我看来联通就是一“宝”：虽然盘子大些，涨起来没有小盘股那样轻盈，但质地优良、业绩稳定，且涨幅落后于大盘，属于既有机会、又较稳妥的品种，特别是引人注目的3G题材没有兑现、可以放心买入并一路持有。于是，我便毫不犹豫以5.69元的价格帮妻买入了18100股。而妻子的看法则刚好相反，不仅对联通的种种“优点”视而不见，而且还将它说成一无是处，认为联通近期大的抛单接连不断，市场表现毫无起色，尤其因为她曾被联通“伤”过，一提起它，更是心有余悸，坚决要求换股。这就导致了这样的结果：因为看法截然不同，同样的股票拿在手里，有人紧握不放，有人挥手作别。

### 2. 经不起庄家折腾

大凡好股票在启动甚至井喷前，都少不了折腾，有的甚至折腾起来没完没了，常弄得投资者无所适从。联通也一样，在较长的一段时间里，大盘涨它不涨，大盘跌它却跌得比谁都快。在妻买入联通股票前后一段，股价更是起色不大，常在一个小区间里来回波动，连冲上6元都阻力重重、久冲不过。对此，妻看在眼里、“痛”在心里，对它也早已不抱任何希望，劝我若能保本就出局，即使小亏出掉也无悔。由于对联通我非常了解，也最有信心，所以没有按妻要求斩仓，但这也说明，折腾阶段往往是许多散户失去耐心、拿不住好股票的重要时期，也是股市“流产症”的“高发期”。

### 3. 挡不住微利诱惑

好股票常“流产”的另一原因是微利引诱。由于不看好，割肉都想走，见有了蝇头小利，便想溜之大吉，结果导致“流产”、铸成大错。妻的联通买入后，该股又像往常一样不紧不慢、来回折腾、反复洗盘，账户内的数字也跟着一会儿红、一会儿绿。再看看别的股票，在涨停板上排得整整齐齐、满满当当。此时，妻再也坚持不住了，决意要卖联通去追“热门股”。4月15日，当看见联通冲高，账户也已由亏变赢时，便急急忙忙地以5.84元的价格将其全部微利卖出。几天后，又以4.40元的价格追入中海集运。然而，这一卖一买，正好犯了两个错误，不仅又一次将好股票“流”了“产”，而且再一次被“强势股”套牢。

几天后，昔日表现“抢眼”的中海集运不涨反跌，而原先毫无起色的中国联通却一反常态，开足马力、一路狂奔。大盘和中海集运连跌几天，而联通则连涨数日。至4月30日收盘，4.40元买入的中海集运跌到了4.16元，而5.84元卖出的联通却涨到了6.75元，还成了两市1000多只股票中难得的几个强势品种之一，令妻大跌眼镜。事后一算，这一“流”一“怀”，动与不动，损失高达20%以上，又一次给妻上了生动一“课”。

庄家赶散户下马、逼散户“流产”，从表象看情况千差万别、原因错综复杂，但使的招数却大体相同，无非就是让你“分不清股票好坏”、“经不起来回折腾”、“挡不住微利诱惑”，最终摧垮你的意志、动摇你的“军心”、达到“流产”目的。作为散户，没有过人的本领，又不想“流产”，唯一能做的，就是不要小聪明、做个老实人，不管风吹草动、任凭怎么折腾，认准好股票、坚守到最后。真要能这样，“十月”之后，即使抱在手里的不一定就是“金娃娃”，却也能做到，万一是个“金娃娃”，也不至于中途“流产”。

（写于2009年4月30日，原载于2009年6月30日《中国证券报》）

## “高空作业”怎样做到镇定自若

怎样在“高空作业”中做到镇定自若？关键是要对大盘后市的走向作出自己的判断，回答“上”还是“下”（长期趋势而不是短期波动）。并严格按自己的判断操作，切忌被他人左右。

上证指数从998点起涨以来，历时两年半，最高涨幅达5倍还多。期间，尽管有过几次大的波动，但总体向上趋势至今没有改变。作为市场的参与者，做多还是做空？持仓还是持币？这些问题常常令许多散户无所适从。

其实，我们只要对过去的行情稍作回顾，便会发现，当上证指数运行到1757、2000、2245、3049、4335、5000、6124等这些敏感的点位时，有的投资者担心大盘要调整，有的害怕大盘会见顶，这种担心一直都没有停止过。大盘每上一个台阶，总会有一些专业的和非专业的人士出来看空，而事实却反复地证明，每次担心、看空都是多余的、不必要的，甚至是非常错误的。

过早的担心，过多的担心，结果可想而知，使不少散户整天提心吊胆，追涨杀跌，动作变形，屡犯错误，以至于“赚了指数不赚钱”，千载难逢的牛市与自己“无缘”，不仅使自己成了牛市里的一名“看客”，而且常常累得精疲力竭。

我在认真总结和反思过去10多年来常常因恐惧和贪婪而追涨杀跌的深刻教训以后，2007年以来，一直采取满仓持有的策略，减少操作，少做差价，虽然未能使收益最大化，但也分享到了牛市的快乐。总结起来，我最深刻的体会是，在牛市里面，一定要“把握趋势，从容应对”，尤其是在5300多点的“高空”作业时，一定要做到镇定自若。

怎样在“高空作业”中做到镇定自若？关键是要对大盘后市的走向作出自己的判断，回答“上”还是“下”（长期趋势而不是短期波动）。这里所说的“判断”，指的是你自己的判断，即，要有自己的主见。对行情的发展趋势要有自己的预期，不可轻信他人，人云亦云。

若认为行情远没有到此为止，今后行情总体向上的趋势不会改变，那么对于持仓的，自然是继续持仓，不做操作或减少操作，除非自己持有的品种涨幅已大，需要调仓的，除非自己的短线能力特别过人。对于持币的，就是选择建仓，并尽可能地做到“早、准、低、狠”。所谓“早”，就是建仓要早，越早越好，有钱就买；所谓“准”，就是品种选择要对路，要选择自己熟悉的、经过仔细研究过的、正在长期跟踪的股票介入，对于这样的股票越跌越买；所谓“低”，就是尽可能地选择在低位介入，在大盘和个股调整的过程中介入，以降低持仓成本；所谓“狠”，就是一旦建仓时机到来，要尽量做到一次建仓完毕，等待别人“抬轿”，而不是随着大盘的上涨而分批建仓，因为这样做的成本会比一次性建仓大许多。

建仓完毕后，大盘有两种可能——涨和跌。如大盘和个股出现上涨，就一路持有；如出现下跌，不但继续持仓，且越跌越买（资金允许的话），因为你的判断是“今后行情总体向上”。

相反，若认为行情已经到头，今后的总体趋势将反复向下，那么对于持币的，就不再进场。对于持仓的，就选择离场，并尽可能地做到“早、准、高、狠”。所谓“早”，就是离场要早，越早越好，有股就卖；所谓“准”，就是除个别确需保留的外，其余统统“走人”；所谓“高”，就是尽可能地选择在高位抛出，在大盘和个股冲高的过程中卖出，越涨越卖；所谓“狠”，就是一旦卖出时机到来，要尽量做到一次“出货”完毕，而不是随着大盘的下跌而分批卖出，因为这样做的效益会比一次性出货低许多。

清仓完毕后，大盘同样有两种可能——涨和跌。如大盘和个股出现下跌，就继续持币，不动心，不介入，除非你认为调整已经结束可以做多了；如出现上涨，就不再“眼红”，不再追涨，也不后悔，越涨越不追涨。因为你的判断是“行情已经到头，今后的总体趋势将反复向下”。选择“下”的人特别需要记住的是，既然在大盘5300点的时候选择了“下”，那么就没有理由当大盘在8000点、10000点、甚至更高的点位时再反过来选择“上”而反手做多，因为到那时再选择“上”的风险远比今天选择“上”的风险大得多。这就好比当初大盘在2000点、3000点的时候选择“下”的人今天又反过来选择了“上”一样。

明白了这一点，就知道现在应该做什么、怎么做了：一是要尽快作出判断，作出自己的回答，到底是“上”还是“下”；二是要按照自己的判断行事，并严格坚守，切忌被所谓的消息、专家、股评等所左右，而忘了自己当初的判断，盲目地加入到了追涨杀跌者的行列，成为股市里面这“多数”的输家。

若能做到了这些，不仅可以使自己在“高空”作业中镇定自若，成为股市里这“少数”的赢家，而且还可以使炒股变得非常简单而又轻松愉快！

（写于2008年1月4日，原载于2009年6月27日《中国证券报》）

## 踏空后怎么操作

**踏空犯错不可怕，可怕的是，踏空后失去理智，追涨杀跌，错上加错。**

在一轮大的熊市里，股民最怕的莫过于重仓套牢、市值缩水。相反，在一轮大的牛市里，最担心的自然就是踏空了。而且，牛市踏空对股民的打击程度，一点都不亚于熊市套牢。

大盘自跌至1664点后，至春节前这段时间，一直在2000点下方窄幅波动。此时，采取高抛低吸策略操作，的确是种不错的选择。虽指数起伏不大，但快进快出、操作得当，也能赚些小钱，至少比来回“坐电梯”要强许多。然而，春节过后，“老经验”却不灵了。尤其是最近，大盘和个股涨多跌少、一路逼空。勤快的股民每次“高抛”变成了“低丢”，要么接不回来，越抛越空；要么只能用更高的价格、更多的本钱，才能把它接回，不少人因此成了牛市里的“踏空族”。

踏空后，投资者天天等大盘调整，时时盼个股下跌，然大盘和个股却不听“使唤”，等来的依然是涨停不断、“井喷”不止。即使偶尔来个盘中震荡，也往往跌幅有限，且最终有惊无险，至尾盘时被强大的买盘迅速拉起，让等待下跌的空头“竹篮打水一场空”。

踏空和套牢一样，非常折磨人、考验人：踏空后怎么操作？买不买、追不追？相信不少踏空者都常常为这样的问题绞尽脑汁。笔者的体会是，踏空犯错不可怕，可怕的是，踏空后失去理智，追涨杀跌，错上加错。踏空后，正确的操作应该是以下几点。

**1. 要先判断踏空位置**

在哪里踏空，是低位踏空，还是高空踏空？要做到心中有数。大盘的点位，虽没有绝对的高、低之分，但各人都有自己的判断和期望。有人认为6000点高了，也有人认为6000点不高；有人认为2000点到底了，也有人认为还会再跌。应该说，这些认知和判断都不算错，据此作出的操作也很难肯定一定就是谁对谁错，只要坚守自己的判断和操作“铁律”，都有赢利的可能。正是因为有这些分歧，才会导致不同的踏空者踏空点位的截然不同。有人抛在了最低点，踏空点在1700以下；有人在反弹至2000点时清仓，踏空点在2000；也有人判断2500是短期高点，因而全部卖出，踏空点自然就是2500，等等。

判断踏空点是高还是低，一般有两种方法：一是根据以往股市运行时所创下的高、低点来确定，比如五六千点算是较高的点位，一二千点应该是相对的低点；二是根据自己对后市的研判来确定，如果对中国经济的前景，包括资本市场的发展持乐观态度，认为总体向上的态势不会改变，那么目前2900多的点位自然就是低的；假如认为许多不确定因素仍未明朗，国际金融危机的影响仍未消除，大盘和个股仍有很大的下跌空间，那么目前的点位就是高的。因此，作为踏空者，在确定操作策略之前，首先要在自己的心里对踏空点位的高低做到一清二楚。

### 2. 要确定操作策略

踏空点位的高低确定后，就可制定相应的操作策略了。操作策略包括：

何时买？如果认为高了，则继续轻仓，除非下跌至自己期望的点位和股价出现时再行买入，否则，越涨越不买入；如果认为低了，则分批买入。

买多少？一般情况下，既不要一次性满仓买入，也不要一次性全部卖出，在相对低点，适当加重仓位，在一定高位，再减些仓位，做到进退自如、买卖得当。

怎么买？踏空后，许多投资者容易心烦气躁，“一涨”就担心踏空，便匆忙追进，“一跌”便害怕套牢，又赶紧斩仓。尤其是行情在剧烈波动时，股民这种把当初的计划忘得一干二净时表现出来的冲动、极端、情绪化做法，更是表现得淋漓尽致。此时的操作，严守“铁律”就显得尤为重要。一定要记住，不要在大盘和个股“冲锋”时追涨，而是要在急跌、恐慌时捡拾。

买什么？如果是在行情启动之初，可以适当激进追龙头，但假如大盘和个股已有可观涨幅，市场已堆积了大量获利筹码时，就要小心，不再激进，稳字第一，可以买一些滞涨品种，宁可少赚些，也要把风险控制到最低程度。

何时买、买多少、怎么买、买什么，是踏空后操作策略的主要内容，一定要精心筹划，严格执行。

### 3. 要做好两手准备

判断好了点位，确定好了策略，并不等于操作起来就没有了风险，就可以稳操胜券、高枕无忧了。相反，同样要做好两手准备，对机会和风险比进行正确的评估，制定跟进后的计划，不同情况下的应对措施。比如，跟进后，大盘和个股掉头了怎么办，是止损、不动，还是逢低再补仓？比如，买入后，获利了怎么办，是高抛低吸，还是长线持股。对此，都要有相应的思想准备，只有这样，才能在操作和看盘过程中，做到处变不惊、忙而不乱、胸中有数、沉着应对。

身在股市，既会有套牢，也会有踏空，这些都是再正常不过的事。无论是谁，都不可能每次都是买入后不套牢，卖出后不踏空。问题是，面对踏空，抱着什么样的心态，采取什么样的对策？对此，不同的股民会有不同的答案。其实，股民之间的区别、胜负、成败，往往就体现在这答案里。

（写于2009年2月22日，修改于2009年6月27日，原载于2009年4月14日《中国证券报》）

## 怎样才能“后发制人”

“后发制人”的关键其实是投资者的心态。越想赢怕输、追涨杀跌、手忙脚乱，越事与愿违；相反，心态良好、坚定执著、不急不躁，常常能水到渠成，进而达到“后发制人”的目的。

历时半年多的反弹行情，七成股民跑输了大盘。跑输后，怎么办？追吧，风险太大；再等，又怕踏空。其实，跑输大盘后，股民还有一种简单、实用的应对方法，这就是“后发制人”，把失去的机会补回来。但怎样“后发”，才能“制人”？其中关键，在于事先谋划，有这样几条原则，必须牢牢把握。

**第一，弃高从低**

选择的股票，跌幅要大、涨幅要小。何谓跌幅大？从6124点下来，大盘跌了七成，目标品种跌幅原则上也要在七成以上，越跌多越好。至于那些抗跌的，甚至逆市上涨的，无论题材多么丰富、“包装”多么华丽，一概不在考虑之列，统统予以排除。何谓涨幅小？从1664点起来，大盘连涨八成，不少个股表现出色，但也有部分个股，涨幅明显落后于大盘，有的甚至只涨了一两成。这类个股，只要基本面无大问题，就是理想的建仓品种，如果再有一些所谓的利空“配合”——假利空而不是真利空，表面利空而不是实际利空——那就更妙。如果目标品种跌幅小、涨幅大，就“一票否决”，不予考虑。这是在跑输大盘后，首先要把握的一条，也是“后发制人”的前提。

**第二，弃小从大、弃热从冷、弃新从旧**

除弃高从低外，还要力求做到弃小从大（盘子要大）、弃热从冷（选冷门股）、弃新从旧（选熟悉股），最好是自已曾经操作过、之前曾“高抛”、如今又出现“低吸”机会的品种。以上几条，能同时具备最好。不能同时具备的，能多则多，越多越好。有了这几条，再找出自己的“操作记录”，翻一翻、查一查、比一比，“远在天边”的目标，或许已“近在眼前”。

**第三，布局时机正确**

“谋划”妥当后，即可“布局”。买入时机一般选在大盘和个股回调时，尽量不要追涨。4月8日，笔者有一笔资金想建仓，但当时大盘已涨至2439点。若再追强势股、热门股、涨幅大的品种，显然风险很大，弄不好极有可能“制人不成反被人制”。按照上述原则，笔者锁定了5个备选品种，分别是中国石油、大秦铁路、深圳机场、大唐发电和工商银行。当天，工商银行出现了较好的买点，便以4.06元顺利建仓，其余品种没有急于介入。两天后，又建仓中国石油，成本11.44元。以后，又相继买入大唐发电和大秦铁路。买入的4个品种，共同特点正是在于较好地满足了上述选股条件。

**第四，经得起折腾**

“后发制人”还有一个关键是要经得起折腾和考验。与热门、盘小、处于急涨阶段的品种相比，参与“后发制人”的股票，一般来说风险较小，但短时间内往往也难有大的作为，特别需要投资者有足够的耐心。有些主力还特别喜欢洗盘、折腾。这一点，不仔细看盘，还真的难以发现主力折腾的功夫有多深、洗盘的手段有多凶。以大秦铁路为例。6月3日买入大秦，时间是下午1时15分。1时30分，主力就开始打压，在比时价低5分——9.36元的价位上，瞬间出现了一笔250万股的抛单，当场成交100万股，尚余150万股继续压在“卖一”的位置上。然而，一眨眼工夫，9.36元价位上的“卖150万股”，变成了“买200万股”，同一价位买卖力量的对比竟相差了350万股。10分钟后，主力开始大举拉升，大秦的日K线也由绿变红，收盘9.51元，反涨0.85%。第二天，主力故伎重演，还是1时30分，再次借大盘跳水之际顺势打压，在9.47元的价位上，用100万股的筹码砸盘，此时，对投资者的持股信心又是一次严峻的考验。收盘前，大秦再次大幅拉升，在大盘下跌0.41%的情况下，逆市上涨2.21%。

折腾和考验，不仅来自个股本身的来回拉锯、上下反复，还来自大盘的系统性风险。4月22日~28日、5月20日~25日，大盘在连续上涨之后，两次出现连续数日的大幅调整，尤其是盘中接连几次跳水，把许多投资者“急”出了一身“冷汗”：大盘会不会见顶，要不要走一走、避一避。好在笔者对建仓的品种事先都进行了精挑细选，都是属于跌起来不怕的品种，这样一来，心里就踏实了许多，经受折腾和考验的底气也多了几分。

选对了品种，再加上有足够的耐心，“后发制人”就成功了一半。自4月8日开始建仓工行和中石油起，至7月3日，期间大盘涨了26.62%，而工行和中石油涨幅达到34.98%和31.91%，分别跑赢指数8.36个百分点和5.29个百分点，上演了一出“后发制人”的好戏。而在此期间，不少以前曾大涨的个股不是横盘就是下跌。

无论是谋划布局，还是经受考验，“后发制人”的关键其实是投资者的心态。越想赢怕输、追涨杀跌、手忙脚乱，越事与愿违；相反，心态良好、坚定执著、不急不躁，常常能水到渠成，进而达到“后发制人”的目的。这一点，也正是许多成熟、理性的投资者，之所以能够跑赢大盘，抑或在落后的情况下，能够奋起直追、赶超大盘、“后发制人”的关键所在。

（写于2009年6月14日，修改于2009年7月3日，原载于2009年6月19日《上海金融报》）

# 脚踏千点长阳：系好“保险”才会镇定

**在公认的“高空作业”，有人“恐高”，有人镇定，区别在于底气不同、“保险”有无。**

投资炒股，最好每次都能踩到“弯”处、踏在“点”上，做到高抛低吸、万无一失，无论是小波动，还是大波段，都不错过。但老股民都知道，无人能做到这一点。现在的问题是，在大盘连涨半年、拉出千点长阳之后，卖不卖、买不买？“高空作业”怎么做才能镇定自若不“恐高”呢？

世事难料，股市更难测。

半年前——2008年10月。寒风里的股民，被历时一年、超过七成的跌幅，砸得“头破血流”，打得“落花流水”。面对1664点的大盘，心态好的，继续坚守；嗅觉灵的，捡了便宜；亏不起的，抛出了带血的筹码。

8个月后——2009年6月。指数突然涨了七成，创了反弹新高2791点，许多个股牛气冲天，不少股民乐翻了天。看着屡被刷新的指数，有人依然坚守，有人见好就收，有人则不顾一切继续往里冲。

股市里的风风雨雨，回过头去看，一清二楚，但要往前看，却不容易。的确，在大盘连涨半年、涨幅已达七成之后，大盘向何处去，股民该怎么办？卖不卖？买不买？谁也不知道，谁也不会回答你，谁也无法回答你。

没有答案？其实也有！答案就在每一位投资者自己的心里头，就看你接受不接受：

大盘指数没有绝对的高和低，关键是看投资者的策略是否正确。回头看，大盘6124点是顶部，该清仓离场；1664点是底部，该满仓杀进，对此，恐怕没有人不知道该这么做。但在当时，有多少人认为6124点是顶部，相对于8000、10000点，甚至更高的预期，充其量是个半山腰的位置；又有多少人认为1664点是底部，相对于1500、1000点，甚至更低的猜测，顶多是个下跌途中的中继。如今也一样，2791 点，是高还是低，没人说得清。如果把目光再放得长远些，又有谁能肯定，6124 点一定不会被突破，1664 点一定不会被击穿？既然大盘指数没有绝对的高低之分，那就要看投资者的策略是否正确。如果预期未来指数向上，那就只买不卖；如果预期指数向下，那就只卖不买。对此，既要想好，更要做到，切忌思路不清、胡动乱来。

不同个股没有绝对的机会和风险，关键是看投资者的操作是否得法。无论何时，都没有哪一支股票只有机会没有风险，也不存在某只股票只有风险没有机会。骑上了牛气冲天的大黑马，是否一定富得流油？碰上了死气沉沉的妖股，是否一定赚不到钱？回答是：未必。原因何在？投资者心态的差异、操作的方法不同所致。投资同一支股票，不同的投资者，买入时的想法五花八门，卖出时的理由千差万别，结果当然也是大相径庭。尽管在操作方法上没有千篇一律的程式，不同的个股也不存在绝对的机会和风险，但在操作时必须慎之又慎。若能做到买入前小心、买入后安心、卖出后称心则更好。

不同股民没有绝对的恐高不恐高，关键是看投资者的“保险”系没系好。在同样高度的“层面”操作，有人觉得这是在“高空”，有人觉得并不“高”；即使是在公认的“高空作业”，也有人“恐高”，有人镇定，区别在于底气不同、“保险”有无。有“保险”，才会有底气，才会镇定；没“保险”，当然没底气，自然要“恐高”。

在大盘已拉出千点长阳之后的今天，笔者感到，作为普通散户，要想在“高空作业”中做到镇定自若，必须给自己系上以下 4 根“保险”。

（1）资金险。投入股市的资金，五花八门，什么样的都有，但大体可分为两类：一类是自己的闲钱，赚了当然高兴、亏点也能承受，“作业”起来就不大会“恐高”；另一类则是孩子的教育金、父母的养命钱，甚至不惜高利借贷而来，只能赚、不能亏的，这就很难做到镇定自若。对后者，就急需系上“保险”。系的办法只有一个，挪用的尽早补上，借贷的及早还上。无论盈亏，第一时间卖股还钱都是正确的选择，因为用这样的资金入市炒股，从一开始就是错误的，尤其是那些自己没有偿还能力而盲目借贷的股民。

（2）仓位险。如果是自有资金，是闲钱，可以留在股市，但要控制仓位，尤其是在大盘拉出千点长阳，个股出现数倍涨幅之后。炒股，不缺的是机会，缺少的是“保险”。无论你是长线投资，还是短线操作，要系的第二根“保险”，就是学会控制仓位，大盘和个股越往上涨，仓位就越要控制，越要降下来。

（3）品种险。若用的是自由闲暇资金，仓位也控制好了，还要加上品种险。因为是“高空作业”，品种选择就显得越发重要。按照物极必反的原理，涨得越高往往跌得越深，所以在所“控”的仓位里，特别需要回避那些热门、强势、题材多、涨幅大、让人眼红的品种；可适度吸纳些冷门、弱势、默默无闻、涨幅不大、基本面好、跌起来不怕的“放心”股拿在手里。

（4）心理险。股市变幻莫测，风险不可不防。有了上述三根“保险”，还得再加一根心理险。即，对各种可能发生的意外，要有两手准备，既有好的预期，更有坏的打算，一旦出现意外，也能坦然面对。

弄清楚了上述问题，设想好了应对之策，再加上这4根“保险”系在身上，别说在眼下2791点“空中施工”不会感到惊慌，就是将来踏在更高的“空中作业”，也不会“恐高”，也能达到处变不惊、镇定自若的境界。

（写于2009年5月10日，修改于2009年6月7日，原载于2009年6月24日《羊城晚报》）

## 风控重于逐利

股市永远都不缺机会，只有学会及时风控，才能实现长久逐利。

炒股，说白了就是风险与机会的博弈，风控与逐利的较量。衡量投资者是否成熟，不仅要看其逐利能力的大小，更要看其风控能力的强弱。处理好了风控与逐利的关系，离成为一名理性、成熟的投资者就不远了。

**要不要风控**

风控与逐利，既互相制约、彼此对立，又互相依存、彼此统一。一方面，逐利是最好的风控。要想在股市有效地控制风险，必须学会适时出击、追逐利润，做到该出手时就出手。像半年前大盘在2000点下方运行、许多人深套之际，如果敢于重仓出击，再守仓至今，就能获得不错的收益。在大盘和个股处于相对低位时采取持仓、逐利的策略，就是最好的风控武器。“逐利是最好的风控”，跟军事上的“进攻是最好的防守”是同一个道理。

另一方面，风控也是为了更好地逐利。只知道进攻，不懂得防守的士兵，不是一名优秀的士兵。炒股也一样，只知道逐利，不懂得风控的股民，同样不是一名成熟的股民。

只要稍作分析，便不难发现，本轮历时半年的上涨行情，始于2008年10月28日，当天上证指数创下了调整以来的新低1664点。随后，经过多方长达半年多的不懈努力，终于创出了2688点的反弹新高，涨幅达到60%以上。期间，不少个股的涨幅更大。但需要注意的是，这只是账面上的赢利。

除了技术面大盘和个股出现较大涨幅、存在一定的调整压力，需要及时风控外，政策面也出现了明显的变化。深交所已连发三篇警示市场风险的文章：4月9日，深交所投资者教育中心发表《什么样的投资者适合参与创业板市场投资》；几天之后，4月14日，深交所专稿《历数股市概念炒作骗局》；4月17日，深交所再次发表《谨防盲目追涨杀跌的投资风险》的文章，提醒投资者面对市场升温和新市场的开启，在“追”和“杀”的时候更要理性分析，做好功课。还有银监会，也开始重点检查贷款流向，以防投机股市。

管理层这种提示风险的做法，历史上曾多次出现过。从以往的经验看，管理层初次提示风险后，市场仍可能我行我素，但若多次出台降温措施，就需要引起注意。再退一步而言，即便不考虑这些因素，单从投资者自我保护角度出发，与半年前相比，目前的点位也更有必要进行风控。

**能不能风控**

股市的风险，表面看变幻莫测，谁都无法预料和控制，但实际上也是有“规律”可循，也是在可控的范围之内。

控制风险，极端的两头分别位于底部和顶部。底部的风险是做空。在底部，风控的关键是克服恐惧、避免做空。只要加强学习、独立思考，风控并不难。记得2008年10月大盘触及1664点前后，许多投资者被跌得晕头转向、不敢持股。当时，在第七届亚欧首脑会议开幕式上，国家领导人发表了题为《亚欧携手　合作共赢》的致辞，提出要“保持经济稳定、金融稳定、资本市场稳定，继续推动经济社会又好又快发展”这一讲话。最重要的一点是，向公众传递了维护资本市场稳定发展的重要信息。此时，投资者如果善于独立分析，做到不人云亦云，就能坚定持股的信心，就能有效地避免底部做空的风险。

顶部的风险是做多。在顶部，风控的关键是克服贪婪、避免做多。只要摆正心态、不恋不贪，风控也不难。最近创出的2579点的反弹新高，是不是头部、顶部，谁也无法知晓，但懂得风控的老股民都不会忘记风控的重要性，此时的风控比大盘反弹以来任何时候都显得更加重要和紧迫。宁可少赚点，也不能不有效地进行风控，是许多老股民的共识。

**怎样风控**

大盘越过了2600点，涨幅超过了六成，的确该风控了。要做好风控，以笔者之见，需要做好三件事：

一是控制仓位。随着大盘和个股的连续上涨，仓位控制就显得越发重要，尤其是在本轮反弹中一直轻仓、赚得不多的投资者，更不能赌字当头、重仓出击。虽然此时重仓，有可能获得暴利，但一旦展开调整，极有可能前功尽弃，甚至不赢反亏。在大盘涨了六成、不少个股翻了几倍的情况下，控制仓位、保存实力，宁愿不赚或少赚，也要确保不亏或少亏，是实现有效风控的重要法宝之一。

二是调整持仓。在控制仓位的同时，还要注意调整持仓结构，坚决回避涨幅已大的品种。如果说在行情启动初期，持有盘子小、股性活的品种，有利于增加获利机会的话，那么在行情涨到一定程度后，就要多一分警觉，有意识地把那些盘子稍大、股性较呆、涨幅不大、但安全边际相对较高的品种作为配置的重点。因为，只有持有这样的品种，才会在行情一旦转入深幅调整时显得较为安全，而那些前期涨幅大的品种调整起来往往杀伤力也大。

三是巧对波动。控制仓位、调整持仓，并不意味着死捂不动，而是要动静结合、巧对波动。在行情剧烈波动时，一旦所持的“呆股”突然拉升，就要敢于“杀涨”，有机会回落时再及时补回，在赚取“正差”的同时，防止筹码丢失；假如看中的目标出现大幅下跌，还可适度“挪用”腾出的资金，敢于“追跌”，遇反抽时及时出局，确保资金的安全。巧对波动的前提是确保安全，只有在确保安全的前提下，才可灵活巧对，假如把握不大，则应以“不动”去应对行情的剧烈“波动”。

炒股的目的当然是为了逐利，但在追求利润的同时，必须学会及时有效地控制风险，变账面赢利为实际收益。只有这样，才能达到自我保护的目的，才能为下次出击积蓄更充沛的能量，进而更好更有效地逐利。股市永远都不缺机会，只有学会及时风控，才能实现长久逐利。这一点，正是成功的投资者与众不同的过人之处。

（写于2009年4月19日，修改于2009年5月30日，原载于2009年5月5日《中国经济时报》）

# 熊市篇：别被“狂泻”冲昏了头脑

与股市同呼吸、共命运，对股票涨不喜、跌不悲，操作时进可攻、退可守。在大盘已经腰折、许多股票跌破了发行价、股市的融资功能遭到严重破坏、绝大多数股民都在亏损之时，更应该坚定信心，做一个坚定的投资者。

# 股市“映山红”，何日“遍岭上”

凡所有出现过暴跌，甚至股灾的国家和地区，最终都“有惊无险”，只要不割肉、心态正，最终都会回来的。

夜半三更哟，盼天明；
寒冬腊月哟，盼春风；
若要盼得哟，红军来；
岭上开遍哟，映山红。

夜深人静的时候，笔者一边敲打着键盘，一边回想起了几十年前曾红遍大江南北，至今仍使人难以忘怀的这首熟悉而又感人的经典老歌。

70年代，我还在读小学、初中的时候，有一部电影，名叫《闪闪的红星》，讲的是红军年代最困难时期的故事。这首歌正是在这一特殊的历史时期，妈妈唱给“潘冬子”的催眠曲。

记不得这是第几次想到、听到、唱起了这首歌。一样的歌词，一样的旋律，只不过今天想起来、听起来、唱起来，又多了几分凝重和寒意。

最近一段时间以来，沪深股市出现了连续、较大幅度的调整，今天也没有出现多数投资者所企盼的“映山红”，这难免会使广大股民，特别是坚定看多的投资者心情变得复杂起来。坚定看好中国经济的发展前景错了吗？坚持长线价值投资的理念错了吗？股市发展的基石动摇了吗？股市的“盛宴”结束了吗？为什么买单的总是我啊？

笔者是个“死多”。对中国经济美好的发展前景和股市的乐观预期，过去没有变，现在没有变，以后也不会有变。

与此同时，笔者也是属于比较理性的一类，否则，同行们就要见笑了。

最近一段时间，在谈及股市今后的走向时，大家有些分歧。我还是坚定“看多做多”。同时我也坦言：凡事可以往“好”的方面想，但同时也要有“坏”的思想准备。笔者已经想好了种种“坏”的可能：当你买入的时候，它不涨反跌；当你满仓长线持有的时候，它一路阴跌、暴跌，甚至出现极端的走势——股灾。但笔者不怕，因为我用的是“闲钱”加“闲心”，不卖就不算亏；因为我买的是股票，而不是权证，更不是期指，不会归零，不会爆仓；更因为，我知道，凡所有出现过暴跌，甚至股灾的国家和地区，最终都“有惊无险”，只要不割肉、心态正，最终都会回来的。笔者坚信强大的中国也不会有例外。

以暴跌的心态和思想准备，去迎接股市明天的“盛世”，这是笔者早已考虑好的。即使这一天姗姗来迟，但只要股市在、人在，希望就在、机会就在。有句话说得好：“冬天到了，春天还会远吗?”

是啊，“冬天到了，春天还会远吗?”其实包括我，包括所有的“死多”，又何尝不是这样想的，这样希望的?所有持有股票、特别是重仓、满仓的投资者都是这样希望的。但有准备总比没有准备要好，更何况，以冷静的思考、较低的期望，最坏的打算，去迎接股市的“盛世”，总比以非理性的思考、不切实际的期望，最好的打算，去面对股市最坏的结果要强得多，好受得多。作为曾经经受过股市暴跌之“痛”而又没有被吓倒、被击垮、顽强地“活”过来的人们，当股市的“岭上”，开遍了“映山红”那一天到来的时候，朋友，你能感受得到这是一种怎样的情景，一种怎样的“成就”和“幸福”感呢!

还得把话题切回到这首感人至深的歌曲《映山红》。曾几何时，“妈妈唱给‘潘冬子’的催眠曲”，不仅激励着“潘冬子”，也激励了无数中华儿女，激励了整整一代、甚至几代人。每当大家在工作、学习和生活中遇到了困难、坎坷和曲折，每当大家遇到了一些不顺心的事的时候，只要一想起《闪闪的红星》，一唱起这首《映山红》，就会备受鼓舞，就会对未来乐观起来，就会对明天充满了希望。

岁月的流逝，使《映山红》这动人的歌声渐渐地离我们远去。但这难忘的旋律，伴随着对她的一往情深，以及对人世间纷繁复杂的东西的深深的感悟，却在笔者的心中久久地回荡着：

夜半三更哟，盼天明；

寒冬腊月哟，盼春风；

若要盼得哟，红军来；

岭上开遍哟，映山红。

岭上开遍哟，映山红！

（写于2007年11月9日，原载于2007年11月15日《浙江工人日报》）

## 还有多少根"百点长阴"可以再来

当股市"涨难——难于登天，下跌却易——易如反掌"的时候，我甚至在想，大盘还有3300点，按照每天下跌150点，也就是22天（当然低于1500点的时候，无法一天再跌150点了），还是让暴风雨来得更猛烈些吧。

失望、绝望，恐慌、恐怖！无论用什么样的词语来形容这两天大盘和个股的暴跌，来形容善良、无助、可怜的股民此时此刻的心情，都不会过分！

一直以来信奉长线投资、价值投资的投资者，从6000点上方开始坚守，直到今天，大盘跌到3329.16，几近腰折，还没有止跌的迹象。证券投资"希望的田野"在哪里？还有多少根百点长阴可以再来？更多的投资者越来越看不到了股市的希望和未来。

我是个典型的"死多"。投资的钱都是自己的"闲钱"，所花的心思也基本都是"闲心"，可以不去算它成本，也可以不去计它损失，无论大盘和个股怎么"雪崩"，只要天"塌"不下来，握住属于自己的筹码便是，相信股市的"明天"依旧会"阳光灿烂"，也相信"付出总会有回报"。

再说，在6000点的时候，也没有谁不让自己卖股票。之所以坚守，也是因为想获利，要收益。所以，市值缩水到今天，责任全在自己身上，无需有任何责怪之意。

正因为如此，连日来，当股市“涨难——难于登天，下跌却易——易如反掌”的时候，我甚至在想，大盘还有3300点，按照每天下跌150点，也就是22天（当然低于1500点的时候，无法一天再跌150点了），还是让暴风雨来得更猛烈些吧。到那时，尽管市值全部归零，资产全部泡汤，但至少可以不再受那没完没了的折磨，至少可以得到一些心灵上的解脱了。

几近腰折的沪深股市，在广大投资者不抱任何幻想的时候，奇迹会发生吗？等待我们的会是“风雨过后的彩虹”吗？一直以来坚定看多的我，这些天来反复地这样问自己。但答案还是不得而知！

（写于2008年4月1日）

## 别被“狂泻”冲昏了头脑

真正可怕的是在伤害、痛哭刚刚过后，又忘记了曾经有过的伤害和痛哭；真正可怕的是在6000多点冲锋陷阵敢于“追涨”的人们，现在反而不敢拿股票了；真正可怕的是那些现在不敢持股，而当大盘和个股又涨到了一定高度后，又忍不住“追杀”进去的人们！

有句常言，叫做“别被胜利冲昏了头脑”。意思是说，在胜利面前，许多人往往因缺乏理性、过于激动而被“胜利”冲昏了头脑。近期的股市，随着暴跌成为一种常态，许多投资者担惊受怕、诚惶诚恐，有的已经变得非常麻木。其实，在万不得已的情况下，“麻木”也不一定就是坏事，倒是一些在高位坚定看多的股民，在目前点位反而因过度恐慌而频频减仓，倒使人突然想到了一句新的“名言”——别被“狂泻”冲昏了头脑。

一路狂泻为哪般？大盘从6124点一路狂跌，到今天最低3212点，下跌了47.55%。按照998点起涨以来的最大上涨点数（6124－998），一共上涨了5126点，至今已累计下跌2912点，跌幅达到56.81%，可以用暴跌、股灾来形容。如此大的跌幅，依我之见，主要原因有三：一是市场自身有调整的需要；二是管理层在高位进行风险教育的结果；三是大小非疯狂减持导致的结果。

牺牲的是谁的利益？任何事情都是“有人欢喜有人忧”。两市出现如此大的跌幅，也不会只有“哭”没有“笑”的人。但可以肯定的是，广大中小散户，是“哭”得最伤心、最悲痛的群体。

谁是最大的赢家？那么谁是“笑”得最开心、最痛快的人呢？就是那些曾经在998点的时候来中国股市疯狂捡便宜货的“炒底族”。可以这样说，正是那些“炒底族”用他那炒底时捡来的低廉的筹码在高位减仓、大赚特赚后肆意打压、利用市场里最弱小的群体——散户用真金白银在高位买来的宝贵筹码进行互相残杀，才出现了如今他们所希望看到的结果。以便他们再“从容”地从散户手中以低廉的价格接回那些散户们在高位曾经向他们买入的股票，达到“二次炒底”的目的。“他们”就是最大的赢家！

可怕的不是股市的涨跌，涨、跌是市场永恒不变的规律。曾经有过的伤害、曾经有过的痛哭并不可怕，真正可怕的是在伤害、痛哭刚刚过后，又忘记了曾经有过的伤害和痛哭；真正可怕的是在6000多点冲锋陷阵敢于“追涨”的人们，现在反而不敢拿股票了；真正可怕的是那些现在不敢持股，而当大盘和个股又涨到了一定高度后，又忍不住“追杀”进去的人们！

善于学会“透过现象看本质”。有些善良的朋友可能会说，之所以在今天减仓，我也有我的理由啊。比如“熊市”来了、大势已去；比如大小非减持压力仍大；比如，我已经亏不起了，从今往后再也不入股市了（事实上多数人都做不到）；比如，管理层态度一直不够明朗，等政策明朗以后再建仓也不迟，等等。这些“杀跌”的理由，正如当大盘在6000多点的时候大家敢于“追涨”的理由一样，是够充分、够在理的。其实，广大散户正是因为有了这些“理由”才会频频“中套”。事实上，等大多数人“梦醒时分”之时，行情也就进入了“尾声”，等待他们的不是“宴席”，而是“买单”。

结论：要在股市生存，就要学会排除一切干扰，坚信自己判断，明白

"涨多了就要跌，跌多了就会涨"这一简单的道理，敢于"涨多时就卖，跌多时就买"。

"暖风"频吹，别再麻木——拿出点激情和勇气来！在股市投资任何时候都会有风险，区别在于有时候是风险大于机遇，有时候是机遇大于风险。在今天，在目前的点位，我的判断是后者，即——机遇大于风险，踏空的风险大于做多的风险。从消息面来看，远的不说，就说今天、刚刚在证监会网店看到这么一条消息《各地证监局部署维护股市稳定工作》。消息指出：陕西证监局全面部署证券经营机构维护稳定和保障安全运营工作，陕西省维稳办召开股民稳定工作专题会议，广东证监局积极做好营业场所和关键环节安全防控有关工作，吉林证监局召开全省证券期货监管及企业上市工作会议，青岛证监局部署维护辖区证券期货市场安全稳定工作。这是一条什么样的消息？传递的又是什么样的信号？难道看不出来?！正当政策"暖风"频吹，投资者普遍感到麻木的时候，我反复地提醒自己——拿出点激情和勇气来！

（写于2008年4月15日，原载于2008年8月23日《大众证券报》）

## "猜测底部"不如"按计划行事"

"按计划行事"这一看似平常实则不易的投资方法，正是高手们历经风浪而不倒、顽强坚守在熊市的黑夜里，并能笑到最后的"过人"之处。

随着股市的持续下跌，市场内外各种看空的猜测也多了起来。有人认为，本轮调整将直接击穿前期高点2245点；有人认为调整目标将直指2000点、1500点，甚至更低；更有甚者，认为本轮熊市将持续两年三年甚至更长时间。面对各种悲观、看空的猜测，投资者人心惶惶、提心吊胆，看不到希望，看不到未来，满仓的想割肉离场，空仓的则不敢进场。

无论是持股的，还是持币的，投资者都希望自己买在最低点，卖在最高点，因此都非常关心大盘和个股的底在哪里？什么时候才可以建仓买入股票？何时应该清仓离场？作为一名有着十多年“股龄”的老股民，笔者认为，市场内外，没有谁真正知道“底在哪里”、“顶在何方”？更不可能有人能够始终做到“买在最低点，卖在最高点”。与从事其他行业一样，炒股的人偶尔搭上班“顺风车”不足为奇，想成为一名百发百中的“神枪手”可能性微乎其微。

与其猜测底部如此之难，倒不如给自己定个期望值，制定个计划，并按计划行事。这样，就显得较为理性和现实。

何时进场要有计划。在股市投资，除了成熟老到的股民有自己的计划外，不少人在操作时其实是缺乏计划性的。在很多时候，买卖股票会带有明显的情绪化倾向，受行情波动、现场气氛影响较大。典型的例子是，在大盘五六千点的时候，许多人会冲锋陷阵、不顾一切地买入，此时胆子很大；在两千多点的时候，却有不少人选择割肉离场，胆子很小，根源在于缺乏计划。怎样制定进场计划？可以根据各人的实际情况而定。譬如，有人认为3000点是底部，那么他可以在3000点上下开始分批买入。有人认为2500点是底，那么他可以等到2500点的时候再买。如果认为2000点才是底，那么他必须等到2000点方可买入。只要是自己期望的点位，按照自己事先的计划行事，都不算错。

进场买啥要有计划。除了大盘到某一点位作为自己买入股票的“心理点位”外，还要有具体备选的品种，以免当自己想建仓买入的时候，没有了目标和方向，成了无头苍蝇。譬如，现在大盘是2300点，自己精选、可供买入的品种有5支，自己建仓的“心理点位”是2000点。此时，就应将大盘点位和备选品种现时的价格记录下来，供日后备用。当有一天大盘真的跌到自己所期望的2000点的时候，再去看看这5支股票的价格，此时选股的标准就是“谁跌多买谁”，即，在这5支备选品种里，选择跌幅最大的一支按计划买入。需要注意的是，当大盘和个股一旦朝与自己的预期相反的方向运行时，切忌违背初衷、放弃计划、追涨杀跌，因为这是炒股的大忌，成熟、理性的投资者一般很少会这样做。

进场之后要有计划。由于“心理点位”只不过是你认为可以买入的点位，并不一定就是大盘的底部；备选品种也不过是你认为可以买入的品种，不可能没有"失眼"的时候。所以，当"心理点位"没有达到之前，要耐心等待，不可心急；如迟迟未能到达"心理点位"，要学会放弃；建仓成功后，无论是大盘还是个股，都有两种可能，一是上涨，二是下跌。故在进场之前就要对"进场之后怎么办"作好打算。假如买入后涨了，何时卖出？要有计划并严格执行。一般情况下，笔者认为应采取分批卖出、获利了结；假如买入后跌了，又该怎么办？同样要事先想好计划并严格执行。一般情况下，笔者认为不宜采取割肉止损的操作方法，相反，应逢低分批买入，沉着应对，无须惊慌。

炒股是有风险的。假如大家都知道底在哪里，顶在何方，炒股岂不成了无风险投资？要想在充满风险的股市取得投资的成功，势必要有过人的本事。"按计划行事"这一看似平常实则不易的投资方法，正是高手们历经风浪而不倒、顽强坚守在熊市的黑夜里，并能笑到最后的"过人"之处。

（写于2008年9月3日，原载于2008年9月17日《大众证券报》）

## 弱市里：散户怎样保护自己

在弱市里，利润的"最大化"不容易达到，而风险的"最大化"却时常出现。事实说明，控制好仓位，保护好资金，远比投资获利重要得多。

再过几天，2008年春节前两个月的交易就将结束。在此期间，两市行情只在元旦过后，以碎步小阳的方式上涨了10个交易日，不仅没有沿着原有的上行通道继续上涨，反而出现了大幅下挫的走势。截止2月22日，上证指数下跌了891.28点，跌幅达到16.94%。与此同时，笔者在元旦新建的"20万元投资组合"却未随大盘出现同步下跌，不仅较好地保护了资金，而且还逆市上涨4.94%，跑赢大盘21.88个百分点。这其中，在弱市里，始终坚持安全第一，把"自我保护"放在首位，起到了关键的作用。总结起来，大致有以下四点。

### 1. 耐心等待

众所周知，来股市投资的人，目的都是为了赢利，为了赚钱。但结果，除了赚钱外，还有一种可能，就是亏损。尤其是在弱市里，亏损的人还占了相当大的比例。为什么会出现事与愿违的结果？重要的原因就是未能处理好进攻和防守的关系，只想着如何赚钱，一味做多，没有把“保护自己”作为首要的任务引起足够的重视。譬如，元旦刚过，大盘几乎天天都是小幅上涨，个股行情也十分火爆。实际上，大盘和个股越是上涨，风险就越大。此时应该选择逐步退出甚至空仓。但在“一片大好”的形势下，选择“旁观”非常艰难，实际上当时真正空仓的投资者也并不多。随后的行情走势充分说明，当时选择“耐心等待”是正确的，是投资者实现“自我保护”的重要提前。

### 2. 适度出击

防守是为了更好的进攻，等待也是为了更好的出击。只有做到适度出击，防守才有实际意义。但适度出击也要讲究时机和火候。在弱市里，在震荡市里，不仅不能轻易、频繁地进行“追涨杀跌”，反而要看准时机，果断地进行“追跌杀涨”。这与在弱市里进行有效的“自我保护”也是一致的。那么，什么时候，如何选择急跌的品种进行“追跌”呢？我的体会是：在时机上，在一个星期之内，当连续出现2~3天的调整，或者在短时间内已有深幅下跌的时候就可果断出击，选择目标品种进行买入操作。在品种选择上，则要坚持“喜旧厌新”，而非“喜新厌旧”。即，一定要选择自己熟悉、曾经想买的股票，前提是“涨幅不大、未被恶炒、股价低估、走势稳健”。对这样的备选品种，就可在自己所期望的价位上从容买入，而不是随便地找一家跌幅大的股票轻易买入。

### 3. 见好就收

弱市不同于牛市，震荡不等于单边上涨。在操作策略方面，除了长线仓位可以选择一路持有外，对于短线仓位，在多数情况下，要“见好就收”，“打得赢就打，打不赢就跑。”否则容易无功而返，甚至乱了心态。什么时候“见好就收”，同样很有讲究。一般情况下，在弱市里，在一个星期之内，当连续出现2~3天的上涨，或者在短时间内大盘或个股已有较大幅度的上涨时，就可果断离场。卖出以后，在随后的日子里，无论卖出的股票是上涨还是下跌，都不要后悔或得意，都要坚信自己当时的操作，做到无怨无悔。除非自己对卖出的股票情有独钟，可在有差价的情况下逢低接回，否则需再去寻找新的“目标”。

**4. 控制仓位**

满仓操作的最大优点是可以使利润达到“最大化”，但问题是，风险同样达到了“最大化”的程度。在弱市里，利润的“最大化”不容易达到，而风险的“最大化”却时常出现。事实说明，控制好仓位，保护好资金，远比投资获利重要得多。所以，在弱市里，每次出击都要在相对较有把握，并在控制好仓位（一般不超过半仓）的情况下“快进快出”。而且，一旦控制好了仓位，当大盘和个股出现上涨的时候，也有你的一份。尽管涨幅可能不如大盘和其他个股，但当大盘和个股出现下跌甚至暴跌的时候，你的损失就会小得多，心态也会比别人好许多。还因为控制好了仓位，留足了资金，为你随时补仓“捡便宜货”备好了“子弹”，赢得了主动。从这个意义上说，控制好仓位，也是投资者在弱市里实现“自我保护”的重要法宝。

（写于2008年2月24日，原载于2008年9月27日《大众证券报》）

## 股民怎样“过冬”

既然股市是自己钟爱的地方，无论发生什么，都不会离开；既然会在市场的一片狂热中享受，也会在市场的风口浪尖里陶醉。

春夏秋冬，一年四季，依次更替，这是自然界永恒不变的规律。涨涨跌跌，起起落落，则是股市投资永远不变的铁律。过去的时间，股市经历了大起大落，股民也经历了大喜大悲。与自然界眼下正处于炎炎烈日不同的是，股市正处于极度寒冷的“冬季”。在这一特殊的“季节”里，股民最关心的自然是怎样“过冬”，迎接“春天”？

**“冬”有多长**

不去说从6124点下来，大盘跌了多少，单是从今年元旦上证指数从5261.56起跌以来，到5月19日最低点2284.58点，就又下跌了56.58%。许多个股的跌幅和广大股民的实际损失远不止这个数。股改行情、中国牛市也已几近推倒从来。而且要知道，这是在众人对2008奥运年行情充满期待的年份里发生的，此时，投资者的心情，不是股民可能永远都无法体会和理解。但股民的心里非常清楚：在经历了红红火火的春、夏、秋季之后，股市实际上已进入了“冬季”，不清楚的是这个冬天究竟有多么寒冷、究竟有多么漫长？

**学会“冬眠”**

昔日兴高采烈的股民，如今十有八九没了往日的风采。大家都在煎熬，都在等待着股市的“春风”。然而，在希望一次次地变成失望甚至绝望之后，许多人失去耐心、没了幻想、不再等待。笔者是个“过来人”，不喜欢随大流，不喜欢跟着“趋势”走，而是坚定、执著地按照自己既定的目标前行。只不过，在如今“冬眠”时期，日子的确不大好过，大盘只跌三五个点，市值却要跌八九个点，而且不知道要跌到哪一天才会是尽头。好在懂得“冬眠”的道理，虽然无力抗争，但终究会有春暖花开的时候，熬过了严冬，就是暖春。现在最要紧的是，学会“冬眠”，闭上眼睛、不出声音、保存好实力、静静地守候。

**善于“享受”**

炒股跟做人一样，不可能始终轰轰烈烈，“冬眠”既是必经“阶段”，也是一种活法，一种享受。况且，在股市“冬眠”的同时，也完全可以在生活中寻找快乐，看奥运就是一种非常完美的享受。连日来，奥运赛场好戏连台、精彩纷呈。众人一致看好、金牌似乎十拿九稳的项目偏偏失之交臂；不被众人看好的选手，却又“黑马”频出，这就是奥运的魅力。有人将已经到手的金牌拱手相让，有人奋斗了几年甚至几十年，却始终不见金牌的影子，有人不经意间就能赢得一块金牌，这也是奥运的魅力。有些人一人拿了七八枚金牌也不见其手软，而有2/3的代表团至今仍未尝到“牌”的味道，这还是奥运的魅力。股市在“冬眠”，尽情地欣赏和享受奥运的这种魅力，不正好成了另一道风景？

**迎接“春天”**

对于来股市投机、缺乏风险意识的人来说，什么时候离开股市都是正确的。但对于不想离开股市的人来说，买卖点的把握显得尤为关键。在大盘五六千点的时候，许多个股屡创新高、股价高高在上，笔者想买却下不了手；如今，一些长期跟踪的目标股票，绝大多数创了新低、股价折了又折，笔者只只想买，自然不会轻易放弃。虽然不知道哪里是底，何时会涨？但对我来说，在这样的点位，以这样的价格买入目标股票，已经知足。既然股市是自己钟爱的地方，无论发生什么，都不会离开；既然会在市场的一片狂热中享受，也会在市场的风口浪尖里陶醉。相比四平八稳的股市，充满惊涛骇浪的市场更有刺激性，也更有挑战性。更何况，涨跌是股市永恒的规律，中国的股市绝不会就此止步，股市的春天、股民翻身的一天终会到来，机会永远青睐于有准备的人！

（写于2008年8月20日，原载于2008年9月3日《大众证券报》）

## 股民“过冬”要“暖身”更要“健身”

作为普通散户，要想顺利度过股市“冬天”，除了采取必要的“暖身”措施进行自我防护外，关键是要多“健身”，使自己拥有一个强健的“体魄”。只有这样，才会在股市“冬天”到来时，镇定自若、从容应对。

2008年的股市“冬天”特别寒冷，特别漫长。在这“百年一遇”的股市“冬天”里，广大股民像盼星星、盼月亮一样企盼各种救市举措的出台，以便给处于寒冬里的自己“暖暖身”、“提提神”。

为了顺利“过冬”，希望采取一些必要的“暖身”措施无可厚非。问题在于，政策暖风不可能天天吹，而且什么时候吹，怎么个吹法，大吹还是小吹，都不是普通散户能够左右的，因为，主动权不在自己的手里。因此，作为普通散户，要想顺利度过股市“冬天”，除了采取必要的“暖身”措施进行自我防护外，关键是要多“健身”，使自己拥有一个强健的“体魄”。只有这样，才会在股市“冬天”到来时，镇定自若、从容应对。

在股市“健身”，先要练就一身过硬的“抗风险本领”。首先，要有强烈的风险意识。所有进入股市的投资者，其初衷都是希望通过自己的努力，获得良好的投资回报，但对可能出现的风险往往考虑得不多。即使有风险的思想准备，也往往对风险的程度估计不足。于是，一旦出现投资的结果与当初的预期相反时，往往会缺乏准备、难以接受。因此，作为一名成熟的投资者，务必要有强烈的风险意识，“输赢乃兵家之常识，亏盈乃炒股之常事”。同时，要把这种风险意识体现在实际操作中。无论是看涨还是看跌、持股还是持币、买入还是卖出，都要有两手准备，要充分考虑股市的这种风险。

在股市“健身”，还要练就一身过硬的“战技术本领”。炒股如同打仗，既要懂战术，又要懂技术，二者缺一不可。炒股的战术，主要体现在趋势的把握上。一方面，不要不切实际地要求自己卖在最高点、买在最低点；另一方面，也要尽可能地在相对高位减仓、在相对低位建仓。只要趋势判断正确，就不怕买入后下跌、卖出后上涨。炒股的技术，主要体现在操作节奏、仓位控制、个股选择等方面。能够真正做到高抛低吸，不犯或少犯追涨杀跌的错误，就是良好的操作节奏；能够在相对高位逐渐减轻仓位，在相对低位逐渐增加仓位，上涨时有股票可抛卖、下跌时有资金可补仓，就是合适的仓位控制；个股选择也一样，买入前慎之又慎，买入后不慌不忙，做到利好出来时不喜、利空突发时不悲，就是正确的选股态度。

在股市“健身”，还要练就一身过硬的“抗干扰本领”。如果光有良好的“抗风险本领”和过硬的“战技术本领”，没有过硬的“抗干扰本领”，同样难以取得投资的成功。在股市打拼，能否胜出，与其说是技术、能力、水平的较量，倒不如说是心态、意志、抗干扰能力的比拼。当大盘在五六千点、许多个股的价格高高在上、自己也感到风险较大、需要“休息”的时候，为什么还会追杀进去，套在了“山顶”上？就是因为此时机构、舆论一片看好、齐声唱多，自己立场不够坚定，挡不住诱惑、经不起“干扰”所致；当大盘已下跌了六七成、许多个股的价格只剩一两折、自己也感到风险已得到充分释放、可以买入的时候，为什么仍不敢买入并持有，甚至卖在了“地板价”上？就是因为此时机构、舆论纷纷看淡、齐声唱空，自己同样挡不住诱惑、经不起“干扰”所致。所以，在股市“健身”，练就一身过硬的“抗干扰本领”，学会用独特的眼光分析、判断行情，用与众不同的谋略沉着、冷静地操作，显得尤为重要。

股市是所大学校，股灾很能考验人。从这个意义上说，金融风暴也好、股灾也罢，其实也不全是坏事。作为一名普通的投资者，如果在全球金融风暴面前能够做到沉着坚定、冷静应对，在漫长的股市“冬天”里依然做到击不垮、吹不倒，而且时刻不忘“锻炼健身”，就一定能顺利度过股市的“冬天”，等待他们的，也必将是胜利的果实和丰收的喜悦。

（写于2008年11月30日，原载于2008年第49期《股市动态分析》杂志）

## 深套后怎么操作

A股的重要特征之一是，利好突降A股大涨，周边一跌A股大跌，在这样“猴性”十足的市道里，投资者如果踏准节奏，操作得当，获利会比较丰厚。

今天是去年大盘见顶6124点一周年纪念日。过去的一年，大盘和个股调整的幅度是所有投资者始料未及的。期间，上证指数下跌了70%，许多个股更是跌得惨不忍睹、面目全非。与此同时，买入股票被套的幅度之大，投资所造成的损失之巨，使许多投资者毫无抵抗和招架之力，不少人不得不被动采取“不动”、“不看”、“不理”的操作策略。

的确，深套后，采取“不动”、“不看”、“不理”的策略，也算是一种“不是办法的办法”，至少比“乱动”要强得多。但依笔者之见，“不动”、“不看”、“不理”这种消极、被动的应对之策，也非深套后最好的办法，“适度出击”、“声东击西”、“及时归队”倒是深套后可以适度尝试的操作“三步曲”。

### 1. 适度出击

大盘和个股深度调整后，其实操作的机会也是比较多的。无论是大盘，还是个股，此时的震荡幅度往往会比较大。A股的重要特征之一是，利好突降A股大涨，周边一跌A股大跌，在这样“猴性”十足的市道里，投资者如果踏准节奏，操作得当，获利会比较丰厚。问题是，如果节奏踏错，操作反了，就会适得其反。所以，这里所说的“适度出击”的关键在于“度”的把握。一般而言，在深套、超跌之后，多数仓位宜保持不变，只取其中部分仓位实施出击。操作时，专等“周边一跌A股大跌”时“抢进”目标品种，当“利好突降A股大涨”时“出掉”补进的仓位。这样，如果做对了，可以摊低成本，减少亏损，作为股民还会带来些许成就感；即使做反了，由于仓位不重，也不碍事、不伤元气。

### 2. 声东击西

“只取其中部分仓位实施出击”，说起来容易做起来难，譬如，选什么样的品种，怎么个出击法，这里面同样很有讲究。在品种的选择上，一般选择自己长期跟踪、曾经想买，最好是仓位里已有的品种，如能及时做好记录则更好。投资者可把曾经想买时大盘的点位、待买品种、数量、价格记录下来，等你再次想买时，在目标品种基本面不变的前提下，选择那些跌幅大的品种介入。而对于那些相对抗跌、逆市上涨、逃过一劫的品种一般不要介入，倒是可以考虑出掉后换股，避免这类品种补跌时带来的风险。在出击的时机上，除了按照“周边一跌A股大跌”时买入，“利好突降A股大涨”时卖出这一原则进行操作外，还要视个股的具体情况而定。但要记住三种情况下必跑：有利可图时必跑，能够解套时必跑，即使小亏但有效地躲过了一轮大跌时必跑。

### 3. 及时归队

由于以上所说的操作，是指在“股票已被深套、大部仓位保持不变、少量资金进行出击”情况下所作的操作，与新开仓位不同，主要以赚取差价、摊低成本、减少亏损为目的，所以特别要牢记“及时归队”。所谓“及时归队”，指的是对于补仓买入的品种，防止短线变长线，见到相对高点时一定要及时卖出，使原有的仓位保持“不增”，对于逢高卖出的品种，见到相对低点时一定要及时买回，使原有的仓位保持“不减”。衡量这种操作的成败标准，不是看你整体收益大小，也不是看你能不能跑赢大盘，而是体现在“动”与“不动”的区别上。如果“动比不动”要好，则操作是成功的，否则是失败的。举个例子，10 月 13 日下午开市后，笔者见短线出击的机会来临，便以 7. 08 元的价格短线买入中国铝业 5000 股。当天在大盘反弹中，中国铝业就有较好的表现。第二天下午，在中国铝业冲高过程中，便以 7. 85 元的价格严守短线纪律，果断将它抛出，使原有的中国铝业仓位保持“不增”。

“三步曲”是股票深套后许多股民感到“无事可做”时值得一试的操作方法。当然，也还有一些需要注意的地方，主要有以下三点。

第一，严格控制仓位比例。“动”的仓位一般不要超过 1/3，否则，仓位一重，甚至满进满出，性质就变了，此时极易破坏心态，影响操作，极有可能做反甚至进入“追涨杀跌”的怪圈。

第二，严格控制品种数量。就具体品种而言，也要控制好进出数量，防止在某一品种上仓位过重，以免该品种一旦出现突发事件时带来被动。依笔者之见，单一的品种以不超过 1/5 为宜，这样即使出现意外，心理上也容易承受。

第三，要有平常之心。股市是高风险的投资场所，再老到的投资者也难免会有失手的时候，本来想做把短线、赚些差价，结果事与愿违、适得其反的事也常会发生。对此，一定要有充分的思想准备，尤其要有一颗平常之心，一旦出现操作失误，权当是一次练兵。投资者若真有了这样的心态，离成功也就不远了。

（写于 2008 年 10 月 16 日，原载于 2008 年 11 月 1 日《大众证券报》）

## 做一个坚定的投资者

亏损受不了，离场做不到，怎么办？最好的办法就是选择与股市“同呼吸、共命运”，做一名坚定的投资者。

与股市“同呼吸、共命运”，对股票“涨不喜、跌不悲”，操作时“进可攻、退可守”。在大盘已经腰折、许多股票已跌破发行价、股市的融资功能遭到严重破坏的今天，在绝大多数投资者都在亏损、未能同步分享经济发展成果的今天，更应该充满期待，更应该坚定信心，更应该做一个坚定的投资者。

体育比赛，有上半场和下半场之分；农时季节，也有上半年和下半年之别。今天，是6月30日，随着下午3时股市交易的结束，2008年股市投资的一半时光已经过去。明天，充满变数的“下半场比赛”的哨子即将吹响。

有句行话，叫做“时间过半，任务过半”。如今，“时间”已经过半，但“任务”完成得如何，想必大家都心知肚明。在这轮股灾式的暴跌中，不仅普通投资者损失惨重，就连邱立原、谢贤清、林园这些公认的炒股高手，在持续半年多的下跌行情中，也都无一例外，亏了不少。

对过去半年多时间两市的表现，如果用一句话来概括的话，央视经济半小时的标题——“A股已无赚钱神话，无味甚过鸡肋”显得尤为贴切。的确，市场不仅没有给勤劳的股民以应有的回报，反而给了善良的股民当头一棒。在经历了付出没有回报、暴跌成了常态、整天战战兢兢这种噩梦般的日子后，不少股民在痛定思痛之后，很不情愿地作出了悲壮的抉择：有人交出了带血的筹码；有人发誓与A股诀别，从今往后再也不入股市；也有人……

相比之下，至今依然在忍受着、坚守着的，自然就属于那种“用钢铁炼成”的股民。用著名财经评论员水皮的话说，如今能够依然坚守在这个市场里的人，绝对是用特殊材料做成的。此话不无道理，我也深有感触，但此时此刻，作为一个老股民，想得最多的还是，面对已经结束的上半场，该怎样沉着应对，打好明天开始的下半场？做一个坚定的投资者，显得尤为重要！成为一个坚定的投资者，以下几点很重要。

**1. 与股市“同呼吸、共命运”**

前几天，看到一篇博文，有位股民在经历股市的挫折后，选择了与A股挥泪诀别，表示从今往后，再也不入股市。相信在目前的市道里，有此想法的股民不在少数。

笔者是过来人，在十几年的投资生涯中，这样的想法不止一次地出现过，尤其是在漫长的熊市里。每当遇到股市暴跌，自己的市值出现大幅缩水，在无法承受的情况下，为了彻底解脱，一个股票一个股票地“斩仓”、“割肉”，直至清场、空仓，并暗暗发誓：从今往后，再也不看行情、再也不入股市。

然而，除了极个别股民能够真正做到“出而不进”或“高抛低吸”外，对于包括笔者在内的绝大多数投资者来说，仍然没有做到自己当初的承诺，也没有出现自己所期望出现的结果。不看行情做不到，全线飘红、绝地反击更是无法“容忍”。无奈之下，只好再次进场，在更高的价位上把带血的筹码接回来，手脚一乱，做了反差。事后一算账，“动”与“不动”大不一样，盲目乱动的后果是“亏得更多、输得更惨”。最后，自己发现，不仅当初所希望出现的“好心情”没有出现，反而使自己的心情更差，心态更坏。有过一次次这样的教训之后，我发现，要彻底离开这个市场，其实并非易事，尤其是像我这样有着浓重股市情结的人。

亏损受不了，离场做不到，怎么办？最好的办法就是选择与股市“同呼吸、共命运”，做一名坚定的投资者。相信中国的股市不会推倒重来，未来依然美好；明白股市的铁律是涨跌，涨多了就要跌，跌多了就会涨；懂得事物的两面性，上涨既是好事也是坏事，下跌既有风险也有机会；深信只要与股市“同呼吸、共命运”，股市最终也不会亏待任何一个心平气和的投资者。

**2. 对股票“涨不喜、跌不悲”**

最近一段时间，行情的一个重要特点是“急涨急跌”。一会儿，大盘下跌七八个点，近千支股票全线跌停；一会儿，大盘上涨五六个点，数百支股票集体涨停；时隔一天，又全线皆绿、哀鸿遍野。这种行情，别说新股民，就连老股民也几乎没有经历过，也常常感到这“世界变化真的太快”，感到无所适从，难以适应。面对两市出现“急涨急跌”的新情况，做得好，可以踏准节奏，高抛低吸，摊低成本，减少损失；弄不好，就会高买低卖，扩大损失，坏了心态，乱了阵脚。

如果你感到自己没有过人的本领，做不到高抛低吸，也不想做反，最好的办法就是，坦然面对、以静制动，做一名“看客”，真正做到“涨不喜、跌不悲”。

**3. 操作时“进可攻、退可守”**

与股市“同呼吸、共命运”也好，对股票“涨不喜、跌不悲”也罢，需要的是良好的心态、正确的操作，而不能片面地理解为一味地死守。如能在把握两市大的运行方向，掌握个股具体节奏的基础上，进行适度的操作，做到进退自如，取得理想的投资效果，当然更好。

譬如，在对大盘趋势的把握上，当一轮新的上涨趋势确立后，及时出击，敢于做多；在一轮新的下跌趋势形成后，果断出局，善于做空，就属于高手中的高中。这叫“进可攻、退可守”。

再譬如，在对个股起伏的驾驭上，当股票涨到一定的高位、有了一定的风险时，就“获利了结”；当股票跌到一定程度，机会开始降临时，就从容吸纳，逐步建仓，这也叫“进可攻、退可守”。

做一个坚定的投资者，就要处理好以上三方面的关系，既要与股市“同呼吸、共命运”，也要对股票“涨不喜、跌不悲”，更要在操作中做到“进可攻、退可守”。以上三条，缺一不可。

半年前，当2008年的钟声刚刚敲响的时候，相信绝大多数的投资者，都对今年的奥运行情有过期待。那么，在大盘已经腰折、许多个股只剩几折的今天，在很多股票已经跌破发行价、股市的融资功能遭到严重破坏的今天，在绝大多数投资者都在亏损、未能从股市上共享经济发展成果的今天，是不是更应该充满期待，更应该坚定信心，更应该做一个坚定的投资者？

（写于2008年6月30日）

# 技巧篇：炒股，怎样才能少“买单”

众人聚餐，无非三种人：一是只管用餐、无需买单；二是既已用餐、就得买单；最倒霉的，餐未用上、却要买单。在股市投资，最终结局何尝不是这三种情况：赚了钱的，溜之大吉；不赚不亏，也算幸运；最糟糕的，钱没赚到，却接了最后一“棒”，要么“站岗”，要么“买单”。

# 不打无准备之仗

市场永远都只有涨和跌，操作也永远只有买和卖，从这个意义上说，没有绝对的对、错之分，适合自己、感到满意的就是最好的操作。

当过兵的，都知道军营里这句耳熟能详的话——“不打无准备之仗”。意思是，要想取得战斗的胜利，必须作好充分的准备。如果准备不充分，打起仗来十有八九是要吃亏的。投资炒股也不例外，同样需要周密部署，精心准备。

### 1. 操作之前要有计划

2007 年 12 月 1 日，沪深两市虽然指数涨得不多，但以低价、超跌为主流的个股行情却十分火爆。但同一天欧美、亚太等周边市场却出现暴跌，这对 2 日的中国股市将会带来一定的负面影响。2 日行情怎么走？相信不少人都会有不祥之兆。我也预料行情将大幅低开，之后，或继续杀跌，或触底反弹。按照以前的操作习惯，往往在低开时出仓，反弹时追入。然而，这次我定了个计划：低开时不动，反弹时减仓。

### 2. 确定计划要有理由

2 日，两市果然大幅低开，随后出现了逐波反弹，至前市收盘时，低开的缺口已全部封闭。中午，在确定具体减仓品种时，首先考虑已经获利、逆市上涨的威华、新乡和银鸽 3 支股票的短线部分。主要考虑：一是昨夜周边市场大跌，中国股市不跌反涨，这种“独立行情”正是减仓好机会；二是与早上低开时减仓相比，逆市上涨时减持时机更好；三是选择的3个减仓品种都属短线品种，买入时间都在一周左右，获利目标基本达到，其中威华买入价5.95元，当时价6.62元；新乡买入价2.38元，当时价2.71元；银鸽买入价3.48元，当时价3.70元。

### 3. 计划后要严格执行

日常生活中，大家都有这样的体会——“计划没有变化快”，股市更是如此。2日早上还一心想“走”的投资者，随着行情转暖，大都会改变初衷——“不出反入”。但我仍按早上的计划“逢高减仓”行事，并在中午拟定了更详细的操作计划、减仓品种和数量。下午开市后，3支股票均按计划顺利卖出。在执行计划过程中，要注意处理好严格执行和随机应变的关系，即原则上要严格执行计划，在严格执行的基础上，可视实际情况作些微调，但微调不等于计划没有严肃性，更不能用随心所欲替代随机应变。

### 4. 操作后要不怨不悔

市场永远都只有涨和跌，操作也永远只有买和卖，从这个意义上说，没有绝对的对、错之分，适合自己、感到满意的就是最好的操作。按计划行事之所以难以做到，原因在于操作时的患得患失。即，涨了还想涨，跌了还想跌，卖出时怕涨，买入时怕跌，因此操作起来容易发慌、容易手软。如果操作之前就有两手准备，操作之后，无论涨跌，都心甘情愿，其实操作起来就一点都不会紧张，更不会动作变形。上面3个品种卖出的价格都不是2日的最高价，如果在3日以后卖出，还能卖上更好的价格，但对我来说，一周时间，能够取得6%～13%的收益，已是心满意足，这样的操作我不怨不悔。

（写于2008年12月7日，修改于2009年5月31日，原载于2009年6月6日《每日商报》）

## “长”有短处，“短”有长处

长线投资在一轮大牛市里，往往比较有效。短线做得好，可以尽可能地规避股价的“上上下下”，使投资收益超过指数的涨幅。

细心的朋友可能已经发现，笔者有两个实盘：一是“短线实盘”，二是“长线仓位”。在实际操作中，到底是长线好，还是短线好，可能谁也不能有一个确切的定论。

长线投资在一轮大牛市里，往往比较有效。但前提是选择的品种必须质地优良，估值合理（最好低估），涨幅不大（最好超跌）。如果有广泛的群众基础，能被市场广泛认同更好。上半年，当二、三线股，甚至垃圾股被恶炒的日子里，我买入的工商银行和中国联通始终在“原地踏步”，有时还逆市下跌，多数人纷纷看空，妻也反复劝我把这两个品种抛掉。此时，的确非常考验持仓人的耐心。但我却坚信它们会有“抢眼”表现的一天，尽管时间会比较漫长，但因为是长线投资，所以也没有太在意。近段时间，这些“大家伙”们纷纷登台“亮相”，昨、今两天更是大幅拉升。现在再来看看它们的价格，再去看看当时疯涨的品种一路下跌后如今的价格，已是今非昔比，证明当时的决策是正确的。由此可见，坚持价值投资理念，选择质地优良、估值合理的品种一路持有，进行长线投资是一种比较行之有效的投资策略。

但“长”也有短处。最大的短处就是常常“坐电梯”，使利润不能做到最大化。譬如，一位网友在留言中也说，你的凯恩股份、太龙药业老是“上上下下”，怎么不做做差价。对此我也非常清楚，在坚持长线投资的同时，如能适当地进行波段操作，效果会更好，但有几个人能够做得到、做得好？以往的事实反复证明，本想“高抛低吸”的操作十有八九却被做反了，十有八九是错的。既然没有这个能力，没有这个水平，做个老实人，把期望值调低些，这些总是做得到的。以后的事实也许会证明，这样的投资理念是同样是正确的。

做短线最大的问题是操作难度大。既要选时，又要选股；既要看盘，又要分析；既要会买，又要会卖；既要眼观四方、反应敏捷，又要有良好的心态，能承受操作失误带来的心理上的压力，等等。

但“短”也有长处。短线做得好，可以尽可能地规避股价的“上上下下”，使投资收益超过指数的涨幅。尤其对于那些能够善于捕捉市场热点，对个股又有精准的把握能力，善于进行短线操作的“高手”，更为适宜。但必须看到，这样的短线操作并不适合多数人，因为“高手”在现实中毕竟只是少数。说实在，笔者也希望能够通过成功的短线操作，达到利润最大化，但由于没有把握，因而不敢轻易地把长线仓位拿出来进行短线操作，只是另外筹集了小部分资金作一下尝试。自2007年10月8日起，当时上证指数为5552.30点，起始资金为64080元。到29日收盘，上证指数涨了3.52%，而本人市值涨了16.30%，也算是初战告捷吧。

“长”有短处，“短”有长处，就好比“寸有所长，尺有所短”。总而言之，在股市投资，无论是长线，还是短线，都有其利弊，真所谓“长”有长的好处，但也有弱点；“短”有短的坏处，但也有好处。二者不能一概而论，要区别对待，因人而异才行。

（写于2007年10月30日，原载于2007年11月8日《浙江工人日报》）

## “阵地战”里“打游击”

短线，好比“游击战”，打一枪换一个地方，目的是想追逐利润的最大化。长线，好比“阵地战”，只要选好阵地、安下营寨即可，不到万不得已，无需撤离转移。

炒股，有“动”、“静”之分，“短”、“长”之别，孰优孰劣，不能一概而论。

前者称之为短线，好比“游击战”，打一枪换一个地方，目的是想追逐利润的最大化。好处是进退自如、机动灵活，缺点是操作频繁、难以把握，弄不好“不如不弄”，甚至“聪明反被聪明误”。

后者叫长线，好比“阵地战”，只要选好阵地、安下营寨即可，不到万不得已，无需撤离转移。“阵地战”的好处是操作起来悠闲自在，且很少会犯追涨杀跌的错误，最后的效果往往会超过大盘，超过那些整天忙忙碌碌的投资者。问题是常“坐电梯”，特别是当重仓一支股票时，万一选错“阵地”，极有可能跑输大盘，甚至出现与大盘完全背离的走势，让持有它打“阵地战”的投资者“只赚指数不赚钱”。

应该说，无论是“阵地战”，还是“游击战”，都各有利弊，作为投资者，只要适合自己的，就是好的“战法”。但若能“我中有你、你中有我”，喜欢“游击战”的投资者，在频繁“出击”的同时，能够适度借鉴“阵地战”的打法，拿一拿、放一放；擅长“阵地战”的投资者，在坚守“阵地”的同时，能够适度借鉴“游击战”的打法，动一动、打一打，结果就会大不一样。

最近，我在长线投资大唐发电中，就尝试了一回“阵地战”里“打游击”。先是在“阵地”内“打游击”。2009 年 2 月 3 日，妻腾出部分资金委托我来操作。当时，考虑到大盘和个股涨幅已大，再追“热门”股，风险很大。为了安全起见，我选择了“冷门”品种大唐发电，准备打一场“阵地战”。买入价格 7.15 元，数量 6100 股。与此同时，考虑到当时大盘比较稳定，一些个股表现“抢眼”，比较适合炒作，而大唐发电虽然波幅不大，股性较呆，但也并非没有机会，故采取在“阵地战”的基础上穿插一些“游击战”的打法，做做高抛低吸。于是，9 日卖 7.75 元；10 日买 7.71 元，11 日卖 7.91 元（以上数量均为 6100 股），13 日买 7.71 元（4500 股），17 日卖 8.33 元。来来回回、三进三出，虽然忙点，倒也获利不少。

接着是在“阵地”外“打游击”。“阵地”内“打游击”，活动范围较小，相比之下，“阵地”外“打游击”，活动半径大，“出击”时间也长。17 日卖出大唐后，见它短期内恐难有作为，而另一支我长期跟踪且跌破发行价的品种——中海集运却有主力活动迹象，感到短线机会较大，便用 4500 股大唐卖出的资金，在第一时间以3.85元的价格买入9700股。买入后，中海集运果然表现不俗，而大唐发电却不涨反跌。两个月后——4月16日，见撤回“阵地”时机已到，就在中海集运冲高过程中以4.72元的价格果断获利了结，并于当天迅速回到大唐“阵地”——以7.47元的价格接回了先前卖出的4500股大唐发电。

打开账户一算，与两个月前相比，除了4500股大唐还是原来的大唐外，还多出资金12154元，比两个月前市值增资32.46%。事后，我还特意将大唐股价与大盘指数在此期间的表现作了比对。结果发现，如果不打这次“游击”，上证指数两个月从2319.44涨到了2534.13，涨幅9.26%，而同期大唐发电却从7.86元，跌到了7.48元，反而下跌4.83%，账户内的市值就将跑输大盘14.09个百分点。因为有了这次“游击”，即使以市值加资金总数计，仍余45814元，涨幅也达22.22%，仍跑赢大盘指数12.96个百分点。

“阵地战”里“打游击”，不仅让妻尝到了市值增加带来的甜头，更重要的是，还悟出了两点体会。

一是“阵地战”里也能“打游击”。在庞大的股民队伍里，有不少采取的是长线投资操作法，期间不少人在买入股票后，无论大盘和个股是涨还是跌，都采取紧握不放、按兵不动的策略，“阵地战”一打就是数月甚至几年，不知道“阵地战”里也能“打游击”。实践表明，“阵地战”里也充满了“游击”机会，只要投资者心态摆正，操作得当，完全可以在“阵地战”里打出漂亮的“游击战”。

二是“阵地战”里“打游击”必须以“阵地”为中心，牢记见好就收、及时“归队”。“阵地战”就是“阵地战”，不能打了“游击”忘“阵地”。有的投资者开始也是想在“阵地战”内“打游击”，做做短差、高抛低吸，或在别的品种上“捞一把”后再回来，但最后由于种种原因，要么不想回“阵地”，要么“阵地”已丢失，买入的股票被套，卖出的股票涨了。究其原因，主要是没有处理好“阵地战”和“游击战”的关系，不懂或压根忘了这样的“游击”是“阵地战”里的“游击”，必须以“阵地”为中心；没有做到见好就收、及时“归队”，结果错失良机、违了初衷。最后，不仅没有打好“阵地战”里的“游击”，反而痛失“阵地”，把“阵地战”彻底打成了“游击战”。

（写于2009年5月7日，原载于2009年5月22日《上海金融报》）

## “金字塔”操作法

采用“金字塔”操作法所用的资金，就是其中短线部分的资金，比例一般控制在1/2以内，另外一半以上的资产则采取长线操作策略，不要轻易“出动”。

在股市投资，许多人都希望买在最低点，卖在最高点，心情可以理解，但实际上却根本不可能做到这一点。通过实践，不断摸索，寻找一条适合自己的、有效的投资方法，倒是比较实际的做法。在最近行情变化无常、震荡幅度加大的情况下，采取“金字塔”操作法，不仅帮我规避了投资风险，而且取得了比较理想的投资收益。上周上证指数下跌3.19%，同期我的账户市值却上涨了1.89%。

所谓“金字塔”操作法，简言之，就是随着大盘和个股的不断下跌，逐渐加大持仓的比重，减少持币的比重；反之，随着大盘和个股的不断上涨，逐渐减少持仓的比重，加大持币的比重。在前一阵子大盘跌破2000点时，我采取的就是这种越跌越买的“金字塔”操作法，当大盘从1664点开始反弹后，则采取相反的策略——越涨越卖。

采用“金字塔”操作法买卖股票需注意这么几个问题：

一是长短结合。账户里的总资产既不全部长线投资，也不全部短线投资，而是为二者确定一定的比例。总体而言，采用“金字塔”操作法所用的资金，就是其中短线部分的资金，比例一般控制在1/2以内，另外一半以上的资产则采取长线操作策略，不要轻易“出动”。这样，可以使牛市的踏空风险和熊市的套牢风险减少到最低限度。

二是确定计划。大盘和个股到什么位置开始分批建仓，再到什么位置开始分批减仓，确切的点位谁也无法知道，但事先要有计划，操作时要严格按计划行事，不要被盘面行情变化所左右。无论是买还是卖，都尽量不要“满进满出”，要分批分次。买入后，如果再跌，还有钱买；卖出后，如果再涨，还可再卖，能始终做到两手准备，涨也不喜，跌也不悲。

与每天绞尽脑汁、预测大盘涨跌、判断个股走势相比，“金字塔”操作法看似显得有些过于简单和拙笨，但实际上也是最难、最有效的操作方法之一。

“简单”——体现在操作上，只要事先订好计划，按计划操作即可。

“最难”——体现在心理层面，考验的是人的心理承受能力。涨时不能满仓使利润最大化，眼睁睁看着赚钱机会一天天地“错失”；跌时不能空仓使损失最小化，眼睁睁看着市值一天天地“缩水”。这对投资者来说，无疑是不小的考验。

“有效”——体现在投资的结果上，往往能积少成多、变小胜为大胜。

衡量投资者在股市搏杀成功与否的标准，不是看其“今天赚了多少”，而是看“谁能笑到最后”。“金字塔”操作法就是这种看似不急不火却往往笑到最后的“制胜法宝”之一。

（写于2008年12月14日）

## “对冲”：轻松炒股又一招

“对冲”法炒股尽管难使收益最大化，却也能有效地降低风险，且使炒股这种充满风险和压力的投资变得轻松、愉悦和自在。

上证指数从高点6124点一路狂跌最低至1664点，跌去了4400多点，跌幅高达72%。紧接着，又出现了单边上涨，涨幅达到70%。新老股民既在这轮堪称股灾式的暴跌面前忧心忡忡、损失惨重，真切地领教了一回什么叫投资风险，又在大涨面前，实实在在地体味了一番市值增加带来的投资快感。

其实，机遇和风险并存，永远是股市投资不变的规律。只要身在股市，这种机会就永远存在，风险也难以避免。那么，有没有一个能降低炒股风险、减轻股民压力的办法，使投资者快乐、轻松地买卖股票？有！这就是“对冲”炒股法。

### 股票与资金“对冲”

投资股票，最担心的事莫过于满仓时行情出现下跌，空仓时行情出现上涨。对此，在股指期货没有推出之前，如果能将股票与资金“对冲”，就可避免或减轻这种担惊受怕情况的出现。所谓股票与资金“对冲”，说白了就是采取折中的办法，即，在一般情况下，什么时候都不满仓、空仓，什么时候都既有股票又有资金。只有对于那些心态平和、感觉尚好、进退自如的投资者来说，在大盘和个股不同的位置，才可适当调整仓位的轻重。如，随着行情的上涨，逐渐降低仓位，直至认为可能“见顶”、风险已大时进行阶段性空仓；随着行情的下跌，逐渐增加仓位，直至认为可能“见底”、机会已来时进行阶段性满仓。否则，作为一般的投资者，均不宜采取“满进满出”法操作。

### 不同股票间“对冲”

某一点位、多少仓位确定后，在具体品种选择时也不宜采取“单兵作战”的方法，而应有多只股票可供选择。在买入时机上更不宜显得过于着急，而要学会适时等待。记得 2008 年 8 月 19 日中午收市后，当时自己选定待买的品种和价格分别为北京城建（6.97 元）、林海股份（3.56 元）、太龙药业（3.27 元）、威华股份（8.87 元）。除北京城建当时进行了少量建仓外，其余股票均没有急于买入。8 天后（27 日），当自己决定再次建仓时，发现威华股份的价格已跌至 7.94 元，为上述 4 支备选品种中跌幅最大者，便从容买入计划好的数量，显然，此时买入比彼时买入要便宜许多。不同股票间“对冲”最大的好处是进可攻、退可守，涨可卖、跌可买，关键在于目标股票的选择要“准”。

### 同一股票里“对冲”

有些投资者对某些品种情有独钟，不离不弃，喜欢坚守始终、“从一而终”。对此，笔者以为也可以采取“对冲”法进行操作。对这种股票，仓位里可以区分为固定筹码和流动筹码。用这两类不同的筹码来“对冲”。比如笔者原持有北京城建6600股，后来就拿其中的一半3300股作为固定品种，另外3300作为流动筹码。当该股上涨一段时间后，就将流动部分“出掉”，如再涨，则将固定部分也“出掉”；当该股下跌一段时间后，再将固定部分“捡回”，如再跌，将流动部分也“捡回”。同一股票“对冲”的特点在于，它能使投资者真正做到“涨不喜”——我还有资金“踏空”呢；“跌不悲”——还有资金可以买到更便宜的筹码！

**家庭成员间“对冲”**

除了做好投资者个人“自行对冲”外，还可以在家庭成员之间进行“对冲”，比如夫妻、父子、母女、兄妹、姐弟等。你做多、我做空，你买入、我卖出，你重仓、我轻仓，你买这股、我买那股，等等。前段时间，行情在大幅下挫之后出现了企稳迹象，“跌怕了”的妻子在13元多的时候曾敢买入北京城建，当该股价格只剩下6元多的时候反而不敢买了，我便以6.80元的价格来了个“对冲”买入；见妻余下的资金越跌越不敢买，我干脆来了个“对冲”满仓，“你弃我要”，你不满仓我满仓。这样，一旦大盘和个股涨起来，自然有我“满仓者”的份儿；假如大盘和个股再跌，妻子留着的那部分资金就能派上用场。

与其他投资方法一样，“对冲”炒股法也离不开买、卖点的把握，也不可能有百分之百的成功率，关键在于投资人的期望值，只要“自我感觉满意”就是“最好的投资方法”。或许有人认为，“对冲”法炒股难以使投资收益达到最大化程度，还是一些高手“满进满出”的好。但作为普通散户要明白，真正能够“满进满出”，且踏准节奏的有几个？“对冲”法炒股尽管难使收益最大化，却也能有效地降低风险，且使炒股这种充满风险和压力的投资变得轻松、愉悦和自在。

（写于2008年8月31日，修改于2009年5月24日，原载于2009年4月28日《中国证券报》）

# 怎样操作“冷门股”

对于卖出的股票，能跌最好，不跌也罢，但绝不追高买入，相反，要越涨越卖（长线仓位除外）。对于买入的股票，能涨最好，不涨也罢，但绝不低位杀出，相反要越跌越买，直至达到仓位控制比例时为止。

在股市打拼，最激动人心、希望出现的结果，自然是赶上热点、骑上黑马，获取短线暴利。然而，并非人人都能把握热点、驾驭“黑马”，尤其是对于处于相对弱势的普通散户而言，把握起来就更加困难。

那么，作为普通散户，难以把握热点、驾驭不了“黑马”，是否就注定要处于弱势、被动地位而成不了赢家？回答是否定的。与风靡一时的“热门股”相比，“冷门股”其实也是座难得的“金矿”。只要把握得当，操作“冷门股”的收益不一定比“热门股”差。

近段时间，随着行情转暖，市场的可操作性大大增强。作为长线、重仓持股的我，在多数仓位保持不变的同时，对其中少量仓位，专捡自己熟悉的“冷门股”进行短线操作，取得了比较理想的效果。操作“冷门股”有以下几点需要注意。

### 1. 要注意品种选择、总量控制

一般情况下，要选择那些基本面较好、调整幅度较大、未被市场爆炒过、自己长期跟踪、股性较为熟悉的股票。操作时，采取逢低分批方式买入。以上市不久的次新股威华股份为例。该股发行价 15.70 元，上市后便受到市场冷落，一路调整，跌幅巨大。在该股跌至 8 元附近的时候，我先以 7.94 元的价格试探性建仓 2800 股，当跌至 6.66 元时再次买入 3700 股，之后又以 6.07

元的价格买入6400股，采取的就是“边跌边买，越跌越买”。当买入数量达到或超过一定比例（通常在持仓量的1/3至1/5）时，就不能再加仓，以防一旦出现个股风险而给自己带来被动。

### 2. 要注意快进快出、见好就收

由于买入的是“冷门股”，操作策略定位的是短线，目的是赚差价，因此要特别注意防止“由短变长”、造成被动，要尽可能地少坐电梯、做足差价。11月18日，见威华随大盘出现反弹，我便果断以6.80元的价格将其中的6400股（成本6.07元部分）卖出，先将这部分的收益“落袋为安”，以便日后当该股回落时再伺机买回；第二天（19日），威华果然出现回调，我再次以6.29元的价格将前一天卖出的6400股买回；20日，威华又出现上涨，我又以6.65元将其卖出。连续3天，3次操作，收益达到13%以上。虽无法与连续涨停的“热门股”收益相比，但作为操作安全系数相对较高的“冷门股”来说，已属不易。

### 3. 要防止患得患失、追涨杀跌

散户操作时一个共性的弱点是患得患失，涨时怕再涨——不敢卖，跌时怕还跌——不敢买。心一软、手一慢，出手的好时机往往一而再、再而三地错失。此其一。弱点之二是追涨杀跌，刚卖出的股票，见一个劲地还在涨，于是忍不住以更高的价格买入，一不小心，做了反差；刚买入的股票，见不涨反跌，于是担心它跌了还跌把它卖了，不知不觉，卖在了“地板价”。正确的操作方法是，对于卖出的股票，能跌最好，不跌也罢，但绝不追高买入，相反，要越涨越卖（长线仓位除外）。如20日以6.65元卖出威华后，该股随即出现大幅拉升，我不仅没有追高买入，反而在该股冲高过程中以6.90元的价格将另一组合里的3700股也一起卖出。对于买入的股票，能涨最好，不涨也罢，但绝不低位杀出，相反要越跌越买，直至达到仓位控制比例时为止。

当然，即使技术再老道的高手，在操作“冷门股”时也不可能有百分之百的胜算，也难免会有失误的时候，更何况短线操作的是“冷门股”。不过，这样的“冷门股”由于本身已在低位，长期深套的可能性不大，因而一般不宜采取“止损术”。如果买入后不幸被套，可以暂时放上一段时间，如有低位出现还可适量补仓，只需将期望的差价区间、波动中轴适当下移即可，并不影响“高抛低吸”做差价。

（写于2008年11月23日，修改于2009年4月5日，原载于2009年5月26日《中国证券报》）

## “僵持阶段”怎样操作

如买入后下跌，可耐心等待，卖出后上涨，要坚决放弃——“不是你的就别再勉强”！

最近，两市行情的一个显著特点是波澜不惊、不温不火，既没有像上半年那样出现连续单边大幅下跌，也没有像前两年那样出现屡创新高的火爆场面，而是在出乎意料偶尔冒出一根长阳或长阴之后，又恢复平静，大盘和个股进入了那种“涨不易、跌也难”的特殊的“僵持阶段”！

行情为什么会如此低迷、乏味，僵持不断？只要稍微分析一下投资者的心理便可得知：对于那些高位深套和低位回补的投资者来说，都希望能够找个相对高点出局，以便减少损失或增加赢利，因而导致“涨不易”；对于那些被套已久的投资者，一路下来都没有减仓，跌到今天已没有多少杀跌的愿望，加之部分投资者高抛后想低吸，从而导致“跌也难”。

“僵持阶段”怎样操作？是消极等待、一味死守，还是见机行事、主动出击？要因人而异，区别对待，做得好就“做”，做不好就“等”，千万别做反，“好心”办“坏事”。

**一要控制仓位，争取主动**

“僵持阶段”，大盘和个股同样有涨、跌两种可能，操作也一样有买、卖两种选择。在此情况下，投资者特别需要防止出现两种极端，即，要么因看多而满仓，要么因看空而离场。其实，这两种做法，都是非常错误、极其危险的。对于因看空而离场的投资者来说，有可能因为大盘和个股出现上涨而踏空，从而坏了心态；对于因看多而满仓的投资者来说，有可能因为大盘和个股出现二次探底而越套越深，再陷被动。因此，在相对低迷的“僵持阶段”，采取既不满仓也不空仓的折中方法，保持一半或2/3的仓位作为长线，其余资金用于短线出击，会显得比较主动。

**二要动静结合，摊低成本**

在控制好仓位的前提下，还要学会灵活机动、见机行事。如果对于持有的仓位，死守不动，或是对于手里的资金，一概不用，都将难以取得理想的投资效果，要想在短时间里“翻身”更是不大可能。笔者的体会是，在“僵持阶段”，沉着应战、追跌杀涨，是不错的选择。对于持有的股票，先找相对的高点出局、再找相对的低点补回同样的数量；对于手里的资金，先找相对的低点买入、再找相对的高点卖出，以此博取差价。只有让股票动起来、资金多起来，才能积小胜为大胜。

当然，这里涉及一个何时买卖、买卖什么、买卖多少的问题。依我之见，在跌时买、涨时卖，尤其是在跌了若干天之后再买、涨了若干天以后再卖更佳。在品种选择上，买入的最好是跌幅大、涨幅小的品种，卖出的最好是涨幅大、跌幅小的品种。尤其不能在目前的点位去买入在本轮大调整中十分抗跌、表现强势的品种，要卖出跌幅已大、表现弱势的股票。至于数量的控制，总的原则是越跌越买，随着下跌的增加，仓位也随之增加；越涨越卖，随着上涨的加速，仓位也随之减轻。

**三要严格纪律，不贪不惧**

操作时，特别需要提醒自己的是，既然是做差价，就不要忘记高抛后的回补和买入后的卖出。有的投资者可能会担心回补后万一又跌了怎么办？卖出后一旦又涨了该如何是好？其实，这些都是贪婪、恐惧、患得患失的表现。需要明白的是，“差价”就是“差价”，是相对于“不动”而言的，只要在股份数量不变的情况下，能够多出资金，即使回补后又跌、卖出后又涨，都不算是错，“不动”才是错！操作后，经常发生也最为“担心”的事情是，买入后再跌、卖出后再涨，但必须承认，这是谁也不可避免的事情。对此，一定要树立铁一样的纪律观念、充分的思想准备和正确的操作态度，否则，往往会因一时犹豫、患得患失而错失操作的良机。

还有几点值得注意的事项：

一是要有计划，并严格执行。“明天”在什么情况下买或卖，买、卖什么品种、多少数量、期望的价位，买、卖后接下去怎么操作，都要在事先订好计划，并在操作时严格按计划行事，切忌随心所欲，操作时举棋不定，被行情的涨跌“牵着鼻子走”。

二是要买熟悉股，不见异思迁。不要“这山望着那山高”、“股票也是人家的好”。要敢于买入自己曾经在高位敢买、如今已大幅缩水、被众人抛弃的熟悉的股票，敢于卖出涨幅已大、获利已丰、哪怕舆论一片看好的品种。

三是要踏准节奏，不乱阵脚。对于卖出的品种，在下跌过程中要大胆买入，对于买入的品种，在上涨过程中，要敢于卖出。至于持仓的时间，可长可短，以获利为原则。

操作方法，既可以采取T+0（仓位里已有“存货”、当天买卖），也可以采取T+X（持有X天后卖出）。还有，如果行情出现了与自己的预期相反的走势，或买入后下跌，或卖出后上涨，此时更要沉着应战，不急不躁。如买入后下跌，可耐心等待，卖出后上涨，要坚决放弃——“不是你的就别再勉强”！

（写于2008年7月24日，原载于2008年8月13日《大众证券报》）

## 面对个股利好：散户怎么操作

炒股需要花“真功夫”，做“有心人”。建仓时，要注意控制仓位和比例，严守炒股铁律。买入前要“胆小”要谨慎，买入后胆子要大，大可不必瞻前顾后，谨可放心持有。

个股利好消息出来以后，普通散户往往一激动，忍不住追杀进去以后被套或亏损出局的事例不胜枚举，第一时间买入后后悔的投资者也不在少数。赶上个股利好却不赚反亏的事，想必许多人都或多或少经历过，究其原因，重要的一条是，面对个股利好，不知道该怎么办？

以羚锐股份去年发布的一则公告为例。2008年10月21日，羚锐股份的公告吸引了广大投资者的眼球。公告称，马应龙于2008年9月10日至10月17日持续购入公司股票共计10 036 000股，购入价在4.14～6.20元之间。截至10月17日收盘，马应龙手中已经持有羚锐股份总股本的5.00%，一月之间变成公司第二大股东。

马应龙方面表示，在未来12个月内不排除在合适的市场时机下继续增持该上市公司股票。“公司认为羚锐股份价值被市场低估。”10月21日上午，马应龙证券事务部的一位人士在电话中向一家媒体的记者介绍说，该公司部分产品具有较强的市场竞争力，并与马应龙之间存在一定的互补性。

普通投资者看了公告后的第一反应是，羚锐股份被马应龙“看中”并大量买入说明该股后市有“戏”，应该在第一时间“跟庄买入”。果然，公告公布当天，羚锐股份在投资者追捧下高开高走，在两市冲高回落、尾盘杀跌、双双收阴的同时，该股却逆市牢牢地封于涨停，投资者对个股利好出来后追涨的热情由此可见一斑。

对于个股利好出来后第一时间买入的投资者而言，等待他们的，到底会是赚钱的喜悦还是被套的苦楚？有三点需要投资者细细思量。

### 1. 具体个股要具体分析

对突然出来的个股利好要去伪存真、仔细鉴别，要弄清楚是形式利好还是实质利好，是短期利好还是长期利好。只有对于那些具备实质利好、长期利好的“优质”品种才具有投资价值。以西飞国际为例，2007年6月28日，公司刊登了《关于控股股东减持承诺公告》，其中最吸引投资者眼球的有两项承诺：一是西飞集团公司承诺：自愿将其所持有的已解除限售的62 640 000股公司股份自2008年6月27日起继续锁定两年至2010年6月27日止。二是承诺自2010年6月27日起，其所持有的上述解除限售的62 640 000股份在西飞国际股票二级市场价格低于60元/股（公司因分红、配股、转增等原因导致股份或权益变化时，将按相应比例调整该价格）情况下，将不予减持。再从该股的市场走势看，在上一轮牛市里，股价从2.48元起，一直涨到了44.98元，在本轮暴跌中，也跌去了2/3，至公告日的最近收盘价跌到了16.00元，这样的股票自然就进入了笔者的“待买视线”。

### 2. 把握好介入时机

介入良机往往不在“众星捧月”之时，而是在被众人“淡忘”之机。许多股票在利好出来时往往会引人注目，被人“哄抢”，但“时过境迁”之后，却又被许多投资者遗忘、抛弃。究竟是在“众星捧月”时参与“哄抢”，还是在“时过境迁”后适度捡拾，不同的投资者自然会有不同的答案。笔者的体会是，炒股切忌“冲动”，投资要有记性，与其追涨买入，不如逢低吸纳。还是以西飞国际为例，如以利好公布后第一个交易日的开盘价买入，成本为17.60元，在随后4个月的调整中，该股也难逃厄运，创出了调整新低10.87元，即使以10月21日收盘价12.35元买入，同样的资金股份也比第一时间买入多出了42.51%。

### 3. 讲究节奏和技巧

“功夫不负有心人”，炒股也一样，需要花“真功夫”、做“有心人”。比如，当个股利好出来遭众人“哄抢”时，不妨做个冷静的旁观者，对质地优良、有实质利好、打算建仓的个股，先将有关资料记录下来，并在电脑里建好“自选仓”，然后暂且“丢”之一边，保持一定距离，偶尔抽空过目一下。等到“时过境迁”、被众人遗忘、跌到自己期望的价位之后，再分批逢低大胆买入。建仓时，则要注意控制仓位和比例，严守炒股铁律。买入前要“胆小”要谨慎，买入后胆子要大，大可不必瞻前顾后，谨可放心持有。

（写于2008年10月22日，修改于2009年5月27日，原载于2009年6月9日《中国证券报》）

## 理性看待“自锁热”

**即使十分看好有大股东“自锁承诺”的股票，也没有必要非要在公告出来后的“第一时间”介入。**

“自锁热”的日渐升温，给处于“寒冬”里的股市，吹来了徐徐暖风。然而，“自锁承诺”的法律约束力究竟如何？未来股价是否一定会涨到“最低减持价格”？“第一时间”是否就是介入的“最佳时间”？所有这些，都有待于广大投资者理性看待。

伴随着股市持续半年多时间的大幅下挫，投资者入市的积极性也随之受挫，呈现出不断“降温”的趋势。与此同时，以上市公司大股东自愿追加延长股份限售期，设定或提高最低减持价格等股份限售承诺等为主要内容的“自锁热”却不断升温，与前者形成了鲜明反差，给处于“寒冬”里的股市，吹来了徐徐暖风。

在三一重工率先承诺“自愿锁定+限价减持”的带动下，有研硅股、黄山旅游、鼎立股份、中航精机、西飞国际的大股东们纷纷表示自愿延期继续锁定持股的流通权。紧接着，苏宁电器、金晶科技、百利电气等多家上市公司的大股东，也纷纷加入到了自锁限售队伍。

从“自锁承诺”的内容看，绝大多数上市公司大股东作出的承诺包括：延长股份限售期、设定或提高最低减持价格等股份限售承诺内容。有的上市公司大股东还把这种承诺与企业的经营业绩相挂钩，充分体现了这些大股东对上市公司未来经营业绩和股价走向的良好预期。如百利电气控股股东天津液压机械（集团）有限公司在“承诺”中说，液压集团自愿将持有的百利电气股份（截止6月30日已解禁获得上市流通权的15 840 000股以及在2011年6月30日前陆续解禁并获得上市流通权的股份），自7月1日起连续有条件锁定三年——2011年7月1日前，如不能同时满足公司前一年度经审计的每股税后利润不少于0.6元以及股价不低于每股25元的条件，液压集团将不减持所持有的百利电气股票。

应该说，在当前一些“大小非”不顾二级市场承受能力，纷纷减持成本极低、获利极丰的筹码，导致市场供求关系严重失衡，极大地挫伤了广大中小投资者持股的积极性之际，这些作出“自锁承诺”的上市公司大股东，通过“自我施压”，把自己“绑起来”，等于是给持续低迷的股市注射了一枚“强醒针”。具有非凡的气度和战略投资家的眼光，对于增强广大中小投资者的持股信心，实现股市稳定健康发展，起到了积极的促进作用，值得肯定和赞赏。

与此同时，作为身处弱势地位的中小投资者，在“自锁热”日益升温的今天，面对各种各样的“自锁承诺”，还要理性看待，沉着应对，还得多设想一些可能出现的新情况、新问题，多问一些“为什么”，在操作时做到沉着冷静，“三思而后行”。

首先，“自锁承诺”的法律约束力究竟如何？别说“自锁承诺”，即使那些在股改时曾做出过庄严承诺的大名鼎鼎的上市公司，也屡屡出现违背承诺的事件，以至于一些当事人为了维护自己的合法权益，不得不通过法律，寻求解决问题的途径。因此，面对“自锁承诺”的各种诱惑，作为投资人，多问问自己，这种“自锁承诺”有没有法律约束力，作出承诺的上市公司大股东会不会“食言”，会不会出现“承诺是一回事儿，执行起来又是另一回事儿”的情况？

好在有关部门反应迅速，针对眼下出现的“自锁热”，对有关各方提出了果断、明确、具体的要求。6月29日，上证所在就上市公司2008年半年度报告披露工作发出的通知中提出，上市公司持股5%以上股东自愿追加延长股份限售期，设定或提高最低减持价格等股份限售承诺等情况，需在半年报中予以披露。深交所也在同一天做出了类似规定。这些规定的出台和执行，将有利于消除投资者的上述疑虑。

其次，未来股价是否一定会涨到“最低减持价格”？从已经承诺的“最低减持价格”看，要比“现价”高出许多，有的甚至高出数倍，这对投资者来说，无疑具有较大的吸引力。但问题是，尽管“最低减持价格”是大股东作为减持的前置条件，但它毕竟不是未来一定能到达的价格，它与实际能够到达的价格是两回事。因为证券市场是充满变数的市场，股价的涨跌受多种因素的影响，在没有正式到达这一价格前，仍然充满着变数。况且，即使最终能够到达“最低减持价格”，但何时才能达到、到时你还能不能拿得住？也仍然是个谜。

还有，“第一时间”是否就是介入的“最佳时间”？很多投资者在想，既然与目前股价相比，距离“最低减持价格”还有很大的涨升空间，故在选择介入的时机时理应选在“第一时间”，越早越好。鼎立股份就是这样的例子，大股东“自锁承诺”作出后，该股出现接连涨停，让很多投资者大跌眼镜。但有的股票，不是说“第一时间”介入不好，至少可以说不是“最佳时机”。如西飞国际，“自锁承诺”公告后，高开低走：开盘涨停，随即出现大幅回落，第二天又顺势低开。与“第一时间”相比，此时，显然给投资者提供了更好的买入时机。追高买入的投资者，如果心态稳定、不急不躁，也有解套或获利的机会，但假如设立了止损位，或承受不起下跌而导致的损失，就会选择亏损出局。假如不是追高买入，而是逢低吸纳，情况就会大不一样。所以，即使十分看好有大股东“自锁承诺”的股票，也没有必要非要在公告出来后的“第一时间”介入。

以上这些关于“自锁热”的“冷思考”，仅是笔者的一家之言，但愿是多余的和不必要的！

（写于2008年7月4日，原载于2008年7月12日《大众证券报》）

## 炒股切忌“挤牙膏”

投资者要独立思考，制定好自己的预期目标，相信自己的判断，操作时果断买入和出手。

近半年以来，大盘和个股出现了较大幅度的反弹。妻早些日子腾出的部分资金也开始“按捺不住”，想反手做多，但接连几天，都因“贪心”太重，捏捏放放，未能如愿。

既然一直想买，为何迟迟未能买入？原来，我发现妻是在“挤牙膏”！

记得2008年7月，妻就曾经“挤”过“牙膏”。7月3日开盘前，当时上证指数2651.72点，银星能源13.07，当天上证指数收盘为2703.53点，银星能源最低价12.61，收盘价13.87，妻买入委托价12.58，以3分之差未能成交；7月4日，银星能源最低价13.51，收盘价13.80，妻买入委托价13.18，又未能成交；7月7日，银星能源最低价13.85，收盘价14.63，妻买入委托价12.80，因而也不可能成交。这3次委托，好比挤了3次牙膏，均以“失败”而告终。

其实，不仅买入时，妻在“挤牙膏”，而且在卖出时，妻也像是在“挤牙膏”。典型的一次是2008年5月23日。这天，妻见29元买入的绵世股份“势头”不对，遂准备以涨停价31.75元卖出。当时，我告诉她，如果真的想卖就要果断，不如保本出局为好。妻不听，仍以涨停价委托。结果，该股当天最高29.28，收盘27.50，妻的委托自然没能成交。6月6日，同样因“太贪”没有卖出。6月23日，离第一次委托卖出刚好一个月时间，绵世的最新价已跌到了14.63，妻显然已经“忍无可忍”，准备狠狠地“挤一挤”牙膏时被我劝阻了。几天后，该股收盘价又涨到了18.98元，我提醒她“想卖可以卖了”，妻自然又是“不想卖了”。具体操作见表1，表2。

**表1　　上证指数及绵世股份部分交易日市场表现**

| 日　期 | 上证昨收 | 绵世昨收（元） | 操作计划 | 上证今收 | 绵世今高（元） | 绵世今收（元） | 结果 |
|---|---|---|---|---|---|---|---|
| 5月23日 | 3485.63 | 28.86 | 31.75元卖出绵世 | 3473.09 | 29.28 | 27.50 | 未卖出 |
| 6月6日 | 3351.65 | 24.68 | 27.13元卖出绵世 | 3329.67 | 25.28 | 24.72 | 未卖出 |
| 6月23日 | 2831.74 | 14.63 | 14.63元卖出(被阻) | 2760.42 | 14.67 | 13.68 | 未卖出 |
| 6月24日 | 2760.42 | 13.68 | 15.05元卖出绵世 | 2803.02 | 14.52 | 14.27 | 未卖出 |
| 7月7日 | 2669.89 | 18.08 | 不想卖了 | 2792.40 | 19.37 | 18.98 | |

**表2　　上证指数及银星能源部分交易日市场表现**

| 日　期 | 上证昨收 | 银星昨收（元） | 操作计划 | 上证今收 | 银星今低（元） | 银星今收（元） | 结果 |
|---|---|---|---|---|---|---|---|
| 7月3日 | 2651.72 | 13.07 | 12.58元买入银星 | 2703.53 | 12.61 | 13.87 | 未买入 |
| 7月4日 | 2703.53 | 13.87 | 13.18元买入银星 | 2669.89 | 13.51 | 13.80 | 未买入 |
| 7月7日 | 2669.89 | 13.51 | 12.80元买入银星 | 2792.40 | 13.85 | 14.63 | 未买入 |

在两市庞大的股民队伍里，习惯于“挤牙膏”式买卖股票的人应该大有人在。按理说，投资者在买入股票时，想图个更便宜的价格，卖出时想卖个更高的价格，都没有错，心情完全可以理解。问题是，当自己的想法不可能实现的时候，还得从实际出发，切忌“好高骛远”，有道是“该出手时就出手”。“挤牙膏”式操作还有一个问题是，随着股价离自己期望的买卖价格越走越远的时候，投资者买卖的理由和期望价格，往往也随之一步步地发生变化，最后心头“一热”，赶紧买入（卖出）时，发现自己买（卖）在了最高价（最低价）。

投资者要想在实际操作中取得好的效果，就要摒弃“挤牙膏”式的操作习惯，培养雷厉风行的操作风格。无论是对大盘的研判，还是对个股的把握，都需要有自己独立的思考和合适的心理预期。当大盘涨到一定时候，认为已经见顶、目标股票价格已高，到了该出手的时候，就要排除干扰、相信自己，在第一时间果断了结，哪怕价格适当低点；当大盘跌到一定程度，认为已经见底、目标股票价格已低，到了该出手的时候，同样要排除干扰、相信自己，在第一时间果断买入，哪怕价格适当高点。这样做，就可以有效地防止“挤牙膏”现象的出现，使自己成为一名坚定果敢、与众不同的投资者。

（写于2008年7月7日，修改于2009年4月29日，原载于2009年5月19日《中国证券报》）

## 股市“躲猫猫”，散户怎么“玩”

始终坚持“高不追、低不割”的炒股定律，成了这次有效规避急跌风险的头号“功臣”。

“躲猫猫”，是一种简单、便捷、有趣的游戏，许多人小时候都曾玩过，只不过随着岁月的流逝渐渐地被大家淡忘罢了。前段时间，随着云南“躲猫猫”事件的真相大白，“躲猫猫”这一传统的游戏方式再次成为人们茶余饭后谈论的热点之一，并激起了许多人对儿时生活的美好回忆。

联系到股市，春节以来的行情犹如一场成年人参加的股市版“躲猫猫”游戏。一会儿疯涨，像脱缰的野马，井喷不断，狂奔不止，令胆小踏空者望而却步、胆战心惊；一会儿狂跌，如失控的电梯，毫无支撑，一落千丈，使热血追涨族坐立不安、懊悔不已。

股市“躲猫猫”，散户怎么“玩”。既已来到股市，成了一名股民，面对“躲猫猫”游戏，唯有适应，好好地“玩”。怎么“玩”？一要熟悉规律，踏准节奏。股市的规律是涨涨跌跌，踏准节奏就是高抛低吸，而不是相反。二要调整好心态，沉着应对。炒股的目的是享受投资乐趣，感受投资获利带来的快感，进而达到改善提高生活质量的目的。但若因股市涨跌导致情绪失调，操作失控，就会适得其反。三要降低期望，坦然面对。别人涨自己跌、轻仓涨重仓跌、卖出涨买入跌，这些都是炒股之常事。无论出现什么结果，都能用平常心待之，愉快地接受，用足够的耐心观望或守候。若能做到这些，“玩”起股市“躲猫猫”来，“瞎子”就会拿你没办法。

“玩”得起就“玩”，“玩”不起别“玩”。股市“躲猫猫”毕竟不是儿时“躲猫猫”，不是所有人都“玩”得起、“玩”得好、适合“玩”的游戏。游戏的最终结果，不是赢就是输，不可能人人都赢、皆大欢喜。因此，是否参加这种游戏，“玩”之前最好先做一番自我掂量，做到心中有数，千万别自不量力。简言之，唯有当胜算大于负率时，才可试一试、搏一搏，参加这场游戏。什么样的情况才算“胜算大于负率”？一般而言，当市场屡创新低、几乎无人获利、人气极度低迷、投资者对各种利好表现出十分麻木、信心彻底丧失、对未来看不到一丝希望时，往往是最为安全、胜算最大之时。反之，则风险较大、胜算较小，少参与为妙，或彻底离开股市，或静观其变、以静制动。

“玩”股市“躲猫猫”，的确不是件容易的事。坚持原则、严守铁律，就显得尤为关键，笔者就有这方面的深刻体会。春节以来，连续数月，大盘和个股都一直在强势上扬。尤其是在这波行情的启动阶段，中国股市是在全球股市屡创新低的背景下强势上攻，尤为难得。当时中国股市的“独立行情”不仅令世界为之震惊，也令广大股民开户、入市的热情处于持续亢奋状态之中。当然，传统的“高抛低吸术”自然也就不灵了，股票卖出后腾出的资金踏空了，再也找不到低吸的机会。每天看行情不是盼涨而是盼跌，但盼来的常常是不跌反涨、事与愿违。大盘和个股红彤彤的一大批，怎么办？追不追？追吧，怕套牢；不追，怕踏空。直到上周，不少人还在想在第一时间斗胆买入，笔者还是理智战胜了恐惧，没有轻举妄动。否则，后果不堪设想，市值缩水一两成，资产落入主力精心设计的“躲猫猫”陷阱里的结局，也就恐难避免。这其中，始终坚持“高不追、低不割”的炒股定律，成了这次有效规避急跌风险的头号“功臣”。

股市里主力与散户的关系，与“躲猫猫”游戏里“亮子”与“瞎子”的关系几乎没什么区别。从这个意义上说，炒股实际上就是在玩“躲猫猫”游戏。要“玩”好“躲猫猫”，“经验”是：勤学苦练、熟能生巧；“秘诀”在：学会应对、适者生存。

（写于2009年3月1日，修改于2009年6月6日）

## 怎样克服“水土不服”

导致“水土不服”的原因多种多样，克服“水土不服”的方法也不尽相同，需要因人而异，区别对待。但有一点却是共同的，这就是要做一个与众不同、心平气和的股民。

无论是初入股海的新股民，抑或是久经沙场的老股民，在股市搏杀，常常会感到难以适应，出现“水土不服”。重仓、满仓时，大盘跌跌不休；轻仓、空仓时，大盘涨了又涨；大盘涨时，手中的股票不涨，大盘跌时，手中的股票大跌；看好的股票，持有时缩手缩脚、毫无起色，卖出后一路井喷、头也不回，好像大盘和个股故意在同自己作对似的。

股民在三种情况下，最容易出现“水土不服”。

一是行情剧烈波动时。当大盘运行至相对高位出现巨阴时，不少股民以为行情已到尽头，为回避风险，纷纷在第一时间抛股做空。但刚卖出，大盘又开始绝地反击，这时又以为新一轮行情又要启动，为防止踏空，又急急忙忙地追高买入。一出一进、做了“倒差”、损失重大。当大盘运行至相对低位出现长阳时也一样，容易犯追涨杀跌的错误。有时候，大盘在一天之内多次出现大起大落、巨幅波动，一些个股或从跌停拉至涨停，或从涨停砸至跌停。每当此时，一些心态浮躁、想赢怕输的股民更容易出现“水土不服”。

二是板块热点切换时。除了普涨、普跌外，行情在多数情况下会有明显的板块效应。某一“热点板块”经过一段时间的“表演”后，往往会被新的“热点板块”所取代。投资者在操作时如心态不稳、稍有不慎，便会在板块热点切换时频繁进行追涨杀跌，导致只赚指数不赚钱甚至亏损。具体表现是，当某一板块刚启动时，许多人很难辨别这是“起涨日”还是“一日游”，不知道该追不该追。但连涨几日之后，有些股民开始坐不住了，担心热点一直会持续下去，错过难得的赚钱机会，便一头扎了进去。结果原来的热点开始消退，新的热点又冒了出来。此时，追涨的股民有的只好替人站岗，有的则亏着出来再去追新的热点。

三是个股“此消彼长”时。再“牛”的股票，再“黑”的马儿，也有停顿歇息的时候。两市一千多家上市公司，不可能所有股票天天都涨，今天这个涨、那个跌，明天这个跌、那个涨，都是再正常不过的事；别人的股票涨，自己的股票跌，也属正常；即使是自己手里拿着的几支股票，也是一会儿这个涨、那个跌，一会儿这个跌、那个涨。有些股民对自己要求特别“严”，总希望手里的股票能够天天大涨，操作时做到一买就涨、一卖就跌。一旦持有的股票几天没动，就缺乏耐心、一抛了之，殊不知，抛出的股票正是未来的大“黑马”。

“水土不服”的股民，很难在股海取胜。若长期“水土不服”，有可能输得更惨。股民要想在股市投资中取得成功，必须首先熟悉股海深浅，进行必要的“试水”，一旦发现“水土不服”，及时克服、学会适应。

要克服“水土不服”，先要做一个与众不同的股民。学做“另类”，要有勇气。炒股也一样。无论是在行情剧烈波动时，还是板块热点切换时，都需要有与众不同的勇气，做一个与众不同的股民。2009 年 4 月，大盘已连涨了半年，许多个股涨幅已达一倍以上，而金融股特别是工中建等庞然大物的涨幅却远远落后于大盘。此时，不追热点买工行，显然属于不识时务，弄不好还会被人取笑。但笔者感到，工中建等金融股，虽然涨起来的确慢些，但跌起来幅度也比较有限，这样的品种，安全边际相对较高，应该可以买入，遂按计划于4月8日在工行回调中以4.06元的价格买入。眼看涨得好好的股票不买，放任此起彼伏的热点不追，非要去买工行这种不温不火的股票，在当时看来，显然属于“另类”。

要克服“水土不服”，还要做一个心平气和的股民。既然选择了做一个与众不同的股民，买入了与众不同的股票，就不能不切实际指望买入的股票立即大涨，而要有长期作战的心理准备。无论大盘是涨还是跌，也无论其他股票井喷不井喷，都要始终坚信自己的判断和选择，一如既往拿着买入的股票紧握不放。记得当初买入工行后，大盘和个股依然涨势如虹，而工行仍旧毫无起色，期间甚至反其道而行之，出现过两波幅度较大的调整。要是没有心平气和的思想准备，可能早离工行而去，不会拿到今天。对买入的品种，要确保做到心平气和，还需要有充分的理由，即，买入并持有的股票，足以让你心平气和。就说工行，当时许多股民都在不顾一切追热点时，一些机构却在悄悄增持工行，单是汇金就在一季度大幅增持了2300多万股。机构都在买，散户还有什么理由不买！有了这样的理由，持有起来就会心平气和、十分踏实。

在许多情况下，炒股与做人、做事的道理一样，期待的往往落空，担心的常常发生。正当一些热衷于追涨的投资者期待买入的股票继续大涨时，不少品种却出现了大幅调整，而那些原本不指望它会大涨的股票，却给与众不同、心平气和的股民带来了惊喜。工行便是典型的例子之一。自4月8日买入工行起，至6月26日收盘，压抑已久的工行接连发威，持续大涨，53个交易日累计涨幅高达39.80%，而同期大盘仅上涨24.74%，在许多前期大涨的股票出现逆市下跌的情况下，工行跑赢了指数15.06个百分点。

导致“水土不服”的原因多种多样，克服“水土不服”的方法也不尽相同，需要因人而异，区别对待，但有一点却是共同的，这就是要做一个与众不同、心平气和的股民。身处同样的股海，为什么有的股民在股海里“如鱼得水”；有的开始时虽然也“水土不服”，但很快就适应了；而有的则长期以来总是“水土不服”，甚至问题越来越严重，程度越来越加深？区别就在于，有的股民做到了这一点，而有的却始终做不到、做不好。

（写于2009年6月26日，原载于2009年7月1日《羊城晚报》）

## 怎样才能少“买单”

在行情启动之初，往往是题材股最先“发力”，

到了接近“尾声”，才有“大象”身影。

众人聚餐，无非三种人：一是只管用餐、无需买单；二是既已用餐、就得买单；最倒霉的，餐未用上、却要买单，跑也跑不掉、甩也甩不开。在股市投资，最终结局何尝不是这三种情况：赚了钱的，溜之大吉；不赚不亏，也算幸运；最糟糕的，钱没赚到，却接了最后一“棒”，要么“站岗”，要么“买单”。

炒股，无论市道好坏、行情大小，永远不缺机会，只不过这种机会大小不同而已。交易期间，两市位于涨幅榜前列的牛股，总是吸引着无数股民的眼球：怎么办，追不追？不追，怕失去机会；追吧，又怕接的是最后一“棒”，到头来又逃不出“站岗”或“买单”的命运。

这与用餐与买单的关系是一样道理。要想用餐，就得准备买单；若不想买单，就别指望用餐；若既想用餐又不希望买单，办法只有一个：赶在别人之前用餐，趁在买单之前走人。

沪深股市就是个能同时容纳数以千万甚至上亿人同时用餐的“餐厅”，人来人往、进进出出，有人用餐、有人买单，络绎不绝、热闹非凡。这一全球最大的“餐厅”，一个重要的特点是，随着行情的展开和板块热点的轮动，“二”、“八”之间资金的争夺越发激烈。在行情启动之初，往往是题材股最先“发力”，到了接近“尾声”，才有“大象”身影。这波历时半年多的反弹行情也不例外，常常是指数涨得不多，但位于涨幅榜前列的涨停板却层出不穷，而且是清一色的题材股。有的早已翻倍，有的甚至翻了几个跟头，而

“大象”们则默默无闻、波澜不惊。

行情涨到这里，重仓满仓者兴高采烈，空仓轻仓者坐卧不安。摆在踏空资金面前的有两种选择：眼红、嘴馋，经不起诱惑的，会不顾一切，弃“大象”择“题材”，去吃人家用过的“剩宴”，但成为最后“买单”者的概率极大；心态好、目光远的，则会静静地陪着“大象”，耐心等待下一场“盛宴”的开始。虽然时间久点，一时收益低些，但不大可能成为别人“盛宴”的“买单”者。

4月上旬，上证指数已涨至2400点，而许多“大象”还在原地踏步，涨幅远远落后于大盘，尤其是工行和石油。笔者发现，这两头“大象”安全边际相对较高，除了跌幅大、涨幅小外，还有机构在悄悄增持。单是汇金就在一季度大幅增持了工中建“三大行”3991万股，特别是工行占了60%，增持了2392.6万股。鉴于这样的考虑，两头“大象”就成了当时剩余资金投资的首选品种，遂按计划于4月8日建仓工行20000股，价格4.06元，4月10日买入石油10000股，价格11.44元。当天，上证指数收盘为2444.23点。买入后，还采取不“长”不“短”的操作策略，暂时持股不动。

建仓后，两头“大象”尽管显得有些笨拙，却也在不停波动。要能做好差价，来回倒腾倒腾，倒也有利可图，但难度可想而知，弄不好还会适得其反，说不定又成了最后“买单”的人。操作中，笔者之所以采取不“长”不“短”、暂时持股不动的策略，不在跌时补仓、涨时出掉，也是鉴于这一考虑。

当时，建仓“大象”还有一个初衷，就是为了控制风险，以免使自己成为最后“买单”的人。买“大象”时，上证指数从低点反弹以来，涨幅已接近50%，但行情依然没有结束的迹象。此时，重仓怕套牢、轻仓怕踏空的顾虑占了上风，采取什么样的操作策略才显稳妥？经过再三权衡，最终决定采取“三三三”法来确保应有的安全边际。即，资金、“大象”和“其他”各1/3，其中，留1/3资金的目的是控制“下跌风险”，持有1/3“其他”是为了控制“品种风险”，而买入1/3“大象”的目的在于控制“买单风险”，以便当大盘涨时不踏空、跌时不“买单”，做到逐利、风控两不误。有了这样的建仓初衷，无论“大象”是涨还是跌，操作起来自然是持股不动、紧握不放，避免了由于操作不当而使自己成为最后“买单”的人。

手握“大象”，接下来的问题是什么时候离场？要不要离场，什么时候离场，不是看在“大象”身上是盈还是亏，而是取决于对大势的整体判断。如果感到阶段性高点已经出现，就要退避三舍、离“象”观望，但一旦卖出，就不能再追；如对大盘是否见顶一时还难以判断，则继续守“象”。特别需要注意的是，买入并持有“大象”，一定要防止心态浮躁、阵脚乱套情况的出现，即大盘一跌，心里一怕，抛了“大象”；大盘一涨，心头一热，再追“大象”。因为这种没有理由、毫无章法的操作，往往会造成无谓的损失，不知不觉中成了最后“买单”的人。

5月11日，正当许多人继续盼望指数“日日涨”、股票“天天红”，期待着“题材”股继续高歌猛进之时，当大盘神奇般地“握手”千点涨幅位、最高见2663.95后，下午2点，风云突变，大盘和个股纷纷开始“跳水”。一个小时后，上证指数收在了全日的最低点——2579.75点，下跌1.75%，深成指收盘9868.79点，下跌3.09%，且跌破万点心理大关。然而，就在两市只有一成股票上涨，其余股票全部“翻脸”之时，工行、石油这两头“大象”却一反“常态”、昂首挺胸，表现极为出色：工行创了反弹新高4.50元，收盘微跌1.15%；石油最大涨幅超过4%，收盘依然顽强翻红，逆市上涨0.97%，俨然成了众人羡慕的“万绿丛中一点红”。从买入“大象”到5月22日，指数冲高回落，不少“题材”股跌幅较大，但这两头“大象”却分别上涨4.93%、12.41%，平均涨幅8.67%，帮笔者有效地回避了大盘和个股连跌带来的“买单风险”，保住了市值，做到了风控。

大盘从1664点起涨以来，历时半年多，最高摸至2828，涨了1100多点，涨幅达到70%。哪里是尽头，谁也不知道。但这场股市“盛宴”不可能永远持续下去，终究会有宴散人走的一天。天下没有免费的宴席，“盛宴”结束后，总要有人买单，这买单的人，是你、是我、还是他？谜底早晚会揭开。

股市有风险，投资莫大意。只要身为股民，在股市一天，就要永远记住：投资炒股，能不能享受“盛宴”不要紧，关键是要力求不“买单”，或少“买单”。

（写于2009年5月24日，原载于2009年7月14日《中国经济时报》）

# 借鉴篇：世上没有“股神”，适者才能生存

世上没有“股神”，适合自己的就是最好的。而这，需要投资者在实践中不断学习、积累和摸索，善于在股市这所大学校里不断磨砺和提高自己，努力地去适应这个收益和风险同在、机遇和挑战并存的市场。

## “诚实”现象，值得借鉴

陈实先生的投资有两个特点，一是选择行业龙头，绩优白马，极具成长性的公司进行投资；二是买入后，一路持有，很少见异思迁，基本不做短差。

5000点，上证指数终于涨到了众多股民企盼已久的5000点之上。2007年8月23日，既是个普通的日子，又是个非同寻常的日子。这一天，对于众多的股民来说，更是个值得高兴和纪念的日子。尤其是像我这样在股市忙忙碌碌了10多年的普通“小散”。

在这特殊的时刻，我再次想起了“诚实基金”和基金的管理者陈实对我的影响。“诚实基金”始于2000年1月19日，当时起始资金为100万元，到今天总值已经达到了1000多万元。7年半的时间，资产翻了9倍多。在这里，我既不是羡慕陈实先生的运气好，这样说，对他来说不公平；也不是羡慕陈实先生的工夫深，这是人家多年刻苦才炼成的。而是要总结他人的长处，在大盘到了5000点的今天，来个认真的反思，从而再为我所用，为大家所用。

“诚实现象”告诉我们，正确的理念是投资成功的关键。平时，我们经常提倡要坚持价值投资的理念，要学会捂股。但实际上，有多少人真正做到了这一点？恐怕不会太多。在这一点上，陈实先生是个典范。他的投资有两个特点，一是选择行业龙头，绩优白马，极具成长性的公司进行投资；二是买入后，一路持有，很少见异思迁，基本不做短差。目前，他的持仓情况如下：（1）歌华有线4.8万股，买入成本7.25元；（2）泛海建设3万股，买价13.39元；（3）＊ST北巴3万股，买价12.32元；（4）中青旅3万股，买价18.51元；（5）美的电器6万股，买入成本16.65元；（6）攀钢钢钒12万股，买入成本8.24元；（7）焦作万方2万股，买入均价为30.51元。（8）天鸿宝业2万股，买入均价40.52元。大家可以去浏览一下诚实基金证券网，查一下这些股票今天的收盘价，再比较一下他的买入价，基本上都是翻了许多倍。而持有时间大多比较长。

“诚实现象”告诉我们，脚踏实地，诚实守信才会受到大家的尊重。平时，我们经常能够看到谁谁谁投资收益几十，甚至几百倍，但只不过听过算数，根本不会让你赚上一分钱；也时常听到某某人、某某咨询机构推荐股票如何如何精准，今天推荐明天就涨停。但大多需要提前布局，这一点恰恰是我们普通人所无法做到的，等我们第二天高开买入后，往往就要“吃套”，缺乏可操作性。这也难怪一些大名鼎鼎的人物能够红火的时间大都不会太长，有的甚至一段时间以后便销声匿迹。而陈实先生的分析判断却有着自己的独到之处，每次买入股票前后都会在第一时间告诉大家。尽管有些股票买入后，由于“人气”等因素，第二天往往会冲一冲，但也有不少在日后会出现下跌，具有极强的可信性、可操作性，让人心服口服。

“诚实现象”告诉我们，好心态才会有好收益。普通的股民，特别是新入市的股民，不少人有急功近利的思想，渴望买入后立即涨停，卖出后立马下跌。殊不知，在实际操作中，根本不可能做到，且大多表现出“涨时高兴，跌时悲观”。陈实先生则是一位与众不同的人，从他写的文章的字里行间很难看出他因买入的股票出现上涨而喜出望外，也难以发现他因持有的股票出现下跌而悲观失望。他是一个涨不喜、跌不悲，能够始终做到理性思考的典范。每当大盘形势一片大好，个股出现普涨，大家一致看多，纷纷前去追涨时，他却比常人多了一分清醒，留着余资不动；每当大盘形势出现急转直下，个股纷纷暴跌，大家一致看空，纷纷挥泪斩仓时（如在2007年的“5.30”暴跌期间），他却比常人多了一分理智，预示大盘反攻即将到来，自然是紧握股票不放。

（写于2007年8月23日）

## 把免费"高参"请进家

"精选"到几个"高参"，对个人炒股会大有帮助。

做什么事情，都少不了参谋，尤其是"高参"的正确指点。做股票也一样，当你对大市和个股吃不准的时候，如果能有个参谋给予适时恰当的指导，效果可能会大不一样。

几年前，我在《都市快报》上看到"二十万元投资组合"。该栏目专门请一些"高手"参加投资比赛。经跟踪发现，尽管几位选手投资风格各不相同，但大都会跑赢大盘。

开始的时候，我看到选手们用几十万元的资金投资一只股票，心里也有些紧张。但事后发现，这样的投资虽然风险较大，但实际上收益也大，关键是要跟对"人"，选好"股"。

经过再三比较，我发现张震宇（前身宁波海顺）的投资风格比较适合普通投资者进行短线操作。其特点是几乎每周都有进出，可操作性较强，且选择的品种大多比较稳重，属于"赢多输少"的那种，可以跟踪并适量参与。

今年开市第一周，张震宇的计划是以开盘价分别买入东方明珠（11.85元开盘）和五矿发展（7.46元开盘）各1/2。见张震宇的买入已成交，我也在这两支股票回调时分批适量买入。周末，两股分别收在12.08元和7.89元。

到了第二周，张震宇的计划是以开盘价卖出东方明珠和五矿发展。开盘后，这两支股票分别以12.08元和8.01元的价格开出，张震宇顺利成交。于是我也在两股冲高过程中，分别以12.36元和8.27元获利卖出，初战告捷。

以后，我又参照张震宇的计划，分别买入过工商银行、东安动力、浙大网新等股票，妻也参照买入过华夏银行等。

经过一段时间跟踪操作，发现跟着张震宇这样的"高参"进行操作赢多亏少，放心踏实，等于是把免费的投资“高参”请到了家。

但在实际操作中，要想免费请到一个好的“高参”并能为我所用也非易事，概括一下，就是要做到如下三个“精选”。

一是要精选“高参”。在平时，经常能够看到一些类似的擂台赛、大奖赛等见诸各大媒体。对此，一定要认真分析，加以鉴别，不要被一些所谓的宣传、广告所迷惑，而要在众多的“候选”对象中进行精挑细选。反复比较后，再把那些诚实守信、便于操作、比较贴近、看得见摸得着的对自己有用的参谋“请”过来，作为自己的投资参谋。还有，一旦选好“高参”，就不要见异思迁，而要“从一而终”，长期跟踪，并尽可能摸熟“高参”的性格脾气。

二是要精选“目标”。对自己选定的“高参”操作计划和结果，不要急于“下手”。要花点时间，做足“功课”，对“高参”选定的投资目标先来个基本面研究，把基本面等情况弄清楚，再放到自选股里面备用。选择的时候，对“两大”，即涨幅大和风险大（如亏损、基本面恶化等）的品种要排除掉。

三是要精选“时机”。时机选择包括买入时间和卖出时间。对自己精心选定的目标要“自信”，做到越跌越买，谁跌多就买谁，不要一涨心就热，一跌就发慌。买入时点要尽可能选在个股回调，低于“高参”的买入价；卖出时点则要选在个股冲高过程中，并尽可能卖个比“高参”卖出价更高的价钱。另外，还要做到“见好就收”。有时心想以低于“高参”的买入价买入，以高于“高参”的卖出价卖出，但结果却适得其反，甚至失去了好的买卖时机，成了永远的遗憾。这就要另当别论了。

（写于2007年9月24日）

## 念好“三字经”，跟着“高手”走

念好了“选、盯、跟”这“三字经”，不经意间你就成了“高手”中的“高手”。

在两市数千万股民中，有不少“能人”、“高手”。善于发现“高手”，为我所用，也是在复杂多变的股市里赖以生存的重要法宝。

经过这些年的不断实践，笔者不仅跟过不少“高手”，而且摸索到了其中的“跟术”，归结起来有三个字，叫做“选、盯、跟”。

**一是“选”**

细心的股民在平时读报、上网、看电视、听广播时，常常能发现一些媒体组织开展的证券“实盘”、“擂台”等比赛活动，或一些机构、大户，甚至普通散户的操盘报告等。其中，有不乏操作得较为成功的“高手”。在这些“高手”里面，有的喜欢提前布局，等在媒体上公布自己的操作结果后，“高手”买入的股票或已经上涨，或开盘后大幅高开、拉升。对这样的“高手”，散户跟随的意义不大。有的操作的频率和节奏特别快，操作起来象玩“猫捉老鼠”的游戏，散户跟随的难度较大。有的操作风格比较急进，专门追强势股票，喜欢玩心跳游戏，一会儿高位追入，一会儿止损出局，散户跟随的风险很大。与此同时，另有一些“高手”，透明度较高，可操作性较强，计划买卖什么品种、多少价位、多少数量、何时参与等，都事先在媒体上公布，散户完全有时间去关注、去研究、去分析这些股票，去计划、去安排自己的操作，这样的“高手”就可以入选跟踪。在选目标的时候，既要严格标准，好中选优，又要有一定的量作保障，要尽可能地多选几个“高手”。既可选媒体上公开的“高手”，又可选平时生活中接触的一些民间“高手”。这样就可以使自己多一个目标，多一种选择，以便“这壶不开提那壶”，而不至于因选择范围太小而错过良好的投资机会。

**二是“盯”**

“高手”目标一旦锁定，还不能急于跟进，需要再“盯”上一段时间。看看这些“高手”投资效果如何，赢多还是亏多；操作风格怎样，长线还是短线，适合不适合自己等。如《都市快报》组织的“二十万元投资组合”参赛选手张震宇，不仅可操作性较强，几乎每周都有操作，而且选择的品种大多比较稳重，经过观察发现其操作的结果是“赢多输少”。张震宇的操作计划每周六在报纸上公布，实际操作中能严格按照计划行事，有很强的操作性和可信性。这样的“高手”散户跟起来放心，做起来踏实。而且，散户在实际跟随中，还可以更加灵活，比“高手”还要自如，在紧盯“高手”的同时，又可以高抛低吸，一旦股价涨到自己的心理价位，可及时获利了结；万一形势不对，还可以及时出局。而“高手”则受制于“计划”，得严格按照计划行事，相对来说要拘谨得多。

**三是“跟”**

在做好“选、盯”文章的同时，就可以看准时机，大胆跟进了。跟的时候，一要注意品种选择，不是凡“高手”买入的品种都可以不加选择地跟，而是要结合各自选股的标准，比如股票质地、涨幅大小等，结合起来综合考虑，决定是否跟随。二要注意时机选择，有些品种需要在“高手”计划公布以后的第一时间跟进，有的需要在大盘和个股回落过程中逢低吸纳。卖出也一样，需要看趋势，打“时间差”，尽可能选在股票冲高过程中，找相对的高点，卖个比“高手”的卖出价还要高的价钱。

念好了“选、盯、跟”这“三字经”，不经意间你就成了“高手”中的“高手”。

（写于2007年12月3日，原载于2007年12月13日《浙江工人日报》）

## 该向“股神”学什么

作为一名投资者，只要身在股市一天，就不能说自己已经获得成功。

前不久，一条“股神”巴菲特投资失利的消息，在大大小小的媒体刊登以后，引起了舆论的广泛关注。不少投资者越来越疑惑：“股神”巴菲特投资也会出现亏损，有的甚至狂跌了89%，这世上到底还有没有“股神”？巴菲特还值得不值得人们学习？

答案是肯定的。这位80多岁的老人，虽然也有投资失利的时候，但这丝毫影响不了他的“股神”地位。相反，他身上的许多东西仍值得人们学习和借鉴。

其一，面对失利、敢于认错的坦承精神。在我们周围，有不少投资者老拿自己的“成绩”说事，喜欢报喜不报忧。买进的股票涨了，沾沾自喜，喜欢在众人面前自夸；一旦跌了却默不作声，不与大家交流。巴菲特买入石油和银行股票出现亏损后，不仅不掩饰自己的投资错误，而且给公司股东写了一封坦诚布公的道歉信，承认自己做了一些“愚蠢”的事情。这种对就是对，错就是错，赢利就是赢利，亏损就是亏损的“坦承”精神，正是我们需要认真学习的地方。

其二，面对亏损、镇定自若的坦然心态。买进股票后，投资者十有八九都希望股票上涨，很少会有人喜欢它下跌。一旦出现投资结果与当初预期不一致时，往往会心态失衡、杞人忧天。但巴菲特不同，他说，“我们喜欢这样的价格下降”，因为这样的话如果有资金还可以增加自己的仓位。巴菲特在自己买进的股票下跌了89%之后，还能说出这样的话，还能表现出如此镇定、坦然，说明他在买入股票的时候已经有了两种准备——涨和跌。因此，当买入的股票出现下跌甚至是狂跌时一点都不感到惊讶。这一点，同样是我们需要好好学习的地方。

其实，作为“股神”巴菲特凭借自己的经营业绩，根本没有必要进行“自责”。因为在过去的2008年，虽然是巴菲特自1965年接手伯克希尔哈撒韦公司以来赢利最差的一年，公司投资的账面损失达到了9.6%，账面价值损失高达115亿美元，但相对标准普尔指数（基金公司的参考指标）27.4%的跌幅以及同行的表现来讲，巴菲特的成绩仍然是鹤立鸡群。对此，巴菲特根本没有必要进行“自责”，应该感到自豪才对。

然而，作为一代“股神”，巴菲特在“骄人”战绩面前却表现得非常理性、清醒与谦虚。因为他懂得，作为一种风险投资，没有最好，只有更好；作为一名投资者，只要身在股市一天，就不能说自己已经获得成功。只有经常不断地看到自己在投资中的问题和不足、差距和教训，才会始终保持清醒的头脑，理智和理性地对待股市投资的机会和风险。显然，这一点又是许多投资者所缺失的、需要认真学习和借鉴的地方。

（写于2009年3月8日，修改于2009年6月6日，原载于2009年6月5日《经济参考报》）

## 世上没有“股神”，适者才能生存

炒股没有一成不变的固定模式。因为没有“股神”，所以，适合自己的就是最好的。

1664点，有没有人预测到半年前的这个上证点位，是未来半年的“铁底”？大盘将以此为起点，出现历时半年、幅度超过50%的“井喷”。2688点，有没有人知道半年后的今天，大盘的这一点位，是在高高的“山上”、缓缓的“半坡”，还是低低的“河谷”？

**有无“股神”**

两市有没有“股神”，能够料事如神、百发百中，一买就涨、一卖就跌，底部进场、顶部脱身？许多投资者，尤其是新股民都时常在思考这样的问题，希望得到肯定的回答。

对此，趁周末闲暇，笔者边翻看旧报老刊，边思索琢磨，得出的体会是，世上没有“股神”，巴菲特也有失算的时候，更何况在年轻的沪深股市里。

2008年10月28日，人气极度低迷的沪深股市继头一天大幅下跌之后，一开盘便又开始这样的“跳水比赛”。上证指数跳空低开的点数甚至达到了52点，最低探至1664.93点，好在尾市出现强劲反弹，最终以1771.82点报收。

“10.28”——就是这样一个看似平常的交易日，却成了这波历时半年、幅度超过50%的上涨行情的起始之日。如果有“股神”，她应该知道这1664点就是未来半年的最低点，这一天就是投资者大举进场、重仓满仓的好时机。

那么，有没有人猜对算准了呢？

**没有“股神”**

周六，是证券资讯发布较为集中的一天，也是证券媒体最为“火爆”之日。有没有“股神”预测到了这一重要底部，“两个周六”最能说明问题。一个是10月28日“触底”前的最后一个周六——10月25日。如果有“股神”，这一天她应该知道大盘下周将见底。

为此，笔者特意找出了10月25日“中国发行量最大的证券理财报纸”，从A1版一直翻到B8版，对所有16个版面有关分析研判大盘今后走向的文章进行了仔细研读，大致有三类“看法”。

有的看法较为谨慎。名家视点栏目刊登的《巴菲特：我该不该跟你走?》一文，就显得较为谨慎。文章针对巴菲特在《纽约时报》上鼓励美国投资者积极做多一事指出，“我们建议投资者走在‘股神’的身后，耐心等待时机。我们的投资者大可在巴菲特买卖完成之后再做出自己的投资决定。”趋势前瞻栏目刊登的《缩量震荡走势仍将延续》同样显得较为谨慎。文章指出，“近期A股市场或将延续着本周缩量震荡的态势。”

有的看法相对乐观。特别报道版刊登了“本报牵手中央电视台共同直击华尔街风暴之十八”——《谢国忠：A股泡沫没有了，持股两年能赚钱》。文章指出：“A股泡沫没有了，价格相对较低，比世界其他市场高一点，但对中国历史来说是很低了，非常非常低的低位。”如果你愿意持这个股票的话，持两年或者三年，那赚钱的可能性是非常大的。

更多的则是认为，未来大盘走向呈现出明显的不确定性。一版显著位置的标题是《1800点岌岌可危，管理层会否坚守政策底》；某证券研究所所长的观点是“总的一句，国内资本市场的稳定，仍有赖于管理层的强力出手”；头版刊登的《217只股票初现启动迹象》一文，尽管从标题看显得较为乐观，但文章的最后还是谨慎的成分居多：“股价能不能持续走强还需要进一步观察”。

有的谨慎，有的乐观，有的“不确定”，唯独没有一个人能够准确预测到下周大盘将见底，并由此引发一轮历时半年、幅度超过50%的“井喷”行情。

另一个日子是10月28日后的第一个周六——11月1日。如果有“股神”，这一天她同样应该知道大盘上周已见底，“底”就是上周创出的1664.93点。巧合的是，该报当天头版头条正是一篇分析A股“底在哪里”的文章——《从关键数据看A股底在哪里》。

面对上周已经出现的至少是未来半年的大底，文章从三方面的“关键数据”分析了“A股底在哪里”。首先分析了“经济与企业利润下滑何时见底”：乐观派认为，股市会在2008年年底见底；悲观派认为，股市要到2009年年底乃至2010年才能见底。

接着从“‘保增长’能否挡住经济下滑趋势”分析了“底在哪里”。经过一系列的测算，最后的结论是“A股的底部或发生在明年（2009年）年中”。

最后，又从“海外市场负面影响何时消除”入手，分析了“底在哪里”。文章指出，“目前A股的市盈率已低于14倍，有的已在10倍以下，只要经济形势一明朗，A股的价值将会被发现。”看得出，作者一方面觉得“目前”的股价已经够低，但却不敢直言“底就在眼前”。

从以上分析判断可以看出，无论是从经济与企业利润层面分析，还是从海外市场的负面影响考虑；无论是乐观派，还是悲观派，都没有能够意识到，至少是未来半年的大底已在上周探明。这也从一个侧面说明，真正能够准确预测行情走向的“股神”其实是不存在的。

**适者生存**

既然不存在“股神”，既然没有人能够及时地预测到半年前的1664点，是未来半年重要的底部，当然也不可能有人知道如今的2688点，究竟是在高高的“山上”、缓缓的“半坡”，还是低低的“河谷”？

没有“股神”，都不知道2688点位于“哪里”，有的投资者可能会感到无所适从。怎么办？以笔者之见，既不需要到处打探消息，也无必要急于盲目“入会”，正确的方法应该是，静下心来，通过“正道”，学会独立思考，体现自己个性，根据市场变化，努力学会适应。

比如，对于长线投资者来说，如果在1664点没有被“吓”出，那么在2688点也用不着害怕，因为你是长线投资。假如在1664点没有及时捡拾，那么在2688点就不必再买，因为市场不缺机会。

再比如，对于波段操作的投资者来说，如果已在2000点下方抢得先机，在2500点选择“落袋”也是不错的选择；如果一路踏空至今，再来考虑要不要追，无疑等于“玩火”。

还比如，对于行情今后可能的“走法”，要做好两手准备、正确应对。

如果涨到3000点要追的，目前的2600点当然只进不出；如果跌到2000点要出的，目前的2600点就只能出不能进。不同的投资者要有不同的策略，采取不同的措施，进行不同的应对。

炒股没有一成不变的固定模式。因为没有“股神”，所以，适合自己的就是最好的。而这，需要投资者在实践中不断学习、积累和摸索，善于在股市这所大学校里不断磨砺和提高自已，努力地去适应这个收益和风险同在、机遇和挑战并存的市场。

世上没有“股神”，唯有适者，才能生存。

（写于2009年4月26日，修改于2009年5月30日，原载于2009年5月7日《中国证券报》）

## “耳朵炒股”的代价

由于“耳朵炒股”买入的股票往往股性活跃但涨幅已大，“利好”集中但多已透支，主力重仓但获利已丰，加上不熟悉，心里不踏实，一旦震荡、调整起来，“心脏”往往会受不了。

据报道，现年38岁的某公司职员周某原本有个平凡却幸福的三口之家。在一片赚钱声中，他抵押房子一年期银行贷款79万，大举入市，加上原本剩余的5万，将84万全部砸进了股市。没几天，就遇到了“著名”的“5.30”暴跌。周买的三只股两只连续跌停，一下亏了10多万。为了赚回“5.30”损失的钱，周不听妻子的劝阻，开始在网上寻求帮助。7月份，他在网上看到深圳一个自称股票专家的网站，称“只要成为会员就能帮助选股，保证赚钱。”他没多想就用2.4万元注册了VIP会员，并换了专家选的股，结果，还是跌。看着账户上的钱越来越少，周有些像无头苍蝇，听到朋友说哪只股会涨他就赶紧去买。而这个时候，刚好是股市到了10月的高点，接下来就是一轮不停的暴跌。从2007年10月到2008年4月这段时间里，周的股票不断下跌，为了挽回损失，他前前后后换了18只股票，最后，账户上只剩下了25万。而银行还款期是5月6日。想到还款期限将到，周越发感到火烧眉毛。

报道说，上周一晚上，周的妻子加班，儿子第二天要考试在复习功课：周喝着啤酒在网上看专家点评股市走势。8点多，儿子碰上一道难题去问周。周不耐烦，让儿子自个琢磨去。儿子嘀咕了一句，周就来气了，顺手把啤酒瓶砸了过去。瓶子砸在了墙上，飞溅的玻璃片划过儿子的眼睛。儿子被送往医院。医生诊断，视网膜受伤了，幸好不严重，不然眼睛就麻烦了。妻子接到婆婆电话，马上往医院赶。陪儿子的一晚上，妻子也想了一晚上，她决定离婚。“五一”前，妻子提出离婚，并和周办理了手续。一个原本平凡幸福的家庭就这样走向了破裂。

这是一起典型的“耳朵炒股”案例。

所谓“耳朵炒股”，就是在作出买、卖股票决定的时候，依据的不是“脑袋”的思考，而是“耳朵”所听到的声音。即，用“听来”的意见、消息、内幕作为炒股时唯一的选择标准。

在庞大的股民队伍中，“耳朵炒股”者不乏其人。有的喜欢买卖报纸、广播、电视、网络上推荐的股票，有的喜欢听信亲戚朋友提供的内幕、消息，按照“打听”到的消息进行投资，还有的甚至通过交费，加入QQ群、成为会员，听任“专家”的摆布，用“耳朵”指挥“脑袋”。究其原因，主要是赚钱心切，想赚大钱、赚快钱，因此坏了心态，乱了阵脚。亏损的股民，希望通过“耳朵炒股”，尽快扭亏为盈；赢利的，希望通过“耳朵”炒股，扩大“战果”，以便早日实现发家致富。

“耳朵炒股”，具有极大的危害性。轻则导致精神紧张，提心吊胆。由于“耳朵炒股”买入的股票往往股性活跃但涨幅已大，“利好”集中但多已透支，主力重仓但获利已丰，加上不熟悉，心里不踏实，一旦震荡、调整起来，“心脏”往往会受不了。重则影响身心健康，甚至导致家庭破裂。周某一家从平凡幸福走向家庭破裂，就是典型的例子。周某一案，向世上揭示了这样一个道理：“听来”的消息不可靠，凡事都要自己独立思考，三思而后行。

（写于2008年5月8日）

## 面对股评：既不一概拒之，也不信以为真

一段时间里，当个股涨幅已大，股评非常集中，专家纷纷推荐时，不仅要保持清醒的头脑，不可以轻易再入，反而在多数情况下是落袋为安、选择离场的好时机。

随着牛市不断向纵深发展，特别是一些新股民的蜂拥而入，各种各样的股评也大行其道，日趋红火。一些电视、报纸、电台、网络等媒体，大多开设了内容丰富、形式多样的证券投资栏目（节目），对于丰富媒体内容，满足股民需求，起到了十分重要的作用。有些栏目（节目）甚至已成为广大股民证券投资中的参谋和帮手，收看、收听这些栏目（节目），也已成为广大股民投资生活中不可缺少的重要组成部分。

但实事求是地看，这些栏目（节目）也还存在不少问题。特别是各种各样的股评，鱼龙混杂、良莠不齐的问题比较突出。

有的人云亦云。没有自己独到的见解，不能作出及时、科学、准确的分析判断，情绪化、极端化的内容占了一定比例。表现在“大盘一涨就看多，大盘一跌就看空”，使听看股评的投资者往往无所适从。此类股评存在的问题，还算是善意的、属于能力、水平方面的问题。

有的急功近利。有些股评为了追求短期的轰动效应，专门推荐一些所谓的强势股。时机大多选在个股涨停后再推荐，推荐后这些股票第二天也大多能高开，个别甚至还能再强势地表现几天，但随后大多会再次转入慢慢的“熊”途，让听信股评的投资者“套”个够。

有的恶意串通。个别股评甚至与庄家、机构联手。这类股评推荐的股票，选择的时机既不是庄家吸货阶段，也不会是个股刚启动之初，大多选在庄家获利已丰、准备出逃之时。此类股评的目的，不是为广大散户服务，而是千

方百计地吸引散户来接这“最后一棒”，使散户成为为这些股票站岗放哨的“牺牲品”。此时，往往还有众多的利好消息来加以配合，以便于庄家达到顺利出货的目的（类似的例子以前和最近都出现过）。

面对鱼龙混杂、良莠不齐的股评，作为普通者，该怎么办？以笔者之见，关键是要做到：面对股评“既不能一概拒之，也不能信以为真。”

首先，不能一概拒之。不要把自己与这些栏目（节目）对立起来，隔立开来。平时，有空时，可以经常看（听）一些报纸、电视、广播和网络里有关财政证券类的栏目（节目），包括股评。要经常及时地了解一些机构、专业人士对市场的分析，但仅仅是看看、听听而已，不要太当回事儿，更不要太当真。充其量只能是当作一种参考，不作为投资决策的依据。这样做的好处是既可以使自己能随时做到耳聪目明，又能使众多的信息为我所用。

其次，不能信以为真。对股评，要看（听），但不等于要信以为真，更不是说要完全照搬照做。对不同的媒体、不同的栏目（节目），要注意辨别，要学会筛选。经过一段时间，摸熟其性格脾气后，最后选择一两家媒体作为自己在投资时参考，供自己看（听）；对于不同的机构、专家，也要加以辨别，有选择地看（听）；对股评提供的内容，尤其要保持几分清醒，不要盲目跟风，我的体会是“切勿信以为真，参考参考就行了”。

第三，不看（听）股评，只信自己。所谓不看（听）股评，不是要绝对的不看（听）；只信自己，则是最高的境界。对大盘的运行方向，要有自己的判断；对股票的取舍，要有自己的主见。要做到这一点，就要求在平时要加强学习，对宏观经济层面要有自己独立的分析和判断，并以此作出对大盘今后运行的方向性选择。对个股要有重点地进行长期、动态的跟踪，了解其基本面，掌握其新动向，并加入到自选股里面保存和追踪，选择在合适的时机和价位再行介入。一段时间里，当个股涨幅已大，股评非常集中，专家纷纷推荐时，不仅要保持清醒的头脑，不可以轻易再入，反而在多数情况下是落袋为安、选择离场的好时机。

（写于2007年10月10日）

## 最值得信赖的人是你自己

要真正做到“听自己的!”，关键在平时，功夫在课外。有句名言叫做“养兵千日，用兵一时”，说的就是这个道理。

随着经济、社会的不断发展和人们投资理财意识的不断增强，证券资产逐渐进入了寻常百姓人家。与此同时，有关证券投资的技术介绍五花八门，大小报刊琳琅满目，各种股评不绝于耳……面对几近爆炸的证券信息，投资者越来越感到无所适从：究竟谁的话更可信？到底该听谁的？

在证券市场投资，与机构、庄家相比，无论是资金实力，还是信息资源，普通散户都无法与之相比。但这并不等于普通散户一定处于弱势，更不意味着可以不加强学习、研究。相反，应该花费更多的时间和精力进行自我“充电”。比如，经常花些时间，学学技术指标，看看书报杂志，听听专家股评等。

然而，学习、“充电”需要讲究方法，尤其是在变幻莫测、充满风险的证券市场，想要生存和发展，更要多一份“心眼”，多提防着点儿。

**要学技术，但技术指标不能全依**

从进入股市的第一天起，绝大多数投资者都经历过从不懂K线到慢慢懂得，从不会技术分析到逐渐也会分析这样的过程。之后，为了获取理想的投资收益，不少人依据学过的技术分析方法进行操作决策。比如，平时我们经常听到的“买涨不买跌”；比如，选择“上升通道”的股票一路持有；比如，“一旦跌破”5日线（或10日线、月线、半年线、年线）就毫不犹豫止损出局，“一旦突破”5日线（或10日线、月线、半年线、年线）就在第一时间迅速跟进，等等。

然而，结果如何呢？对于极少数短线高手而言，这一招可能有些效果；但对于绝大多数普通投资者来说，这样的技术分析方法不见得人人都有效。对此，大家应该都有体会。整天忙忙碌碌、提心吊胆、追涨杀跌的结果，往往无功而返，甚至亏损出局。由此可见，对于技术指标，也不能过于迷信和依赖。有时，“反其道而行之”，在图形“做”得非常漂亮、技术指标非常“优异”、累计涨幅已大的时候，选择离场，见好就收；相反，在图形变得非常难看、技术指标完全走坏的时候，选择进场，逢低吸纳，把复杂的问题简单化，反倒会取得意想不到的收获。

**要看报刊，但报刊之言不能全信**

做任何事情都离不开学习，投资、炒股也一样，也需要经常不断地加以学习。通过有关报刊获取相关资料，掌握动态信息，是重要途径之一。无论是平时，还是周末，选择几份报刊，作为自己的投资向导，担当自己的投资参谋，都是有益的和必要的。通过看报阅刊，及时地了解宏观政策信息，掌握股市投资动态，获取个股基本资料，应该成为每位股民的必修课。

接下来的问题是看什么，怎么看，并为“我”所用，尤其是如何有效地防止报刊误导。这里，也有个方法和技巧的问题。一是报刊的选择。一般情况下，普通投资者只要选择一两种官方、权威的报刊即可，不需要订阅大量的报刊，以免造成时间和资金的浪费；二是必要的跟踪。对报刊开设的栏目、推出的“实盘”，要进行一段时间的追踪，摸准其性格特点和可信度，以便及时准确地加以参考，为“我”所用；三是适度的期望。对报刊内容不能寄予过高的期望，更不能完全照办。实在忍不住，感到有道理，可以先模拟一下，看看成功几率有多少。时间往往是最好的老师，当时“不照办”也许会在日后证明你当时的决策是正确的。

**要听股评，但专家的话不能全听**

随着视听类媒体的不断发展，电视、广播、网络等媒体开设的股评节目越来越引起广大投资者的关注。“闲来无事”，适当看看、听听，应该无妨。但若过于较真，太当回事，甚至以此操作，往往会吃亏。

大凡经常收看、收听各种股评节目的投资者，都有这样的体会：不少专家对后市大盘的看法往往是涨了看涨，跌了看跌；对个股的研判，也是牛股看牛，熊股看熊。假如，投资者听了这些专家的意见，在行情大涨以后，买入当时的强势股，十有八九会成为最终“买单”的人。有时，即使感到专家所言的确不无道理，对选定的目标品种，也不要在推荐当天匆匆买入，而要再“等”上一段时间，观察几日以后再作定夺，说不定到时会有更低的价格在等你，也说不定到时候你又有了新的更好的投资品种。

**要勤思考，相信自己不会有错**

技术指标不能全依，报刊之言不能全信，专家的话也不能全听。面对这么多“不能”，投资者可能会感到无所适从：究竟谁的话更可信？到底该听谁的？

答案是：听自己的！因为，自己不会骗自己，自己不会害自己，相信自己心里踏实，相信自己不会有错！

诚然，“听自己的！”说起来容易，做起来难。比如，行情开始下跌的时候，手头的股票哪些该留，哪些该出？当行情开始上涨的时候，面对1000多家上市公司，该选择哪些品种建仓？所有这些，常常令普通投资者手忙脚乱，不知所措。为什么？因为在平时缺少学习，缺乏研究，心里没底，一旦要出手的时候，就没了方向感。

比如，去年行情大跌之时，许多投资者非常害怕，整天提心吊胆，但却忽略了必要的学习和“临阵擦枪”。表现之一，对大盘的研判，人云我云，跌到3000看2000，跌到2000看1000，越跌越卖，而不是更多地看到下跌其实是风险的释放，该为新的行情启动作些准备了；表现之二，平时盯盘很积极，但盘后研究却不够。当需要建仓的时候，没有目标，人家推荐什么就买什么。买入以后，又特别紧张，因为心里没底，害怕下跌。

假如备选的品种、买入的股票，都是自己精心选择的，有充分的买入理由，结果就会大不一样。如果所选的品种是基本面良好，业绩稳定增长，大小非减持压力不大，没有港股直通车的担忧，累计涨幅不大，主力获利空间较小，又有基金、机构驻扎，甚至被套，再加上自己用的是闲钱和闲心，采取的是分散投资的策略，又有足够的时间与庄家比耐心。对于这样的投资，还有什么可以担心和害怕的？

所以，要真正做到“听自己的!”，关键在平时，功夫在课外。有句名言叫做“养兵千日，用兵一时”，说的就是这个道理。

（写于2008年4月8日，修改于2009年4月14日，原载于2008年8月30日《大众证券报》）

## 从“不听话”到“不领情”

排除各种干扰，学会独立思考，理解政策意图，做一个聪明的“小人”，就像在6000点上方要学会“听话”一样，在3200点位置要学会“领情”！

昨晚，随着上证指数创下本轮调整以来的新低3212点，各种“偏暖”的信息开始明显地多了起来，尤其是署名钟正的文章《股市要切忌非理性恐慌》几乎同时出现在了各大网站上。

“钟正”为何人？笔者不知道。但文章既然发自官方网站，就暂且以代表官方视之。而且“钟正”正好是“中证”的谐音，说不定代表的就是证监会的声音。

因此，看到文章后，笔者的第一反应是，投资者企盼已久的政策层面的态度总算有了明确的回应，两市的“政策底”也应该渐行渐近了。如果说，在6000点上方，政策面明显不支持大盘再度大幅上扬的话，那么在3200点的位置，同样是政策面不支持再度大幅下跌的点位。因此，笔者对今天两市的行情给予了较为乐观的预期：大幅高开，出现抢筹，许多个股会牢牢地封于涨停板。

然而，今天，两市不仅没有出现大幅高开，而且最终又以阴线报收，个股跌多涨少。尽管与前几天大幅下挫相比，振幅明显收窄，跌幅也没有以前那么大，但大盘和个股依然沿着原有的下降通道缓缓滑落，而不少个股的跌幅仍然比较大，跌停的股票也有好几家。显然，许多投资者对管理层的“利好”并不领情。

由今天的“不领情”使人想起了当年的“不听话”。记得2007年下半年大盘在6000多点的时候，管理层反复提醒投资者要理性投资，注意风险。但投资者（包括本人）就是“不听话”，依然我行我素，疯狂“追涨”，结果套在了高位。今天，面对管理层发出的“投资者必须从非理性的恐慌中走出来，通过理性来指导自己的投资行为，否则对个人来讲，将失去良好的买点，对于中国股市来说，则会失去重要的发展机遇”这一警示，大家就是“不领情”，依然我干我的，频频“杀跌”，结果会不会割在“地板价”上，日后才能知晓。

在屡被市场伤害以后，许多投资者已如惊弓之鸟，失去了方向感，导致了情绪化，心情可以理解。等“利好”、盼“利好”，等的、盼的当然就是有实质内容的“利好”，对此，也没有错。但笔者感到，当务之急不是被动地等待什么时候出“利好”，出什么样的“利好”，而是要排除各种干扰，学会独立思考，理解政策意图，做一个聪明的“小人”，就像在6000点上方要学会“听话”一样，在3200点位置要学会“领情”！

历史有时候不会是简单的重复，有时候却有着惊人的相似。在6000点上方“不听话”已被证明是犯了历史性的错误，那么在3200点的位置“不领情”会不会又在犯历史性的错误呢？让我们拭目以待！

（写于2008年4月16日）

## 管理层暖风频吹，该不该听话领情

建仓要有提前量，等到人人都感到可以买股票的时候，不是买不到股票就是行情已到了尽头。用巴菲特的话说，叫做“等知更鸟报春，那春天就快结束了”。

今天（11月10日），在国务院出台十项措施，投资4万亿元扩内需促增长消息的刺激下，沪深股市出现了久违了的高开高走景象，两市均以超过6%的涨幅报收“光头大阳线”，强势特征十分明显。面对气势如虹的股市，投资者该如何面对，是像以往一样视为短线反弹宜逢高减仓，还是以世纪大底看待做逢低吸纳？为此，迫切需要对一年多来两市的行情发展作一番比较、分析。

**市场劲吹政策暖风**

一年多以来，沪深股市出现了历史上极为罕见的股灾式暴跌。受此影响，广大投资者也出现了惨重的损失。为了维护金融市场的稳定，保护广大投资者的利益，管理层出台了一系列针对股市的维稳措施。先是围绕着下调印花税和限制“大小非”出台了相关政策，接着又针对大股东增持和上市公司回购股份出台了一系列政策措施。

为鼓励增持和回购，8 月 27 日，中国证监会颁布了《上市公司收购管理办法》修改决定；10 月 9 日，又正式发布了《关于上市公司以集中竞价交易方式回购股份的补充规定》。9 月 18 日晚，政府更是出台了以印花税单边征收、鼓励央企增持和汇金入市三大内容为主的组合式利好。从 9 月份开始，央行的货币政策也开始急速转向，2 个月内 3 次减息，存款准备金率也开始步入下降通道。11 月 5 日，国务院常务会议进一步研究出台了投资 4 万亿元扩大内需促进经济平衡较快增长的十大措施。可以说，从政策层面讲，从来没有像今天这样有利于股市的健康稳定发展。

**中小股民并不领情**

在政策暖风频频吹向股市的同时，广大投资者却并不领情，持股的想逢高减仓，持币的不敢轻易进场。在空方的凌厉攻势下，沪深股市依然“我行我素”，沿着标准的下降通道跌跌不休。

上证指数从高点 6124 一路下跌，至 1664，跌幅超过 70%；两市总市值从 2007 年 10 月的 28.6 万亿元缩水至 2008 年 10 月底的 11.2 万亿元，市值损失达到 17.4 万亿元，超过我国 1.9 万亿美元的外汇储备。不少个股的跌幅更大，据统计，目前 A 股半数股票实际上已跌至 998 点的价格水平，破净的股票也已达到 200 多只。截至 11 月 6 日收盘，沪深两市共有 214 家公司股价跌破每股净资产，214 家公司市净率水平在 0.47 - 1.00 倍之间。两市的平均市净率也从一年多前 6124 点时的 7.67 倍滑落至目前的 1.97 倍。

最近一年来的股市，为什么会跌得如此惨烈？在指数和个股已大幅下跌，按理说风险已经得到极大释放，管理层反复强调要全力维护金融市场稳定，并屡屡出台救市政策的背景下，不少投资者为何不领情，依然拿不住、也不愿拿股票，依然看空、做空沪深股市？不少人认为主要原因是大小非问题没有得到解决，上市公司业绩出现下滑，而救市力度又显不足，没有太多实质性的利好所致。

**春江水暖谁人先知**

在股市屡屡下跌、投资损失进一步扩大的同时，在不少人已经对股市未来的机会失去了期待，对各种利好表现出十分麻木之际，另一股神秘的力量却已经蠢蠢欲动。在他们看来，经济调整、金融危机又何尝不是低位介入好公司的时机呢。

随着两市的深幅调整，先是出现了上市公司大股东增持潮。自 8 月 27 日中国证监会发布《上市公司收购管理办法》修改决定至 11 月 5 日，两市共有 142 家公司大股东及高管增持近 7.4 亿股，增持资金约 54 亿元。

在大股东增持的同时，一些上市公司更是出现了自己拿钱买股票，并将买来的股票予以注销这样的回购动作。继天音控股揭开了今年以来上市公司回购 A 股股份的序幕之后，上周二海马股份也发布公告，拟以自有资金不超过 1 亿元，通过深交所回购公司社会公众股不超过 3000 万股。

有抄底著称的瑞银证券连续两日在 A 股市场的买入金额已经接近 9 亿元。除瑞银证券交易单元外，中金公司交易单元也跟进买入了两只股票，合计金额达到了 4 亿元。还有，自今年金融风暴以来，在港股持续下跌过程中，李嘉诚共动用 4.955 亿港元分 6 次入市，增持了 421.4 万股长江实业。此外，有中国第一股民著称的杨百万也于近日逢低买入了大量股票，并向媒体表示，愿意和中国政府一起“被套”。

**还得学会听话领情**

中小股民无论是专业水平还是信息资源都远不如资金实力雄厚的机构，

但都希望自己买在最低点，卖在最高点。心情可以理解，但事实上，别说普通投资者，就连机构也很难做到这一点。怎么办？调整好心态，制定好计划，做与众不同的投资者，该听话时就听话，该领情时则领情。

手头有两个例子。一是宝钢集团有限公司。该公司在行情十分低迷的2005年按股改承诺增持了9.38亿股，其增持价格低于4.53元。后来，两市出现了大幅上涨，宝钢股份的价格也随之大涨，若以宝钢股份后来的最高价22.12元计算，其回报率接近400%。类似的例子还有李嘉诚，他于1974年港股股灾期间和1987年美国华尔街股市狂泻期间，在别人纷纷抛售股票的同时，分别购入长江实业和长实系四公司的股票，为身为大股东的自己获得了十分难得的投资机会。

历史经验虽然不是万能的，但有时与现实却往往有着惊人的相似。在许多人被股市下跌的恐惧遮住了双眼的时候，在大部分人都开始对经济前景感到悲观失望的时候，此时购买股票，虽然不能肯定没有风险，但至少比一年前人人都乐观的时候建仓要安全得多。还有，建仓要有提前量，等到人人都感到可以买股票的时候，不是买不到股票就是行情已到了尽头。用巴菲特的话说，叫做“等知更鸟报春，那春天就快结束了”。

（写于2008年11月10日，原载于2008年第46期《股市动态分析》杂志）

## 做一个聪明的“小人”

面对“大人”的提醒，作为“小人”该怎么办？听不听？听什么？怎么听？依我之见，面对“大人”善意的提醒，作为普通投资者，关键是要做个聪明的“小人”。

出乎大多数人的预料，正是股市的魅力所在。今天两市的走势恐怕又是许多投资者所没有想到的。大盘大幅低开后，随即出现反弹，下午先是转阴为阳，接着收复“五三”，然后高举高打，最后收出中阳。这样的结果，对于坚定看多、从容应对的，终于又得到了应有的回报；对于盲目看空、自作聪明的恐怕又将寝食难安。

只要股市存在，这样的现象就永远不会消失，赚钱的也永远只有少数人。

时下，不少资深人士将管理层称做“大人”，将投资者比做“小人”。当股指出现大幅上涨，管理层提出要进一步加强对投资人的风险警示教育的时候，形象地比喻为“大人”对“小人”的训诫；而随着“教育”的不断深入，股指不跌反涨，又形象地比喻为“小人”不听“大人”的话，等等。

把管理层比做“大人”，将投资者比做“小人”，是不是妥当，这里暂且不去讨论它。笔者想提醒我们散户朋友的是，面对“大人”的提醒，作为“小人”该怎么办？听不听？听什么？怎么听？依我之见，面对“大人”善意的提醒，作为普通投资者，关键是要做个聪明的“小人”。

要做个聪明的“小人”，一是要明白“大人”的本意。我认为，管理层所提醒的，尤其是每当股指上一个新的台阶时所反复强调的“要加强对投资者的风险教育”，其本意不是要把中国的股市打下去，也不是要求广大股民都去加入到“抛股者”的行列。真正的本意就是“教育”本身。应该看到，随着股市的日益红火，随着股指的不断上涨，投资的风险也在不断地积累。如果普通投资者，尤其是新股民，在缺乏风险意识，没有思想准备的情况下，盲目入市，追涨杀跌，不仅达不到赢利的目的，而且还会出现“牛市还亏钱”的尴尬局面；如果不是用多余或自由资金来投资，而是用贷款、学费，甚至养命钱，抱着只能赢不能亏的唯一预期，一时冲动，杀进股市“博”一把，风险就更大，投资人所承受的各种压力也更大，就容易出问题。轻则影响个人和家庭正常的生活，重则导致家庭危机，甚至引发社会问题，给社会和谐埋下隐患。这些都是管理层所不愿意看到的，应该也是管理层反复强调要加强对投资者进行风险教育的真正本意所在。

要做个聪明的“小人”，二是要把握行情的趋势。如果坚定看好中国经济的发展前景，看好伟大祖国的繁荣昌盛，并且能够清醒地认识到自己是一名普通的投资者，没有过人的短线操作能力，就应该坚定做多；如果没有这样的思想准备，可以选择做空，选择离场。但我发现，在这个市场里面，很多投资者对这一点其实并不清楚，也做不到这一点。一听到“教育之声”，一看到“绿油油”一片，便片面地理解为“大人”要“小人”卖股票，理解为“管理层要求股市下跌”，便沉不住气，便自作聪明、便“顺势而为”地抛弃掉手中宝贵的筹码，结果割在了“地板价”；当股指一起来，行情开始转暖，又害怕踏空，担心做空的风险，再迫不及待地把股票抢回来，结果又买在了高点。相信在今天的行情里，定会有前几天还非常“听话”的“小人”今天又不“听话”了，经不住牛市的诱惑纷纷再次杀进，再次应验了这句“聪明反被聪明误”的古训。如此往复，日积月累，不是财富的积累，而是亏损的增加。其实，作为聪明的“小人”，应该采取的是，在一轮大牛市里，做到“勿以涨喜”，“勿以跌悲”，把握趋势，从容应对（具体我已在2007年9月6日的笔者日记《5400点的投资策略》里作了详细介绍，这里不再详述）。

要做个聪明的“小人”，三是要树立正确的投资理念。随着行情向纵深发展，赚钱效应越来越突显出来，本来，这对广大投资者来说，应该是件好事。然而，不少人急功近利，看到每天有一大堆涨停的股票，就心里发慌，就寝食难安，冲动战胜了理智，频繁地进行追涨杀跌，企盼能够来个一夜暴富。此时，曾经耳熟能详的价值投资、逢低吸纳的理念倒成了“老皇历”、“过时货”；只要会涨就买，越涨越买，管它价格高不高，市盈率有多少，先买了再说，倒大有人在。殊不知，任何事物都有物极必反的时候，股票也一样，没有只涨不跌的股票，也没有只跌不涨的股票；涨多了就要跌，跌多了也会涨，关键是品种要选对，时机要选好，心态要摆正。

我想，作为一个普通的投资者，如能做到以上三点，就能在纷繁复杂的市场里面运筹帷幄，处惊不变，坚定沉着，应对从容，使自己始终立于不败之地，成为一名聪明的“小人”。而这样的“小人”也正是管理层“大人”们所希望看到的。

上面这些话，有些同行朋友听起来可能会感到有些“沉重”，但我还是决定说出来，如果能用今天的“沉重”换取明天的“轻松”的话。

（写于2007年9月10日）

# 执业篇：让炒股成为一种生活方式

随着经济、社会的快速发展，谈股论经的人越来越多了，选择炒股的人越来越多了。人们对股市、股票和股民的兴趣和看法也比过去要积极和理性得多，更有不少人甚至像工作、学习一样，把炒股当作日常生活的重要组成部分。

## 辞职炒股不可取

在有些情况下，死死地盯着行情，反而会做出错误的判断和动作；而有时不怎么关心行情，却能取得意外的好收益。

随着股市的日益红火，股民队伍也日趋庞大，特别是一些上班族也跃跃欲试，纷纷加入到了股民大军。有的利用工作之余、空闲时间“小试牛刀”，有的更是雄心勃勃，干脆辞掉工作，成为一名职业股民，准备“大干一场”。

然而，炒股毕竟是一种风险与机遇并存的投资，不能把“股市有风险，入市需谨慎”这句话当做耳边风，一只耳朵进，一只耳朵出，辞职炒股更不可取。相反，在做好工作的同时，适当地关注一下股市，拿出部分闲钱，进行少量投资，做到工作炒股两不误，倒是比较好的一种选择。

诚然，在一轮大牛市里，加上股市所特有的魅力，对于上班族有着较强的吸引力。既不放弃自己的工作，也不错过这千载难逢的大牛市，选择“早一刻，晚一刻”这种适合上班族的“半小时工作制”，倒是非常不错。

早上起来，在上班前，用上大约刻把钟的时间，浏览一下时政新闻、财经信息和过去一天的行情，作好操作计划，设好心理价位，提前进行委托。作完这一切后，便去单位上班，忘掉股市股票，该干什么还干什么。晚上回家，料理完了杂事，再来看看一天的行情，查查自己的委托有无成交，看看手里持有的品种涨跌如何，并计划好第二天的打算。假如，委托成交，获得了赢利，自然就有种成就感；如果亏了，也没关系，还可以从头再来。

虽然一天只有半小时时间用于炒股，但午休时，也可看看电视里的行情，听听广播里的信息，做做买卖委托操作等，只要不影响工作即可。若是赶上年休假什么的，还可以过把职业股民的“瘾”，体验一下专职炒股的生活。

有句话说得好，“台上一分钟，台下十年功”。工作学习是这样，投资炒股也一样。要想在股市取得好成绩，要想“台上一分钟”演得精彩生动，必须练好这“台下十年功”。多数上班族都有双休日、节假日，这是学习充电的好时机，可以找一些报纸杂志看看、学学，可以上上网了解一下信息、资讯，研究一些具体个股，并把它们放入自选库加以跟踪。这样，可以使自己在投资决策时，做到胸有成竹，“不打无准备之仗”。

与辞职炒股“4小时工作制”相比，“半小时工作制”虽然盯盘、操作的时间相对短些，但并不意味着对投资不利，也不意味着收益一定就差。在有些情况下，死死地盯着行情，反而会做出错误的判断和动作；而有时不怎么关心行情，却能取得意外的好收益。记得有一次我在单位上班，妻在家里休息。妻见平时股性较为呆板的中国联通突然来个放量大涨，惊喜之余，想帮我做个短差。在联通涨到8个多点的时候，以8.36元的价格把它卖掉。没想到这一卖，又犯了错，不仅差价没有做成，而且在上午收盘时联通还死死地封住了涨停。

这事说明，投资股票，在许多情况下，有没有收益，以及收益大小，跟有没有时间看盘没有必然的联系。还有，因为不能时时地盯盘，心里也就多了一份希望和期待。下班后再打开电脑，一看涨了，市值也增加了，自然会非常高兴；但若跌了，市值又缩水了，尽管心里也会“不爽”一阵子，但也不至于像“4小时工作制”那样，心情跟着行情波动和起伏，长时间地提心吊胆、紧张不已。而是只有片刻时间的“不爽”，“难过”也会一闪而过。

辞职炒股不可取，针对的是已有一份相对稳定工作的上班族。假如已有的这份工作不是特别稳定，也不怎么喜欢，或是本身已在这个市场里“久经沙场”，运筹自如，甚至对股市和股票情有独钟的话，那么多看看盘、多关注关注行情，多分析分析个股，甚至辞职炒股，以便在整个交易时间内都“扑”在股市上也未尝不可。

（写于2007年11月27日，修改于2009年5月30日，原载于2007年12月27日《浙江工人日报》）

## “上班族”怎样炒股

**上班时认真做好自己的工作，下班后，像翻报纸、看电视、听广播一样，查看一下股市的行情和自己所持的股票。涨了，当然高兴，跌了，也无所谓。做到了这些，不仅解决了“上班族”没有时间炒股的问题，而且使炒股变得更加轻松自在，要想不轻松都难！**

炒股的人，大致可以分为两类：一是专门从事炒股的人，即除了炒股，没有其他固定的工作，简称“专业”炒股的人；二是“业余”炒股的人，即，除了炒股，还有一份固定的职业，八小时之内主要是工作，炒股主要是利用空闲时间进行的人。

“上班族”能不能炒股？答案是肯定的。随着经济生活和投资渠道的多样化，与过去相比，人们的生活方式也发生了很大变化。在做好日常工作的同时，利用闲钱和闲心关注一下证券市场，投资投资股票，可以也应该成为日常生活的重要组成部分。不仅如此，在量力而行的前提下，炒炒股票，还可以增加获得投资收益的机会，并促使自己加强对证券知识的学习，可以进一步充实自己的业余生活，使日常生活变得更加丰富多彩。

“上班族”怎样炒股？与其他行业相比，炒股不仅需要投入大量的资金和时间，而且具有很高的风险，对人的意志、心理和耐心等各方面都是一种考验。那么，在做好本职工作的同时，怎样才能炒好股票？以笔者之见，需要注意这么几点。

一是要加强知识学习。由“专业”成为“业余”之后，4 小时之内盯盘的时间少了，但这并不等于可以放松对相关知识的学习。学习内容，既包括政经、时事等宏观方面知识的学习，也包括对证券市场内部基本情况和个股信息的了解。八小时之内没有时间学习，可以利用早晚业余时间、双休日、节假日等空闲挤时间学习。只有平时注重学习，才能在关键时刻派上用场。

二是要培养投资兴趣。学习能不能持之以恒地坚持下来，炒股能不能取得理想的效果，兴趣非常关键。无论做什么事情，有了兴趣也就成功了一半。炒股也不例外，有些人兴致很高，也很投入，好像天生就是炒股的料；有些人比较急躁，静不下心来，要想取得投资成功，难度就会很大。当然，每个人的具体情况不大一样，投资兴趣也会有差异，但要注意在平时有意识地加以这方面的训练。

三是要树立风险意识。炒股如做人，一定要谦虚，不要把别人估得过低，把自己看得过高。只有这样，才能降低对自己的期望值。把钱投入进去的时候，选择买入股票的时候，都不能只有“赢利”这一种预期，一定要有“亏钱”的思想准备，要亏得起。只有自我感觉适度，投资预期适度，才会迫使自己时时树立危机和风险意识，促使自己不断地加以学习和磨炼。

四是要严格计划观念。对大盘的运行要有计划。比如在6000点的时候认为是高了，还是低了，在3000点的时候认为是低了还是高了，都要有自己独立的判断，而不是人云亦云。对个股的买卖也要有计划。尤其是要防止冲动和随意性。只有计划周全了，并严格按计划行事，在“计划”的大盘点位买卖“计划”选定的股票，才会防止和避免操作的随意性和失误。

五是要克服喜新厌旧。炒股需要有记性。对曾经钟爱的股票，在基本面没有任何变化的情况下，切忌喜新厌旧、追涨杀跌，要耐得住寂寞，经得起考验。在买入股票的时候，要慎之又慎，尽可能买入自己熟悉的品种。在买入股票以后，在别人涨自己不涨的时候，尤其要平常心待之，精心看护好自己手里的股票；在卖出的时候，一定要注意按计划行事，切忌患得患失。

六是要分散组合投资。既要注意资金和股票的搭配，在相对高位，可以减少持仓，增加持币；在相对低位，可以增加持仓，减少持币。又要注意仓位内股票的组合搭配。一般情况下，不要重仓持有一支股票，可以分散同时持有几个品种。具体比例要因人、因资金量而定。这样做的最大好处是，可以有效地降低因不确定性而导致的投资损失，心里也会踏实许多。

七是要力避无谓操作。“业余”跟“专业”相比，最大的特点是看盘的时间比较少，因此，要尽量采取中长线投资策略。在操作委托方面，除了偶尔有时间可以在盘中委托外，常常需要在事先进行集合竞价委托。上班前设好心理期望的价位，进行委买或委卖。只要品种选择得当，买卖时机适当，长线投资的收益往往会超过短线收益。

八是要以平常心待之。涨跌乃股市的常事。上班时认真做好自己的工作，下班后，像翻报纸、看电视、听广播一样，查看一下股市的行情和自己所持的股票。涨了，当然高兴，跌了，也无所谓。做到了这些，不仅解决了“上班族”没有时间炒股的问题，而且使炒股变得更加轻松自在，要想不轻松都难！

“业余”不一定比“专业”差！以我的“20万元投资组合”为例。从2008年元旦设立以来，全凭业余时间，几乎没有时间盯盘，但却跑赢了大盘。截止2008年4月29日，大盘下跌了33.03%，而“20万元投资组合”只下跌11.92%，跑赢大盘21.11个百分点。这样的“业绩”，对于一个普通“小散”而言，应该知足了！

而且，更重要的是，在跑赢大盘的同时，还做到了工作投资两不误。不仅可以避免“因盯盘耽误了许多该做的事”，而且可以从容地去忙“该忙的工作”，“就晚上回来看下”，多好啊！

（写于2008年4月29日）

## 一家可否多人炒股

普通家庭做股票，关键的问题不在于做的人数多少，而在于怎么个做法。做得好，不仅可以多人做，而且可以互相切磋技术、共同提高，使家庭氛围变得更加融洽、和谐。做不好，即使一个人做，也会做出问题来。

“我们夫妻俩从来不说股票的，都是我一个人说了算，做股票人多肯定做不好的。”

“夫妻两人千万不要讨论股票……”

“一个家庭只能一个人做股票……”

这些都是在我的博客里网友们给我的留言。

“一个家庭只能一个人做股票。”言下之意是，如果一个家庭夫妻双方都做股票，就可能因意见分歧，伤了夫妻感情，影响家庭和谐。因此，为使家庭生活能够正常进行，不因炒了股票伤了和气，一个家庭也就只能一个人做股票。

一个家庭真的只能一个人做股票？而不可以有两个、三个，甚至更多？我认为，这种想法是多余的，不必要的。

一人做股票，这个家庭不见得就一定“和谐”。10 多年来，一直到今年年初，我们家也就我一个人在做股票。多年的熊市，不仅使几十万元真金白银所剩无几，而且夫妻两人还常为这事闹别扭。一方的付出、负荷、压力，另一方不知道、不理解，也难怪时不时地要被另一方责怪几句。尤其是在股市处于极度低迷时期，作为投资者的一方已经承受了巨大的心理压力，希望能够得到慰藉和缓解。但作为家庭成员的另一方却未能理解，说不准也碰巧遇上了什么烦心事，再来个“火上浇油”。每当这时，家庭气氛可想而知，更谈不上什么“和谐”了。

多人做股票，这个家庭也不见得就一定“不和谐”。2007 年“2. 27”暴跌之后，行情又开始沿着原有的上升通道前行，妻在单位同事的影响下，也挡不住股市连续上涨带来的诱惑，终于在证券公司营业部开了户，筹了款，入了市。并一发而不可收，以后又多次追加资金，由一个“股盲”渐渐地变成了“股迷”。平时，一有空，她就会进行自我“充电”，不是看股票书报，就是在电脑上研究行情走势，还常常忙到深更半夜。有时，遇到一些不懂的问题，还常常以我为师，不时地向我“请教”。晚饭后，两人出去散步，还常常把一些股票方面的问题作为谈论的话题。妻有了强烈的求知欲，我也多了份成就感。

当然，多人做股票，也有几个问题需要注意。

一要分别开户。股市的最大魅力在于未来的深不可测。股市的这一特性也决定了投资者（家庭成员）对股市预期的分歧。夫妻也好，其他成员也罢，都不可能做到看法、预期的完全一致。因此，对家庭炒股的资金进行合理的分配，分别由不同成员各自掌控，各自投资，是应该的，也是必要的。

二要互不干涉。既然已经把投入股市的资金进行了分配，由各位成员分别掌控、各自投资，就应由各方自己决定投资的目标、方向、数量，其他成员不要随意干涉对方的操作，要彼此信任、相互支持、不予干涉。对对方的投资决策，无论对错、成败与否，都不要进行埋怨和指责，而要多给予理解和宽容。

三要互相帮助。互相帮助与互不干涉并不矛盾，也无需把二者对立起来。在总的坚持互不干涉、主意自己拿的原则下，根据对方需求，进行一些力所能及的帮助指导是应该的，也是能够做得到的。尤其是“股龄”相对较长、经验较为丰富的一方，更应给对方以及时、正确的指导和帮助。

说到这里，结论也就出来了：一个家庭没有必要限制做股票的人数，一人、两人，还是多人，完全可以从家庭实际出发。正如一位网友在看了我的文章后的留言里所说：“我家也一样，虽然我操作，但老公比我还关心，两个人的共同语言也多了。”

如此看来，普通家庭做股票，关键的问题不在于做的人数多少，而在于怎么个做法。做得好，不仅可以多人做，而且也便于家庭成员之间在操作技巧等方面的互相切磋、共同提高；有利于加强沟通、增加彼此之间的信任，使家庭氛围变得更加融洽、和谐。做不好，即使一个人做，也会做出问题来。

（写于2007年9月27日）

## “四化”股民做不得

理想化、情绪化、极端化、畸形化，共同构成了股市投资者中的“四化一族”，这是股市投资的大忌。

股市变幻莫测，炒股真的是难。尤其是近一段时间以来，虽然指数涨得不少，但个股却很难把握，赚钱依然不易。回头想想这些年来股市投资所经历的风风雨雨，既有成功的喜悦，也有失败的泪水；既有宝贵的经验，更有惨痛的教训。其中感触最深的是，炒股一定要做一个成熟、理性的股民，切忌不知不觉中成为一名“四化”股民。

### 1. 理想化

所谓理想化，主要是指对股市的预期过于乐观。进入股市前，脑子里想的全是赢利、赚钱，没有把“股市有风险，投资需谨慎”放在心里。表现在：第一，对大盘的预期过于乐观。认为股市永远姓“牛”，只要有钱投入就一定能赚钱，忘记了“涨跌乃股市的常事”。第二，对个人的能力过于高估。有的投资者虽然知道股市投资有风险，但自认为高人一等，无论是投资经验还是操作技艺，都不在别人之下。10个股民“一赢两平七亏”里面自己就是其中的“一”者。第三，对操作的结果过于看好。无论是对大盘的研判，还是对个股的鉴别，在每次操作前，往往都是信心十足，感到胜券在握，不会出现闪失。其实，大凡经历过各种风浪的投资者都有这样的体会，股市是最捉摸不定的地方，任何过于乐观和理想化的预期往往会以失望而告终。

### 2. 情绪化

有些投资者在进入股市后、进行具体操作前，往往缺乏周密的思考和具体的计划。一旦开始操作，往往会有明显的情绪化倾向。比如空仓准备进场的投资者，不知道是在大盘涨的时候买入，还是在跌的时候买入，事先没有计划。开市以后，当大盘涨了，赶紧追入，一看大盘又掉头向下，便后悔不已。在具体投资品种上也一样，喜欢“谁强买谁”，殊不知，许多个股所谓的强势只是“此一时彼一时”，当时的强势并不等于后来也强，因此吃亏的投资者很多。再比如，满仓准备离场的投资者，也不知道是在大盘涨的时候卖出，还是在跌的时候卖出，事先同样没有计划。开市以后，当大盘涨了，舍不得卖，一看大盘掉头向下，赶紧“斩仓”。在选择卖出的品种上也带有明显的“情绪化”，喜欢“弃弱择强”，即保留“强”的，放弃“弱”的。尽管这种操作有时也比较管用，但在许多时候，强势股也会补跌，弱势股也会补涨，吃亏的还是自己。

### 3. 极端化

这里所说的极端化，主要是指投资组合及搭配上的极端化。在买入股票的时候，是集中所有资金重仓出击一支股票，还是适当分散进行必要的组合投资，每个投资者的风格、喜好都不一样。有的人喜欢全仓买入一个品种，有的人喜欢买入多个品种。应该说，两种投资方法各有利弊，前者的好处是有利于“集中兵力打歼灭战”，一旦选择品种得当，就容易利润“最大化”。但问题是风险也相对较大，如果品种选择失误，甚至中了“地雷”，很容易导致损失的扩大，影响投资的情绪。后者则相反。我的体会是，尽量采用后一种投资方法，即适当地进行分散组合投资，也就是我们平常所说的“不要把鸡蛋放在一个篮子里”。极端化要不得，但分散投资也有讲究。这里所说的分散，是指适度的分散，并不提倡越分散越好。比如，资金量少的，单一品种的投资比例一般掌握在1/2或1/3；资金量比较大，可以选择4～5个品种进行投资。还有就是不要始终满仓，要控制好仓位，处理好持股和持币的关系，具体要因人而异。

### 4. 畸形化

良好的愿望并不代表如意的结果。在股市投资，往往会有失算的时候。在行情好的时候，要想想随时可能出现的风险；在行情低迷的时候，要看到股市的希望和未来，做一个理性的投资者。就说2007年底的股市吧，从高点跌下来，大盘已经“腰折”，许多个股更是打了4折、3折，甚至更低，但投资者抛售的“热情”却一点不减。看看行情，多空大战已经到了白热化的程度，相信这个市场的参与者大多不会好受。问题出在哪里？原因是多方面的，有的因为再亏已经亏不起，只好挥泪斩仓；有的对股市的未来已经完全失去信心，从而选择放弃、诀别，表示今后永远不再入股市；更有甚者，因为投入股市的资金是“急需”资金、借贷资金，或有使用期限的短期资金，即使亏得厉害，也不得不清仓出局。所有这些，都或多或少反映出投资者情绪失控后导致的“畸形化”。

理想化、情绪化、极端化、畸形化，共同构成了股市投资者中的“四化一族”，这是股市投资的大忌。事实表明，投资者要想在市场里“活”得长久，不被淘汰，进而取得投资的成功，就应牢记："四化"股民做不得。

（写于2008年4月18日，修改于2009年6月6日，原载于2009年7月17日《上海金融报》）

## 七种"病"不可不防

炒股需要在平时经常进行"体检"，一旦发现"病症"，及时进行"治疗"。

人的一生，或早或晚，或这或那，或多或少都会得些毛病，不是头痛发烧伤风感冒，就是咳嗽腹泻腰酸背痛。炒股也一样，无论是专业的或是业余的股民，也不管你愿意还是不愿意，都难免会犯些这样那样或大或小的"病症"。

### 1. 狂想症

症状：主要表现在炒股时机的把握上，不是逢回调建仓，而是偏好激进、追涨。跌破2000点时，恐惧、不敢买，涨到2500点、2800点时，开始狂想，越涨越狂想，越狂想越敢追。品种选择也一样，底部潜伏的，嫌太呆，不要；开始启动的，心里没底，也不买。对涨了又涨，翻了又翻，甚至已有七个八个几十个涨停板的股票开始狂想起来，一狂想又买在了"天花板"上。

病因：心态不正，过于投机。一心想赚快钱，不愿耐心守候。有的还美其名——"做趋势的朋友"，却忘了趋势也是活的，调起头来也很快。

处方：多学大妈"买菜经"，股票也要"反季买"，常以播种的心态和操作期待来年的丰收。

### 2. 焦虑症

症状：买入股票后，一遇下跌就焦虑；手中的股票，别人涨自己跌也焦虑；账户里的市值跟不上指数涨幅时更焦虑。

病因：期望过高。股票一跌，心态失衡，动作变形，操作失策，结果做反，导致焦虑。不仅使收益减少，损失扩大，而且对心态、信心都会产生一定的负面影响。

处方：建仓前不妨多些焦虑，一旦买入则不再焦虑。正确看待自己和别人，用平常心对待指数涨跌和个股起落，真正做到涨不喜、跌不悲。记住炒股的一个重要“规律”——期待的往往落空，担心的常常发生。有了这种心态，说不准会有意外惊喜突然降临，焦虑症也会好起来。

**3. 恐高症**

症状：与跌时紧张相比，有的股民涨时更怕。轻仓、空仓的恐高，因为还有资金“闲”着，担心踏空。重仓、满仓的也恐高，因为担心调整到来、市值缩水，是走是留，心里没底。

病因：太贪。轻仓、空仓的，贪在希望自己的建仓成本比别人便宜更便宜，迟迟未能建仓，一路踏空，错失机会；重仓、满仓的贪在涨了还想再涨，要求自己卖在最高、赚得最多，因而迟迟下不了决心，时时处于恐高之中。

处方：不预测大盘、不判断未来，制定好方案、设想好计划，控制仓位、系好保险，严格执行，从容应对。

**4. 多动症**

症状：昨天买进、今天卖出，前脚刚卖、后脚又买，高位追进、低位杀出，一天不动，心里发慌。

病因：过于自信。对自己估计过高，总以为在这个市场上，自己是最能干、最聪明、最厉害的人，结果“聪明反被聪明误”。

处方：生命在于运动，炒股也要“运动”，但动要适度，动要得法。如果超过限度、动不得法，随意多动，甚至乱动，就会变成多动症，结果掉入主力精心设下的“陷阱”，或成为盛宴的“买单”者。因此，不妨强迫自己离开市场，分散自己的注意力。久而久之，多动症或许就会得以缓解，甚至痊愈。

### 5. 麻痹症

症状：与多动症刚好相反，属于另一个“极端”类的病症。无论大盘如何涨跌，个股怎么折腾，就是不操作。也无论大盘处于高位时管理层怎么提醒风险，非理性暴跌时管理层如何苦口婆心，就是不听话、不领情，我行我素，表现得十分麻木。

病因：本身“体弱”，又缺乏锻炼，再加上不想动、不会动，长此以往便患上了麻痹症。

处方：加强学习，勤于锻炼，既练得一手好“武艺”，又修得一身好心态。只要肯下功夫，多加思考，就会慢慢悟出真谛，理解管理层的真实意图，懂得听话、领情的重要，麻痹症也会渐渐缓解。

### 6. 健忘症

症状：喜欢赶时髦、追热点，但记性差、忘得快，不但对大势的判断忘得快，对钟爱的股票忘得快，而且对过去做过或曾经想做的操作也忘得特别快。极端的表现是，曾经10元买入或想买的股票，跌到5元反而不敢买；10元时卖出或曾经想卖的股票，涨到20元时不想卖了，甚至忍不住又追了进去。

病因：喜欢盯盘面，操作随大流，耐不住寂寞，经不起诱惑。

处方：准备本子一个，笔一支，事前记录操作计划，事中记录操作结果，事后记录操作心得，不要嫌烦，不要小看它的作用。一段时间后，拿出来看看想想，再来操作，说不定能比当初买得更低、卖得更高。日积月累，长此以往，收益不一定就差，健忘症也会慢慢好转。

### 7. 并发症

症状：与单一病症相比，这类“病人”患有不止一种病症，是两种、三种，甚至更多，而且病症之间往往彼此交叉，相互作用、影响和感染。

病因：“体检”不经常，“看病”不及时，小病变大病，单种病变多种病，因此，问题变得更加严重，医治也更困难。

处方：身在股市一天，就要有忧患意识、风险意识，就要“一颗红心，两种准备”。即使股龄再长、手法再好，也不要飘飘然，更不要忘乎所以。只有把“风险”两字常记心头，时刻保持冷静克制，才会多病化少、大病化小、小病化了，进而从源头上遏制并发症的发生和漫延。

有病不要紧，只要不是怪病恶病不治之症，只要及时医治对症下药，好起来也很快。最要命的是，平时不体检，病时不医治，放任自流任其发展，结果小病变大病、良性变恶性、可治之病变不治之症。炒股也一样，需要在平时经常进行“体检”，一旦发现“病症”，及时进行“治疗”。只有这样，才能确保有个健康强壮的“体魄”，让自己的“炒股生命”更健康、更持久、更幸福。

（写于2009年6月7日，原载于2009年6月13日《中国证券报》）

## 炒股压力怎样释放

炒股的“压力”太大，是追涨杀跌的罪魁祸首，

这是导致出现这种不该有的低级错误的重要原因。

炒股的人，大多有过这样的经历：满仓持股的时候，期待行情出现“艳阳天”，但在许多情况下往往事与愿违。一看大盘和个股“绿油油”的一片，感到行情大势已去，再不抛会亏得更惨，于是忍痛割“肉”、赶紧清仓，结果卖了个“地板价”。然而，才过了几分钟，大盘和个股却“雨过天晴”，又来了个“绝地大反击”，感到行情或已反转，再不买入就会踏空，于是连忙进场，结果买在了“天花板”上。不算不知道，一算吓一跳，就这一个来回，“动”与“不动”，损失好几万。

这样的情景，对于炒股的人来说，可能是再平常不过的事了。为什么会频繁、重复地出现这种无谓的举动，导致无谓的损失？原来，炒股的“压力”太大，是其中的罪魁祸首，这是导致出现这种不该有的低级错误的重要原因。

说起炒股的压力，无论是新股民，还是老股民，只要在股市投资，或多或少总会有些。重仓持股的时候，担心下跌有压力，轻仓观望的时候，生怕上涨也有压力；大盘上涨的时候，自己持有的股票不涨反跌有压力，虽涨但跑不过大盘时也有压力。只要在股市一天，这种压力就会存在一天，这也是风险投资有别于其他投资最明显的地方。

压力是把“双刃剑”，既是坏事，也是好事。当压力变成动力的时候，压力就成了好事。因为有了压力，可以促使你进一步树立股市投资的风险意识，加强股市知识的学习和研究，在投资实践中不断得到锻炼和提高。当压力变成负荷的时候，压力就成了坏事。因为有了压力，才使自己在投资中整天战战兢兢、提心吊胆、心态失衡、动作变形，操作效果自然也不会理想，而且还会因此影响正常的工作、学习和生活，背离炒股的初衷，达不到炒股的目的。

作为新股民，因为入市时间不长，缺乏相应操作经验，炒起股来有些压力还情有可原。但作为老股民，“久经沙场”之后，如果总是压力重重，就有些不应该了。

炒股，为什么会有压力？怎样做，才能使炒股压力减少到最低限度？有了压力之后，怎样释放？这些，都是摆在投资者面前、亟待回答和需要解决的问题。作为一个老股民，笔者也有过压力重重的时候。但在今天，这种压力已是烟消云散了。其中的奥秘，归结起来，主要有以下三点。

**一是念好“闲字经”**

“股市有风险，入市需谨慎”，这话谁都会说，但真正理解其中含义、有过深刻教训并能牢记在心的，恐怕不会太多。尤其对于新手来说，一看行情红红火火，昨天买入、今天涨停，就容易萌发辞职炒股、借钱炒股的念头。实际上，在众多炒股压力里头，辞职炒股、借钱炒股的压力是最大的。工作没了，意味着生活来源就没了，只能靠炒股挣钱、养活自己；钱是借的，就必须确保本金安全，既要还本，还要付息。还有期限一到，无论盈亏，必须得还。辞职炒股、借钱炒股的共同特点是，炒股只能赢不能亏。殊不知，股市是高风险的投资场所，谁也不能肯定“明天”的行情会是什么样，更不能确定买入的股票是涨还是跌，一切都是未知数，一切尽在“不知中”，“只能赢不能亏”这种唯一的预期导致的炒股压力就可想而知了。正确的方法是，把炒股当做“调味品”，作为生活的一部分，不辞职、不借钱，全当是闲来无事炒着玩玩而已。这样，炒股的压力就会大大减轻。

**二是降低期望值**

有些事情的结果与人的预期和志向成正比，即人的目标、志向越远大，其结果就越精彩。但有些事情却正好相反，比如炒股，如果老是想赢怕输，老是想超越别人、超越大盘，最终往往难以如愿，还会被这种莫名的、不切实际的“期望”折磨着，压得喘不过气来。“事情没办成，心里一团糟”，这叫期望值越大，失望也越大。反之，如果对自己有个恰当的估价、正确的定位，降低期望值，保持平常心，压力就会随之减轻，收益反而会比较理想。当然，降低期望值与必要的努力、付出是不矛盾的。心态上摆正、期望值降低，不等于可以“放任不管”，不去努力学习和实践，而是对自己提出新的、更高的要求，这叫主观上尽最大努力，客观上做最坏打算。事实证明，这种没有压力、期望值不高的投资者，往往是这个市场里为数不多、却能笑到最后的人。

**三是采取折中法**

在具体操作中，要判断大盘和个股在某一位置是高了、还是低了，“明天”到底是该买、还是该卖，的确不是件容易的事。在很多时候，往往会出现误判、错判的情况，因为“市场老师”常常喜欢跟“股民学生”开这种玩笑。怎么办？不妨试试折中法。即，在没有十足把握判断市场和个股方向的时候，始终做到不满仓、不空仓，以便进可攻、退可守，涨可卖、跌可买。这种有股也有钱、涨喜跌不悲的折中方法尤其适合在涨跌不多、起伏不大、看起来有些乏味的市道里。折中法的最大好处在于，可以使人的炒股压力减少到最低限度。比如，当你满仓持股的时候，最大的担心是下跌；但当你逢高出掉部分仓位、希望逢低买回时，同样的下跌就不再成为“担心”，而是变成了希望出现的结果，希望通过下跌买入自己精心选择的目标品种。

由此看来，炒股的压力，是相对的，很大程度上也是与投资者的心态和期望有着密切的联系。其实，只要静下心来，冷静想想，不难发现，投资者好不容易投了资金，费了工夫，来股市投资，目的为啥？无非是为了有一个良好的回报，进而提高或改善自己和家人的生活质量，实现人生的追求和梦想。但如果老是心事重重、带着压力炒股，不仅难以达到上述目的，还会因此弄得疲惫不堪、身心俱损，这岂不成了本末倒置、事与愿违?!

（写于2008年7月27日，原载于2009年7月15日《羊城晚报》）

## 让炒股成为一种生活方式

让炒股成为一种生活方式，听起来诱人，做起来沉重，要做好更不容易！

伴随着经济、社会的快速发展，特别是人类社会进入21世纪以后，人们的工作、学习、生活方式也发生了翻天覆地的变化。炒股进入国人的生活，虽然只有短短十几年的时间，但无论是股民队伍、机构数量，还是交易方式、投资理念等，也都发生了积极而又深刻的变化。

眼下，谈股论经的人越来越多了，选择炒股的人越来越多了，人们对股市、股票和股民的看法也比过去要积极和理性得多。更有不少人甚至像工作、学习一样，把炒股当做日常生活的重要组成部分，当做一种重要的生活方式，使原本就已非常充实的生活变得更加丰富多彩。

这种变化有其积极和进步的一面，也是时代发展的必然结果和今后的发展方向。

作为普通民众，能够生活在当今的大好岁月，赶上如今的大好时光，体验炒股成为一种生活方式所带来的乐趣，真是件值得高兴的事。

**让炒股成为一种生活方式，首先要有强烈的风险意识**

随着股市的触底反弹，随着股指的不断上涨，投资的风险也在不断地积累。如果普通投资者，尤其是新股民，在缺乏风险意识，没有思想准备的情况下，盲目入市，追涨杀跌，不仅达不到赢利的目的，而且还会出现“只赚指数不赚钱”的尴尬局面。如果不是用多余或自由资金来投资，而是用贷款、学费，甚至养命钱，抱着只能赢不能亏的唯一预期，一时冲动，杀进股市“搏”一把，风险就更大，投资人所承受的各种压力也更大，就容易出问题。轻则影响个人和家庭正常的生活，重则导致家庭危机，甚至引发社会问题，给社会和谐埋下隐患。

**让炒股成为一种生活方式，同时要会把握行情的趋势**

如果坚定看好中国经济的发展前景，并且能够清醒地认识到自己是一名普通的投资者，没有过人的短线操作能力，就应该坚定做多；如果没有这样的思想准备，可以选择做空，选择离场。但我发现，在这个市场里面，很多投资者对这一点其实并不清楚，也做不到这一点。一看到指数下跌，便片面地理解为股市要不行了，便沉不住气，自作聪明，“顺势而为”地抛弃掉手中宝贵的筹码，结果割在了“地板价”。当股指一起来，行情开始转暖，又害怕踏空，担心做空的风险，又迫不及待地把股票抢回来，结果又买在了高点。相信在今天的市道里，定会有昨天还非常“谨慎”盲目割肉的投资者，今天又经不住股票上涨的诱惑纷纷再次杀进，从而应验了这句“聪明反被聪明误”的古训。如此往复，日积月累，不是财富的积累，而是亏损的增加。

**让炒股成为一种生活方式，还要树立起正确的投资理念**

随着行情向纵深发展，赚钱效应会逐渐地突显出来。本来，这对广大投资者来说，应该是件好事。然而，不少人急功近利，看到每天有一大堆涨停的股票，就心里发慌，就寝食难安，冲动战胜了理智，频繁地进行追涨杀跌，企盼能够来个一夜暴富。此时，曾经耳熟能详的价值投资、逢低吸纳的理念倒成了“老皇历”、“过时货”；只要会涨就买，越涨越买，管它价格高不高，市盈率有多少，先买了再说，倒大有人在。殊不知，任何事物都有物极必反的时候，股票也一样，没有只涨不跌的股票，也没有只跌不涨的股票；涨多了就要跌，跌多了也会涨，关键是品种要选对，时机要选好，理念要正确，心态要摆正。

让炒股成为一种生活方式，听起来诱人，做起来沉重，要做好更不容易！

（写于2007年12月5日，修改于2009年4月6日，原载于2009年7月3日《经济参考报》）

## 炒股的乐趣从哪里来

炒股的乐趣来自良好的心理素质。因为在多数情况下，没有压力的投资比有压力要成功得多。如果心态再好点，甚至不把“钱”当做“钱”，在观看行情时做到欣赏股市，在参与交易中享受股市，说不定能取得意想不到的投资收益。

连日来，大盘的“脸”像天气，时晴时阴，说变就变，弄得许多投资者的心情也跟着变化，时喜时悲。这不，昨天大盘还走得好好的，今天突然来了个“晴转阴天”，投资者的心情自然也好不到哪里去。

如果长此以往，炒股这东西能不能赚钱是一回事，弄不好还要影响家庭团结、身体健康，这样的话，事情就大了。最近就有不少因为炒股而导致离婚、影响工作、伤了身体的报道。

炒股到底好不好，能不能带来乐趣？记得上次与徐航老师、宁波狙击在一起的时候说起过这个问题。笔者当时说过：股市、股票是个好东西，由于手里拿着股票，可以使自己充满希望和期待，还可以使自己多一份事情做做，充实和丰富自己的业余生活，增加生活的乐趣。记得我说这话的时候，徐航老师还在一旁哈哈大笑。

“炒股的确有乐趣”，这是笔者的真心话。但乐趣是什么，从哪里来？

炒股的乐趣来自强烈的风险意识。作为股民，从进入市场的第一天起，就要有足够的风险意识，不能把“股市有风险，投资需谨慎”当做一种口号，当做“耳边风”。钱投入股市后，既希望能够赢利，同时也要有亏钱的思想准备。只有树立了强烈的风险意识，才能在投资操作中，时时谨慎，处处小心，脚踏实地，从容应对。炒股若是有了这样的“风险意识”，就甭愁“没有乐趣”了。

炒股的乐趣来自正确的投资理念。投资股票的人没有一个是不想赢利的，但往往有许多人会出现事与愿违的结果——亏损。因此，投入股市的资金应尽可能是家庭剩余的，而不是急用的，更不是教育、养老、贷款等资金。这样，投入钱以后，能够赢利最好，即使亏了，也不至于对家庭生活带来大的影响，权当是参加培训交点“学费”。炒股若是有了这样的“投资理念”，就甭愁“没有乐趣”了。

炒股的乐趣来自充分的思想准备。既然把钱投进了股市，就不要有投资时间方面的限制。炒股票不同于存银行，能不能赢利，能赢多少，什么时候赢利，都是个未知数，真可谓“人在股市，身不由己”。股价的涨跌受多种因素的影响，在实际操作中，往往欲速则不达。你越是希望它上涨，它越选择下跌；越希望它立即上涨，它却马上下跌，也就是不依人的意志为转移。如果有投资时间上的限制，就会非常被动；相反，如果是长线投资，没有时间上的限制，就有减亏甚至获利的希望。炒股若是有了这样的“思想准备”，就甭愁“没有乐趣”了。

炒股的乐趣来自良好的心理素质。炒股不能给自己定不切实际的赢利目标，从而给自己带来不必要的心理压力和精神负担。因为在多数情况下，没有压力的投资比有压力要成功得多。而过多的一厢情愿，往往会适得其反。如果心态再好点，甚至不把“钱”当做“钱”，在观看行情时做到欣赏股市，在参与交易中享受股市，说不定能取得意想不到的投资收益，而且，对身心也大有益处。炒股若是有了这样的“心理素质”，就甭愁“没有乐趣”了。

（写于2007年11月30日）

## 让炒股轻松起来

炒股若是有了这“六要”，说不定财神爷正不知不觉、慢慢款款地对你招手、向你敞门、朝你走来了。

在股市投资，不少人喜欢“短炒”。但说实话，频繁的短线操作虽比较刺激，但多少有些紧张，且也并不适合大多数人。长线投资才是在一轮大牛市里能始终立于不败之地、适合多数人、又能做到轻松自如的制胜法宝。大盘从1664点见底反弹以来，涨幅已达五成。在此期间，不少投资者或踏空，或跑输大盘，一个重要原因就是手里的股票拿不住，不知道怎样做才能轻松自如地进行长线投资。

与短线投资有窍门一样，长线投资也不是没有讲究，更不是随便买入一家上市公司的股票放起来即可，而是“长”有“长”的门道，有许多值得我们去注意、去研究的地方。

**一要精挑细选**

在两市1000多家上市公司里，要选择一些质地优良、基本面好、自己熟悉、又较为喜欢的品种，作为“自选股”放起来。对它们进行长期跟踪，掌握其“变化规律”，熟悉其“性格脾气”，以便看准时机，见机“下手”。有了自选股以后，等自己想买的时候，便有了大致的方向。在确定具体品种的时候，要做到精挑细选，选中的目标不能股价太高、不能涨幅太大、已经公布的利好不能太多，看好的人也不能太多。最好是被多数人所不看好，长时间受冷落，像野百合那样。

**二要大小结合**

在选择买入品种的时候，一定要做到大小结合，有大有小。这里的“大”，指的是“大象”、权重股、盘子大、市值大。选这样的品种作为组合的成员，虽然因为股性相对呆滞、短期涨起来难度较大，但往往较为安全。一旦大盘和个股出现下跌，她们会比较抗跌，显得较为安全。但拿着这样“笨重”的股票会很考验人的耐心，尤其是在指数和一些题材股疯涨的时候，持有者会比较难受。但过了“阵痛期”以后，迎接你的将是幸福的明天。这里的“小”，指的是盘子小、股价低、市值轻、题材多，只要不是“问题股”、亏损股、恶庄股即可。这种大小结合的不好之处是收益很难达到最大化，但好处是比较稳妥，无论“八”上涨，还是“二”起来，都会有你的份，而不至于踏错节奏，跟错方向，无所适从。

**三要分散投资**

大小结合，并不等于只要有大有小即可，而是要尽量做到分散投资，做到大有大的“组合”，小有小的“伙伴”。在长线持仓品种里，要有意识地注意大小、行业的有机搭配。而且持有的股票要是自己非常熟悉的品种，买入后可以放心地一路持有。分散投资的最大好处是可以避免因个股的不确定性而出现的系统性风险，即使某一天，某一支股票出现突发性的问题，对自己来说，也只是其中一小部分而已，不至于给自己造成毁灭性的打击，这样才能使自己买得称心，拿着放心。

**四要早买低买**

长线价值投资的一个大忌是犹豫不决、患得患失，结果错过了很多买入的好时机。早买低买的关键，一是时间要尽可能地早，越早越好，二是价格要尽可能地低，越低越好。

**五要沉着应对**

有些朋友可能会说，长线投资原来这么麻烦，既要大小结合，又要分散投资，持有这么多的股票，你“管”得过来吗？是的，如果整天忙进忙出，那肯定是忙不过来。但如果“牢记”这些都是长线仓位，那还用得着这样专注、这般忙碌？另外，只要股市存在，就永远会有波动。只要认准方向，看清大势，无论大盘和个股怎样“折腾”，我等小散始终“闲庭胜步”。当然，要真的能够“享受”这上上下下还的确不容易，毕竟这是白花花的银子啊，谁不想高抛低吸呢！但要知道，高抛低吸不是那么容易的，而且主力、机构又何尝不想如此？再说，一会涨，一会跌，你难受，但主力、机构比你更难受，想到这里，“难受”不就成了“享受”了吗？

**六要闲钱闲心**

“闲钱”就是投入的资金必须是自有资金，自己可以任意支配的资金，没有使用时间限制、没有赢利目标要求，没有任何外在压力，权当是存在银行一样。尤其不能动用教育、养老、生计等费用，不要去银行贷款，更不要用高利贷去借款炒股。“闲心”就是专心做好自己该做的事。在很多时候，不看行情比“死盯”要管用得多。对于好不容易拥有一份工作的人来说，更不要心血来潮，辞职炒股。想问题、做决定，要多从坏处想想，把期望值调低些，不要一心只想着好事。在此基础上，再抽空去关注关注股市。当然，“闲心”也不是可以不问不闻，而是尽可能地做到看而不动，或者多看少动。此外，还要加强学习，做个有心人，利用空闲时间多读读报、上上网、听听广播、看看电视，了解了解行情信息，结交结交同行朋友。这些都是我们可以做、应该做、做得到的。

炒股若是有了这“六要”，说不定财神爷正不知不觉、慢慢款款地对你招手、向你敞门、朝你走来了。更何况，这样的炒股方法和心态，你想不轻松也难啊！

（写于2007年11月1日，修改于2009年4月6日，原载于2009年7月11日《中国证券报》）

## 炒股，怎样才算成功

通过炒股，在不影响工作、学习、生活的同时，使自己工作更加顺心、生活更加充实、目标更加明确、身心更加愉悦，这样的炒股，就是一种成功！否则，整天提心吊胆、紧紧张张，钱赚得再多，又有什么意义呢？

看了这一标题，有些朋友可能会提出质疑：这么简单的问题也会提出来！谁不知道，衡量炒股是否成功的标志，当然是看其能否实现自己当初预定的赚钱目标。

不错，能否实现自己当初预定的赚钱目标，可以也应该成为衡量投资是否成功的标准。毕竟，所有来到这个市场的投资者，都是为了一个共同的目标：赚钱。不然，辛辛苦苦来到这个市场，拿出平时节衣缩食节省下来的钱，专心致志地研究市场行情，何苦呢?!

正因为如此，一些血气方刚的新股民，每当赶上了好行情、选中了好股票、取得了好收益，总会逢人便说我什么时候买了多少数量什么股票，才几天工夫就赚了多少、翻了几倍等等。高兴、激动之情，便会溢于言表，人的一种成就感也会立马体现出来。对此，笔者同样不持疑义。此其一。

然而，股市变幻莫测，常常事与愿违。因此，衡量炒股是否成功的标准，仅有“能否实现自己当初预定的赚钱目标”一项还不够，还要视大盘涨跌、周边环境、政策导向等各方面情况，综合起来加以考虑。比如，当你赶上了一轮大牛市，尽管取得了不错的成绩，但与大盘和其他个股相比，成绩并不出色，同样不能算是成功。反之，假如你遇上了一轮大熊市，尽管你的市值不涨反跌，但假如跌得比大盘和其他个股少，能够跑赢大盘，谁能说这种结果的出现不是一种成功呢?

所以说，尽管没有能够实现自己当初预定的赚钱目标，但能够跑赢大盘，或涨得比大盘多，或跌得比大盘少，也是衡量投资者取得成功的重要标准。此其二。

第三，有的投资者，由于各种原因，既没有实现自己当初预定的赚钱目标，也没能跑盈大盘，但这也不一定就意味着投资的失败。比如，通过炒股，学到了不炒股学不到的知识；通过炒股，结交了不炒股交不到的朋友；通过炒股，丰富了不炒股得不到的生活；通过炒股，练就了不炒股学不会的工夫，等等。所有这些，都是投资股票的收获。

炒股，怎样才算成功？答案肯定不止这些。但有一点，通过炒股，在不影响工作、学习、生活的同时，使自己工作更加顺心、生活更加充实、目标更加明确、身心更加愉悦，这样的炒股，就是一种成功！否则，整天提心吊胆、紧紧张张，钱赚得再多，又有什么意义呢?

（写于2008年7月3日）

# 实战篇：操作，在投资理念指引下

操作，一定要在投资理念指引下，无论是发现、跟踪，还是等待、建仓，都必须要有理由。光有“理念”不执行，或盲目操作无“理念”，都是投资的大忌。前者会使投资“理念”变得毫无意义，后者会使操作缺乏底气、屡战屡败。

# 凯恩股份，值得投资

> 好的投资策略是买入后便一路持有，越跌越买。同时，要有这样的思想准备：买入后或许它会横盘、震荡，甚至下跌，也要坚定持有。

凯恩股份是我长期跟踪的自选股之一，也是我精心“饲养”的“群猪”之一。关注凯恩，是从它上市的第一天起，一直至今。当时深圳的中小板还只有12只股票。我时常关注该股，伴随着它的股价从历史高位21.37元一路下跌。期间，还在4元左右的时候做过一些差价。本人作为一名普通的“小散”不可能对凯恩有更深入的研究，也无法进行正确科学的估值，看好凯恩主要有这么几点理由。

### 1. 大股东减持价为11.74元

在凯恩股改的时候，第一大非流通股股东凯恩集团做出过许多诱人的承诺。其中一条“额外承诺”是：“其所持原非流通股股份自股权分置改革方案实施之日起36个月（即2008年10月31日——笔者注）内通过证券交易所挂牌交易出售的价格不低于11.74元（考虑资本公积金转增股份除权和分红因素后凯恩股份股票的历史最高价）。”这句话，按照本人的理解，至少传递了这么两个信息：其一，大股东拿出对价来股改的目的无非是为了使自己持有的股份由非流通变成流通，而流通的目的无非是为了在二级市场随时可以减持兑现。另外，如果在这千载难逢的大牛市不去减持，在逻辑上、情理上都讲不通。其二，如要减持，价格必须在11.74元以上，否则将承担法律责任。在“承诺事项的违约责任”里，“公司全体非流通股股东均已承诺，如果违反上述承诺，将作为本次股权分置改革的违约方承担由此引发的一切法律责任。”

### 2. 至今未有任何减持动作

目标价至少在11.74元，而目前股价仅9元多的股票，在两市庞大的股票群体里已寥寥无几。从二级市场表现看，凯恩长期以来一直进行震荡整理，即使在日前的大牛市里也没有进行过大幅拉升和被恶炒过。尤其是股改以来，主力较好地控制了它的价格节奏，“5.30”前的最高价也在减持价11.74元以下（最高价11.60元）。主力不让它的股价越过11.74元的减持价，目的无非是为人告诉世人，大股东至今未有任何减持动作（当然它的上市流通起始日未到，暂时也不允许减持）。

### 3. 大股东和基金分别进行了增持

从大股东持股情况看，第一大非流通股股东凯恩集团共持有6705.06万股，占34.42%（2007年11月1日上市流通——笔者注）。至2006年12月31日，不仅没有丝毫减少，还增持了974万股。至2007年6月30日，不仅第一大非流通股股东凯恩集团原有的股份和增持的股份保持不变，而且还出现了基金的“身影”——“中国银行——长盛同智优势成长混合型证券投资基金”新增350万股。

### 4. 股价优势明显

凯恩今天的收盘价为9.44元，距离5月28日的高点11.60元和减持价11.74元还有22.88%和24.36%的“无风险”涨幅。另外，作为大股东和基金大多志在高远，11.74元的减持价绝不会成为凯恩的目标价和今后的最高价。即使按照保守点测算，暂定15元作为目标价，可能一点都不过分。否则大股东可能无法顺利减持，基金也难以顺利脱手。况且基金在作出投资决策前，大都会对公司进行过深入研究。凯恩如果没有估值优势和投资亮点，基金也不会把几千万元的真金白银投入到这样一家所谓的“亏损”公司去（2007年中报每股收益-0.008元）。由此，我们可以联想起当年中国石化、中国国航跌破发行价时的情景：在广大散户一齐抛售的同时，大主力却“来者不拒、统统收购”。看看现在的股价，回过头来想想，当年在它们跌破发行价的时候自己还一个劲地“抛”是不是很傻啊。

至于公司的基本面这里就不说了。有一点提醒一下，在这个市场里面，不少大牛股在启动初期大都不会有特别引人注目的“亮点”。但随着股价的一路上扬，并被大多数人所注意和追捧的时候，在大家争先恐后地前去“争抢”的时候，甚至当公众都发现了它诱人的基本面和众多的利好消息向你“袭来”，你才恍然大悟的时候，恐怕为时已晚。

投资凯恩最适宜的对象是中长线者。因为现在还没有到非流通股股东流通和减持的时候，主力也志在长远，实现上述目标还需要时间，指望在你买入后便立即大幅上涨，来个“一夜暴富”不太现实。好的介入时机是在大盘和凯恩回调的时候，好的投资策略是买入后便一路持有，越跌越买。同时，要有这样的思想准备：买入后或许它会横盘、震荡，甚至下跌，也要坚定持有。如能做到这一点，耐心地一路持有，就可以选择购买它、拥有它。

等待是需要有耐心的，甚至是痛苦的。前段时间，我也曾把这些信息告诉过我的一些亲朋好友，他们中的不少人也曾经都买过它，但都经不住震荡调整，在我力劝无效后大都亏着走了。我替他们感到惋惜。

（写于2007年9月7日）

## 我用“凯恩”和你说话
### ——致醉舞的一封公开信

面对一路持有的散户，主力、机构是毫无办法的，它也就只好乖乖地为你当“抬挤夫”，因为他们的资金、成本压力比你要大得多。

醉舞是我的知己。在看了我昨天的博文《让炒股轻松起来》后，他做了这样的留言："你这样炒股的确轻松，可我好像做不到。即使做长线，我认为，业绩差的股票如果破位，也当立即止损。"看了留言，我感到醉舞说的极是。是啊，在沪深股市短短的十几年里，一些曾经出足风头的"明星"股，由于没有业绩支撑，屡屡破位。在破位后，由于没有及时止损，投资者损失惨重的教训实在是太多、太深刻了。

然而，笔者以为，就具体个股而言，是否止损要因"股"而宜，不能一概而论。博文《让炒股轻松起来》针对的是长线投资、价值投资，前提是品种要选好，"问题股"、亏损股、恶庄股不在其列。我在第"二"点里就特别提到"只要不是'问题股'、亏损股、恶庄股"，才可进行长线投资、价值投资。就说凯恩吧，前几天就已破位，而且不是一般的破位。要是这是只"'问题股'、亏损股、恶庄股"，要是前几年的我，早把它给"毙"了，而且也不会把它列入我的"自选股"，更不会把它当做自己的"群猪"之一，精心地"饲养"起来。

这么看好凯恩，自有我的道理在里头。凯恩股份是我长期跟踪、十分"宠爱"的自选股之一。关注凯恩，是从它上市的第一天起，一直至今，从未间断。记得在当时，深圳的中小板还只有10多只股票时，我就时常关注该股。伴随着它的股价从历史高位21.37元一路下来，而后再反弹、再下跌，上上下下，起起落落，一直陪伴着她到了今天。期间，还在4元左右的时候做过一些差价，挣过一些小钱。

尽管2007年的三季报不太"出彩"，还亏了两分钱，但我依然坚信自己的判断，依然决定与凯恩"为伍"。看好她的理由：一是大股东减持价为11.74元。在凯恩股改的时候，第一大非流通股股东凯恩集团作出过许多诱人的承诺。其中一条"额外承诺"是："其所持原非流通股股份自股权分置改革方案实施之日起三十六个月（即2008年10月31日——笔者注）内通过证券交易所挂牌交易出售的价格不低于11.74元（考虑资本公积金转增股份除权和分红因素后凯恩股份股票的历史最高价）。"在"承诺事项的违约责任"里，"公司全体非流通股股东均已承诺，如果违反上述承诺，将作为本次股权分置改革的违约方承担由此引发的一切法律责任"。二是至今未有任何减持动作。目标价至少在11.74元而今天的收盘价仅7元多的股票，在两市庞大的股票群体里还有几个？从二级市场表现看，凯恩长期以来一直进行震荡整理，即使在两年多的大牛市里也没有进行过大幅拉升和被恶炒过。三是估值优势明显。凯恩今天的收盘价距离5月28日的高点11.60元和减持价11.74元还有很大一段“无风险”涨幅。另外，还有公司基本面方面的许多利好，这里就不一一列举了。

既然这么看好凯恩，那么对凯恩这样的股票就不适合采取“止损术”。她若一路上扬，你就拿着；她若横盘震荡，你就持有；她要是下跌、大跌，甚至破位，同样要紧紧地握在手里，不可以轻易地放弃。相反，此时是难得的建仓良机，该汇集资金、大胆吸纳、从容建仓。

昨天，见凯恩跌成这样，我已想好了今天博文的题目《又到“播种”凯恩时》。没想到，今天在两市大跌之时，凯恩却逆市涨停，成了两市1000多家股票中的“明星第一股”。别说咱“小散”，就连大户室里的人们对她也“刮目相看”了。当然我也不能再说类似“又到建仓凯恩时”这样的话了，否则笔者不也成了类似一些专门在涨停以后推荐股票的“事后诸葛亮”了？

“无奈”之下，笔者只好把今天博文的题目改为《我用“凯恩”和你说话》，顺便把此文作为致友人的一封公开信，就止损的对象、时机等与大家作些交流与共勉。

再多说一句，在这里，笔者没有建议朋友们买凯恩的意思，尤其是在涨停之后，因为追涨不是笔者的风格。但若一心想买，或已经买入，还必须明白，持有凯恩需要有耐心，指望在你买入后便立即大幅上涨，来个“一夜暴富”不太现实。好的介入时机是在大盘和凯恩回调的时候。好的投资策略是买入后便一路持有，越跌越买。同时，要有这样的思想准备：买入后或许它会横盘、震荡，甚至下跌，也坚定持有。如果能耐心地一路持有，就可以选择购买它、拥有它，就能立于不败之地。面对这样的散户，主力、机构是毫无办法的，它也就只好乖乖地为你当“抬挢夫”，因为他们的资金、成本压力比你要大得多。

说句实话，我还真的不希望凯恩用今天这种方式上涨，尤其是在两市大跌之时。上面的话，或许有一些不太妥当的地方，还望醉舞友多多谅解。

（写于2007年11月2日）

## 关于凯恩，再致醉舞

“下跌破位，大胆吸纳”里头不可以忽略的前提就是“品种要选好”。凯恩就是一款我精心挑选的“上乘品”，当然就是“下跌破位，大胆吸纳”了，因而也就不适用你的这种“止损术”。

11月2日，笔者发表了《我用“凯恩”和你说话——致醉舞的一封公开信》。3日晚上，我的知己——醉舞先生就在自己的博客上发表了《就用“凯恩”说事吧》一文，并将同样内容的文字发在了笔者博文的帖子上。

看了醉舞的博文，使笔者深感不安，因为自己这些不成熟的文字，引起醉舞如此重视，连夜赶稿，费心费力，实在不好意思。

平心而论，醉舞不仅是许多博友的老师，同时也是笔者所敬重的知己。这不是因为醉舞是都快网股博大赛“十大博王”之一，不是因为“7个月赚了1000%”这骄人的业绩，而是因为“大病10年终于战胜病魔重返股市”这种顽强的精神，也是因为“醉舞如我，我如醉舞”这种难得的知己情结。

看了醉舞如此认真的“回复”，笔者非常感动，当时就有许多话想说，因为赶上大盘出现阶段性调整，笔者在准备一组“投资分析”博文——《理性看待当前市场系列评述》，没有能够及时作答，只好承诺“对你文中提出的独到观点和精彩点评，我定会认真地加以品味和学习。至于自己的一些不成熟的想法，以后也会抽空再与你探讨，我不会食言的。”现在好了，三篇东西完成了，就可以抽出时间，再与你聊上一聊，方式就采用对话形式好了。

**醉舞：**十分感谢我友，百忙中专门写了《我用“凯恩”和你说话——致醉舞的一封公开信》。现在发表一下我的看法。是的，即使做长线，我认为，业绩差的股票如果破位，也当立即止损。而你却认为是否止损要因“股”而宜，不能一概而论，并举了002012凯恩股份作为正面例子来说明有的股不必止损。

**笔者：**不必客气。知己之间还讲什么客套。你的“业绩差的股票如果破位，也当立即止损”的认识与笔者基本一致，在多数情况下，笔者也是这样想的，而且也是这样做的。还记得“亿安”吗？至于笔者的“是否止损要因‘股’而宜，不能一概而论”这一观点，是一直以来笔者所坚守的，过去和今天都不曾改变，明天也不会有变。拿凯恩作例子，我想应该不会有错，相信今后会有那么一天，凯恩会让笔者自豪，因为我有的是时间。

**醉舞：**首先，你说，“长线投资、价值投资，前提是品种要选好，‘问题股’、亏损股、恶庄股不在其列。”而不知为什么，你所举的例子凯恩股份，恰恰是个亏损股，这不是自相矛盾自打嘴巴吗？最基本的前提条件就不符合。

**笔者：**凯恩是个例外。初亏两分钱，说不定正是主力的“刻意安排”，不在“问题股、亏损股、恶庄股”之列，至少笔者是这样认为的。后面的一句话重了点，笔者就不“答”了。

**醉舞：**其次，以你所列出看好凯恩的三个理由来说，其核心是大股东11.74元的减持价，认为现价与其有（所）承诺的11.74元减持价以及与530高点11.6元有距离，还有很大一段“无风险”涨幅。这完全是一厢情愿，按照你这样的逻辑，没有一个股票是不可以长期持有的，因为它们都出现过高点，都还有一段所臆想的“无风险”涨幅。

**笔者：**你又把我针对凯恩所说的话泛指到了其他全部股票。凯恩的“11.74”减持价以及“11.6”的530高点，与其他品种出现过的高点不同，不是难以跨越的鸿沟，笔者以为，这是必定会越过的价位。笔者对深奥的道理不太懂，但简单的数字还是看得明白的，这“11.74”，笔者从凯恩股改承诺的那一刻起就把它记在了心里头，只要一天不到这个价，就一天不会忘记，也一天不会舍弃。顺便多说一句，以笔者的理解，大股东拿着凯恩的股份不会当饭吃，974万股的份额，占了流通股的8%还多。而且，通过股改不惜付出“对价”取得流通的资格，笔者认为目的只有一个，就是流通变现，而以“承担法律责任”作担保的承诺相信大股东也不会把它当儿戏。若真要减持，在如今千载难逢的大好时光里不减持，更待何时？因此，笔者坚信，凯恩的“11.74”定会到达，且不会太久，笔者有这个耐心陪伴着大股东到达“11.74”这一“理想的彼岸”，这叫做“不是不到，时候未到。”

**醉舞：**个人认为，是不是值得长期投资，不是看它有什么承诺，而是看公司基本面是不是向好，股价是不是物超所值。在这个价值投资盛行的年代，凯恩成为中小板最低价股，被市场所抛弃，难道众多基金都没眼光？这绝不是偶然的。要知道，真正具有长期投资价值的好股票，多是大涨小回的。

**笔者：**"公司基本面是不是向好，股价是不是物超所值"当然要看，你去看看笔者以前的日记，是不是一直以来都是这样认为的？但"承诺"更要关注，尤其是股改时的承诺要牢牢地记在心中。至于凯恩过去的表现，的确无法跟"大牛"们相比，甚至屡伤看好她的股民们的心。但看待一支股票，笔者对它的过去不感兴趣，感兴趣的是将来。你去看一看牛股们的K线，把其中那一段风头正劲的"上升段"盖起来，看看在此之前的形态是不是很可怕啊？你是喜欢"上升"之后介入"参与下跌"，还是"可怕"过后进去"参与上涨"？更何况今天的"中小板最低价股"不一定今后永远会是"中小板最低价股"。笔者喜欢的就是"与众不同"。

**醉舞：**再来讨论一下你所说的越跌越买吧。按照你的说法，下跌破位，大胆吸纳，以你9月7日推荐日算起，9月12日跌破上升趋势线，按9月12日的收盘价开始加买，一路跌，一路买，只会越套越深，到真正见底前，我们是否还有那么多的资金来重仓介入？在空方强大的火力面前，我们是否一定能越过重重关山？你能保证穿过漫漫的黑夜迎来曙光？就凭大股东的一句空头承诺吗？

**笔者：**有些可以忽略的前提，你没有忽略。但"下跌破位，大胆吸纳"里头不可以忽略的前提却被你忽略了。这个前提就是"品种要选好"，凯恩就是一款我精心挑选的"上乘品"，当然就是"下跌破位，大胆吸纳"了，因而也就不适用你的这种"止损术"。至于"穿过漫漫的黑夜迎来曙光"应该没有任何悬念，前面已经说了。

**醉舞：**股改以后，利益攸关，每一个上市公司都想把市值做大，公司能不能做大做好，不是说出来的，而是干出来的。从之前的公开信息来看，介入凯恩的多是游资，也就是说是游资的投机性炒作，而没有机构的投资性介入。

**笔者：**看好凯恩，为什么非要有"机构的投资性介入"？而且机构有没有介入，也不会告诉你我。况且上周五凯恩的逆市涨停，也不能保证这不是机构将要上演的一出好戏的开始。再退一步，对机构笔者同样不感兴趣，机构错，散户对的事也是常有的。“股改以后，利益攸关。”这句话说得太好了，主力不想让凯恩在自己正式流通前涨得太多，说不定主力自有自己的打算，这个你我恐怕就无法知道了，说不准正是股改以后主力的利益使然。至于公司的基本面，最近消息也不少，看一下相关信息即可知道。

**醉舞：**况且，大股东承诺不在2008年10月31日前减持，现在离这时间还早着呢！所以介入时机也值得商榷。过早介入，就算以后能涨，机会成本也太高。市场无情，我们只能顺势而为，该止损时还得及早止损！当然我不是说现在去止损，而是破位时立即止损。

**笔者：**这些观点，说到底是长线投资与短线投资的理念问题。有人喜欢长线，有人喜欢短线。《“长”有短处，“短”有长处》，对此，既不能一概而论，也不便多加评说。譬如，你醉舞是个短线高手，而笔者坚持以长线为主，短线为辅，适当地进行长短结合。另外，既已做了长线，自然就要有长的准备。注意了没有，凯恩就是放在了我的“长线仓”里的。别说是“2008年10月31”只有不到一年的时间，就是两年、三年又有什么关系呢？前两天，笔者还冲动地动用了长线的凯恩借给“短线”做短线，抛出后还紧张过一阵子，担心凯恩接不回来呢！第二天接回凯恩后，心里才踏实。

**醉舞：**放个马后炮，纯粹从技术面来说，以9月12日破位后第二天集合竞价9.70元抛出，在6.10元触及大的整理形态下轨支撑后重新介入，无论从时间成本还是介入成本来说，与你所说的越跌越买来比，哪个更合算呢？

**笔者：**一句话，笔者没有这个能耐和本事。笔者只知道凯恩过去的高点和低点，但不知未来的高点和低点，因而只能老老实实地进行“上上下下的享受”。醉舞如能获悉凯恩今后的高点和低点，告诉一下笔者，一来学学，二来沾点知己的光。

**醉舞：**抢股如抢刀，宝刀虽好，但当它从半空下跌时，却不能去抢，半空抢刀，刀刀见血啊。只有等宝刀跌在地上不动了，我们才可以从容捡取。同理，股价在下跌通道，不能轻易买入，一定得等到跌稳了，才能考虑。

**笔者：**你视凯恩为“刀”，我却当凯恩为“宝”。涨停时，凯恩引来众人羡慕的目光，我却平常心待之；下跌时，大家诚恐诚慌，我却倍加关爱，把她精心地养护起来。今后，若再有那么一天，凯恩再被人抛弃，说不定我还会再迎一部分凯恩“回家”。

**醉舞：**上面唱的都是反调。当然，物极必反，经过大幅下跌风险释放以后，就凯恩目前的股价来说，也没有那么悲观。感觉现在已经是阶段性底部，底是涨出来的，而不是跌出来的。

**笔者：**反调好。其实，当我们进入股市的那一天起，大家就注定是对立的。在某一时点，可供买卖的股票数量是固定的，有人看多、有人看空，有人买进、有人卖出，哪一点不是对立的呢！当然包括醉舞这句非常欣赏的话——“底是涨出来的，而不是跌出来的。”笔者却相反——“底是跌出来的，而不是涨出来的。”

**醉舞：**从基本面来说，毕竟凯恩是国内第一世界第二的电解电容器纸行业，作为细分龙头，在打赢对日本NKK公司的倾销战后，有望出现业绩拐点。如果真是这样，现价长期投资就没大问题了。其次，从大的形态来看，属于整理形态，前些天6.10元的最低价，触及了大形态整理下轨，因此出现反弹也是必然的。

**笔者：**既然如此，又何必当初?

**醉舞：**我也愿意相信，只要基本面向好，凯恩迟早会炒作，但真正走好需要很长时间，周五逆市涨停，也只是游资的投机行为，并不能说明太多。

**笔者：**再解释就要重复了。

**醉舞：**与你笔者儒雅的行文方式不同，我采取了比较激烈的诘问方式，既为知己，相信你不会认为我此举不友好。方式不同，我们求真的愿望都是一样的！写得比较匆忙，分析肯定有不到位的地方，甚至谬误、不当之处，还请笔者与众多朋友批评指正！

**笔者：**非但“不会认为此举不友好”，恰恰认为“这正是友好的体现。”想想看，如果不友好，会有这样中肯、善意的对话，会有笔者醉舞的知己吗?！正是因为“我们求真的愿望都是一样的！”所以才会有今天这样心与心的碰撞、情与情的交融。

在将要结束本文的时候，笔者在想，上面的话会不会太重了，要不要再修饰一下，好在咱俩是知己，还是随意点好，你说是不是啊。

（写于2007年11月8日）

## 凯恩啊，凯恩！

凯恩既然是我精心“饲养”的“群猪”之一，已经“养”了这么久了，对她也有感情了，我自然就不会轻易放手。除非凯恩认为自己已经“长大”了，该“远走高飞”了，我才会放心地“送”她上路。

连日来，大盘“跌跌不休”，弄得许多投资者十分紧张。然而，有一支股票，一改往日的“低调”，在大盘屡屡告急的情势下，拔地而起，放量拉升。短短两周连拉7阳，涨幅高达30%。这支股票，不是昔日风光一时的大盘明星股，也不是曾经出尽风头的高价题材股，而是长期以来，一直在低位徘徊，表现默默无闻，不被众人所看好的第一代中小板品种——凯恩股份(002012)。

说起凯恩，我真的已经没有更多的话要说。在开设才几个月的博客文章里，讲得较多的就是凯恩了：曾经推荐的4支股票有凯恩——《凯恩股份，值得投资》；向亲友介绍的品种有凯恩——“逢低买入，不会有错”；在致醉舞好友的公开信里，还坚持自己的观点，不给好友以“面子”，谈了许多看好凯恩的理由——《关于凯恩，再致醉舞》。唯一没有想到的是，主力会这么着急，行动会这么迅速，实力会这么强大，时机又偏偏选在大盘暴跌的时候。

凯恩是我的“最爱”，也是我的“最恨”。在其上市以来，我一直陪伴着她，度过了艰难的“阵痛期”：人家涨，她不涨，一直在低位徘徊，错过了许多赚钱的好机会，以至于许多人对她失望，离她而去。如今，凯恩也愤怒了，开始发威了，当然也给了耐心持有她的股东们以良好的回报。

凯恩既然是我精心“饲养”的“群猪”之一，已经“养”了这么久了，对她也有感情了，我自然就不会轻易放手。除非凯恩认为自己已经“长大”了，该“远走高飞”了，我才会放心地“送”她上路。

凯恩啊，凯恩！

（写于2008年1月17日）

## 凯恩股份：“1174高地”能否“拿下”

好的介入时机是在大盘和凯恩回调的时候，好的投资策略是买入后便一路持有，越跌越买。

2008年3月5日，在上证指数下跌0.99%的情况下，凯恩股份以11.01元的价格收盘，并以4.36%的涨幅“雄居”两市涨幅榜第141位。K线图显示，近日在大盘剧烈波动、大幅下挫的市道里，连收7阳，离1月17日的高点11.40元仅一步之遥，离大股东承诺的减持价11.74元，也是相距不远。“拿”下“1174高地”（11.74元这一大股东承诺的减持价）可能已为时不远。

凯恩股份是我长期跟踪的自选股之一，也是我精心“饲养”的“群猪”之一。

记得最早的一次看好她是2007年9月7日，题目叫《凯恩股份，值得投资》，放在“推荐股票”的栏目里。当天，上证指数收盘5277.18，凯恩股份收盘9.44元；至今天收盘，上证指数下跌18.66%，凯恩股份上涨16.63%，跑赢指数35.29个百分点。

第二次看好是9月21日，题目是《凯恩股份，机会重现》。依然看好凯恩，文末这样写道：“在随后复牌后，如能回调，将是逢低买入的绝好机会。”当时，上证指数收盘5454.67，凯恩股份收盘8.91元；至今天收盘，上证指数下跌21.30%，凯恩股份上涨23.57%，跑赢指数44.87个百分点。

第三次撰文是11月2日，题目是《我用“凯恩”和你说话——致醉舞的一封公开信》，仍然看好凯恩。当天，上证指数收盘5777.81，凯恩股份收盘7.26元；至今天收盘，上证指数下跌25.70%，凯恩股份上涨51.65%，跑盈指数77.35个百分点。

第四次记录是11月8日，题目是《关于凯恩，再致醉舞》，继续看好凯恩。当天沪指跌4.85%，收于5330.02，深指跌4.21%，凯恩涨1.97%，收盘7.75元；至今天收盘，上证指数下跌19.46%，凯恩股份上涨42.06%，跑赢指数61.52个百分点。

最后一次是2008年1月17日，题目是《凯恩啊，凯恩!》，还是对凯恩情有独钟。当天，上证指数收盘5151.63，凯恩股份收盘11.30元。至今天收盘，上证指数下跌16.67%，凯恩股份下跌2.57%，跑盈指数14.10个百分点。

五次看好凯恩，五次买入机会，至今天收盘，平均跑赢指数46.63个百分点。

对一家普通的亏损股，笔者为什么会如此看好，如此自信？记得当时在推荐凯恩的时候，我说过这样的话，“在这个市场里面，不少大牛股在启动初期大都不会有特别引人注目的‘亮点’，但随着股价的一路上扬，并被大多数人所注意和追捧的时候，在大家争先恐后地前去‘争抢’的时候，甚至当公众都发现了它诱人的基本面和众多的利好消息向你‘袭来’，你才恍然大悟的时候，恐怕为时已晚。”

“投资凯恩最适宜的对象是中长线者。因为现在还没有到非流通股股东流通和减持的时候，主力也志在长远，实现上述目标还需要时间，指望在你买入后便立即大幅上涨，来个‘一夜暴富’不太现实。好的介入时机是在大盘和凯恩回调的时候，好的投资策略是买入后便一路持有，越跌越买。同时，要有这样的思想准备：买入后或许它会横盘、震荡，甚至下跌，也坚定持有。如能做到这一点，耐心地一路持有，就可以选择购买它、拥有它。”

如今，这一切已经成为过去；回忆过去，当然不是为了“回忆”。今天，在凯恩即将向“1174高地”发起冲击的时候，通过对凯恩“发现、买入并持有”的过程进行回顾，既是对过去的一种回味和总结，更是对未来的一种思考和感悟。

在明天、后天，或者未来几天凯恩即将“拿”下“1174 高地”之际，“今天”的这一回忆也算是对“明天”的提前纪念吧。

让我们静静地等待着凯恩“拿”下“1174 高地”这一激动人心时刻的到来！

（写于 2008 年 3 月 5 日）

## 别了，凯恩！

送走凯恩，并不代表对她的预期有所改变。相反，凯恩还会沿着自己固有的轨迹前行。但炒股需要有记性，对自己当初定下的目标和计划应当坚决执行。“赚自己该赚的钱”，余下的利润“不是你的就别再勉强”。

仅仅过了一个晚上，“拭目以待”就变成了过去式。今天上午开盘不久，凯恩便在成交量的配合和整个纸业板块的群起攻击下，一鼓作气，轻松越过了这一“雷池”——“1174”高地。

“1174”——11.74 元，这一数字在笔者的心里已经记存了很长时间，等的就是今天这一天。在拥有凯恩的日子里，无论大盘怎么上蹿下跳，无论凯恩怎么来回折腾，我始终坚信，凯恩会有越过“1174”高地的时候。因此，我曾暗下决心，只要凯恩不到 11.74 元，我也就决不“走人”。

今天中午，见凯恩最高到过 11.88 元，前市收在 11.51 元，既定的目标已经达到，我也就义无反顾地在下午开市后、凯恩冲高过程中以 11.56 元的价格，将持有的 10000 股凯恩全部卖出。

凯恩股份是我长期跟踪的自选股之一，也是我精心“饲养”的“群猪”之一。送走凯恩，并不代表对她的预期有所改变。相反，凯恩还会沿着自己固有的轨迹前行。但炒股需要有记性，对自己当初定下的目标和计划应当坚决执行。“赚自己该赚的钱”，余下的利润“不是你的就别再勉强”。

凯恩走后，暂先留些资金在“长线仓位”，再伺机寻找新的目标。假如，凯恩能有回调，适当的时候还可以再次接回，这要看凯恩还愿不愿意回到主人的怀抱了！

别了，凯恩！

（写于2008年3月6日）

# 十度出击，八中目标

《与指数比高低》比的时间虽然只有短短的一个月时间，但已初战告捷，跑赢了大盘指数。尤其是在许多股民普遍感到“赚了指数未赚钱”的特殊时期，更是难能可贵，应该知足了。

10月7日的日记有一篇特殊的博文，题目是《与指数比高低》。说的是，为进一步增强文章的可看性，也有助于笔者与博友之间的交流与互动，“在节目期间，本人又筹资64080元，作为短线操作资金，取名《短线实盘》，从8日起开始运作。”到今天，《短线实盘》栏目推出刚好一个月，《与指数比高低》比的结果到底怎么样呢？

真是不比不知道，一比才知道，收获真不少。结果如下：

起始日期：2007年10月8日。上证指数：5552.30。起始资金64080元。目前上证指数：5954.77，涨7.25%；市值74930元，资金505元，合计75435元，涨17.72%。

十度出击，八中目标，已是万幸；大盘涨7.25%，笔者的市值涨17.72%，更是难得。这其中，固然有大牛市的“配合”，幸运的成分在里头。但其中所感悟的一些体会，还是值得笔者好好地去总结一番，现予以归纳如下。

一要果断出击。十度出击，八中目标，其中有两次中了“靶心”（10

环），即有两个涨停板。一是8日16.01元买入的中卫国脉3900股，9日就出现涨停。于是便毫不客气地以17.50元卖出获利了结（今收13.75元）；二是15日52.80元买入的中兴通讯1300股，16日因中兴通讯召开股东大会停牌，17日再次出现涨停，便迅速以58.10元卖出（今收54.66元）。

二要见好就收。短线操作的一大问题，是未能做到见好就收，往往使短线变成了长线，使赢利变成了套牢，甚至大亏。如8日买入的中卫国脉，第二天就出现涨停，本打算该股这么好的业绩，可以再拿一拿，但考虑短线就是短线，严格按照计划行事，是必须遵循的原则，故进行了及时的换股操作。也正是因为换股操作，才有了一天涨幅超过10%的收益。再来看看今天的收盘价（今收13.75元），如当时不及时卖出，今天不仅没有赢利，还要亏损许多。

三要买熟悉股。26.40元买入的北京城建，虽然止损出局（卖出价25.20元）。但因对其股性和质地的熟悉和了解，以及其良好的表现，也使短线实盘资金在大盘大跌时“躲过了一劫”。另外，以38.05元“抢进”的平煤天安1800股，也是本人非常看好的品种，诚实基金已于10月16日以47.93元买进了2万股，我等它已有时日，见低点出现，终于买了个称心的价格，已是非常满意了。

四要严格止损。十次出击，共有两次止损。结果证明，两次止损，都是难得的“逃命”良机，否则，后果不堪设想。10日以8.32元买入的凯恩股份8400股，一看形势不妙，便以8.25元的价格果断止损（今收6.99元），如放到今天，将损失惨重；26.40元买入的北京城建2800股，也在25日按计划选择了冲高止损（今收28.70元）。

五是心态要好。有两次卖出，选择了上班前按计划委托集合竞价的方式。一是26日以52.63元买进的中兴通讯1300股在29日早上上班前以54.80元的价格委托卖出，结果在下午2时以后，在一波急冲中，早上的委托顺利成交。时隔一天，有4%的收益，已符合心里预期。二是30日以15.55元买入的新海股份3015股，在31日早上上班前，同样以集合竞价的方式，以16.12元的价格委托卖出，结果也顺利成交。集合竞价买卖股票，有可能买进后下跌，卖出后上涨，对此，一定要定好计划，不怨不悔。

《与指数比高低》比的时间虽然只有短短的一个月时间（开头还有个国

庆长假，实际交易时间只有18天），但已初战告捷，跑赢了大盘指数。尤其是在许多股民普遍感到“赚了指数未赚钱”的特殊时期，更是难能可贵，应该知足了。接下去，今年还剩最后两个月时间，仍需继续努力，争取更好的战绩，以便调整好心态，准备足“子弹”，以迎接千载难逢、气势如虹的“2008奥运年”大行情。

附：操作清单

【出击一】8日：16.01元买入中卫国脉3900股。

【出击二】9日：17.50元卖出中卫国脉3900股，9.32元买入林海股份7300股。

【出击三】10日：9.67元卖出林海股份7300股，8.32元买入凯恩股份8400股。

【出击四】11日：8.25元卖出凯恩股份8400股，16.34元买入中卫国脉4200股。

【出击五】15日：16.45元卖出中卫国脉4200股，52.80元买入中兴通讯1300股。

【出击六】17日：58.10元卖出中兴通讯1300股，26.40元买入北京城建2800股。

【出击七】25日：25.20元卖出北京城建2800股，38.05元买入平煤天安1800股。

【出击八】26日：38.79元卖出平煤天安1800股，52.63元买进中兴通讯1300股。

【出击九】29日：54.80元卖出中兴通讯1300股；30日：15.55元买入新海股份3015股。

【出击十】31日：16.12元卖出新海股份3015股，6.34元买入太龙药业11800股。

（写于2007年10月31日）

## 操作：在投资理念指引下

操作，一定要在投资理念指引下，无论是发现、跟踪，还是等待、建仓，都必需要有理由。光有“理念”不执行，或盲目操作无“理念”，都是投资的大忌。

买、卖股票，要有理由，要在正确的投资理念指引下进行。2008 年 6 月 25 日下午开市后，我的“长线仓位”以 4.15 元的价格，买入新乡化纤 10000 股，就是在这种理念的指引下完成操作的。下面简单介绍一下这种投资理念。

### 1. 发现，需要有投资理念的指引

如果没有记错的话，投资新乡化纤，我还是第一次。为什么会选择她？说起来还与博友“快乐帅哥”有关。2007 年 10 月 23 日晚上，开博不久的我，“收”到了“快乐帅哥”的一条留言：“老师，我想问一下 000949（新乡化纤）和 600153 要如何操作，套了很多了，谢谢。”收到留言后，我特意查了一下新乡化纤的资料、K 线和最新收盘价，发现该股当天收在 14.48 元，属于涨幅已大的“危险品种”。随后，马上作了如下回复：“新乡化纤三季报已公布，业绩非常好，且年报业绩预告喜人。可惜近年涨幅已大，这么好的业绩有被提前透支之嫌，近期加速赶底要引起重视，建议反弹出局。”发出了第一次“警告”，同时，也初次“结识”了新乡化纤。这一“发现”过程所渗透的理念，就是我平时常说的，买入股票前，一定要对目标品种基本面有个大致的了解。

### 2. 跟踪，需要有投资理念的指引

关于新乡化纤，和“快乐帅哥”的第二次沟通是在半年后。2008 年 4 月

27日，“快乐帅哥”再次在网上作了留言：“大哥，我以后可能没时间看盘了，想想这段时间盯盘耽误了许多该做的事，现在准备忙工作了，就晚上回来看下，这要如何操作？能否给指点下？还有000949帮忙看下，我16元多买的，业绩这么不好，要换股吗？谢谢大哥了。”当天该股收盘价为6.40元。既然当初“发现”了新乡化纤这一目标，为什么没有及时买入，而从14.48元开始跟踪，一直到6.40元，才渐渐感到机会的可能降临？这一“跟踪”过程所包涵的理念，就是我在文章里曾经说过的“涨幅也是硬道理”这句话。

### 3. 等待，需要有投资理念的指引

时隔两天，4月29日，就“快乐帅哥”留言提出的两个问题，我在博文里以《“上班族”怎样炒股？——兼致“快乐帅哥”》为题，分别作了回复。其中对新乡化纤的看法所作的留言是：该股2007年业绩很好，每股收益达到了0.53元，而不是你所说的“业绩这么不好”，只是2008年一季度业绩预告出现大幅下降。从股价走势看，从低点1.79元开始上涨以来，最高涨到17.78元，股价正好翻了10倍，主力获利非常丰厚。从你买入的价格来看，16元多买入的价格，几乎买在了最高价，要在短期内解套难度很大。不过以今日收盘价6.30元看，本轮跌幅也大，技术上已经超卖，短线有反弹可能。另外，该股没有港股直通车的担忧，近期也没有大小非解禁的压力，3亿限售股要到明年6月才解禁，近期无忧。明天该股将披露2008年一季报，可密切关注，如有资金，可以适量补仓，以降低成本，或博些短差。近日，如有回调，我也打算适量买一些。既然打算适量买一些，为何没有当即买入，而且选择了等待？这一“等待”过程所体现的理念，就是我常说的耐心是金，尤其是在买入股票时切忌操之过急。

### 4. 建仓，需要有投资理念的指引

在6月25日买入新乡化纤的当晚，“快乐帅哥”在我的博文后作了如下留言：大哥，你买入了新乡化纤，可我的新乡化纤现在我还坚守着，她可是套死我了，可能要成了N年的股东了，真是恨啊，想想大哥的“买菜经”，相同的“菜”，大哥比我便宜了N倍，晕。该股昨天收盘价为4.27元。当

然，4.15 元的成本，也不能断言，就一定没有风险了，但有一点，以这样的价格买入，至少在我的心里，还是比较踏实的。而且，这次“建仓”过程所体现的理念，连“快乐帅哥”这样的新手也看得一清二楚，那就是我多次强调的“多学学大妈的买菜经”，以及炒股需要有记性等。

投资新乡化纤的故事，让我深受启发：操作，一定要在投资理念指引下，无论是发现、跟踪，还是等待、建仓，都必需要有理由。光有“理念”不执行，或盲目操作无“理念”，都是投资的大忌，前者会使投资“理念”变得毫无意义，后者会使操作缺乏底气、屡战屡败。

（写于 2008 年 6 月 27 日）

# 评论篇：散户的钱是这样亏掉的

“甜药”在散户心中埋下亏钱的“种子”，“诱惑”送散户上了“贼船”，“倔强”让散户掉入“陷阱”，“突变”使散户作出断臂“壮举”。以上“四步曲”告诉人们：散户的钱就是这样亏掉的。

## 市值为什么会与股指相背离

造成许多股民亏损的原因是多方面的。权威机构在调查后认为主要有四方面原因，即盲目入市、心态不稳、频繁买卖和迷信消息。

2007年9月28日，是2007年前三个季度沪深股市的最后交易日。至下午3时收盘，两市91%的股票都以红盘报收，广大投资者企盼股市惯性上涨迎国庆的心愿也终于变成了现实。

9个月过去了，全年的时间只剩下了1/4。利用国庆长假，不少投资者可能都要对过去三个月投资的成败得失和收益情况进行一番盘点。的确，今年以来，上证指数从2675.5点开始上涨以来，经过短短9个月时间，到9月28日收盘已达到了5552.30点，上涨了107.52%，涨了整整一倍还多。作为投资者，辛辛苦苦地忙碌了大半年，账户里的市值也该有相应的上涨了吧！

然而，可以肯定的是，有人跑赢了大盘，也有人未能跑赢大盘，甚至还有人出现亏损，且未能跑赢大盘和亏损的应该不在少数。

为什么？因为各种原因，股民们账户里的市值常常与股指相背离，指数也越来越难以真实地反映投资者真实的收益情况。

以9月24日（周一）为例。这天，上证指数涨了30.34点，但我账户里的市值却不涨反跌，心情自然是不“爽”，因为没能跑赢大盘；再看看妻的账户也是缩水，且“缩”的幅度比我还要大，心中多少有了些慰藉，原来跑不赢大盘的还不止我一个；中午，和朋友一起外出办事，这位朋友告诉我，他上午的市值也逆市下跌，缩水2万余元（约-3%），原来像朋友这样的“高手”也会跑输大盘啊；一个在原单位工作时的好友说，她今年入市后，常常废寝忘食地研究股票、关注行情，不停地买进卖出，但至今仍没有赢利。

不仅这些我身边的普通散户的市值未能与大盘指数一样“水涨船高”，就连“高手”云集的股票基金也跑不过大盘。最近，有一份统计资料或许最能说明问题：“2007年以来，在121只股票基金中，只有3只跑赢沪深300指数。过去一年里（2006年9月18日至2007年9月17日），只有两只股票型基金跑赢沪深指数。”

股民和基金跑不过大盘，只要不亏钱，还算是幸运的。因为像今年这样的大“牛市”仍有不少人在亏钱！据权威机构最新的一项调查显示，今年仍有约三成股民炒股亏损。尽管造成这三成股民亏损的原因是多方面的，权威机构在调查后认为主要有四方面原因，即盲目入市、心态不稳、频繁买卖和迷信消息。

说这些，不为别的，只想说明：在许多情况下，股指涨跌，已不能真实、同步地反映投资者账户里市值的增减。对于相当多的投资者来说，股指往往是“失真”的，有时甚至表现为“严重失真”。对此，相信有相当数量的投资者深有体会。

按理说，在这世上，最公开、公平、公正的，当属股指。因为股指完全是随着市场上千余支股票的波动而波动，不带有任何人为的因素。不管是谁，任何人都无法去控制和改变股指。所以，对股指的真实性毋庸置疑。

但上述例子和统计资料却又明白无误地告诉人们：股指的确又不太真实，股民的市值屡屡与股指相背离。

市值与股指相背离，往往会掩盖投资者收益的真实性。一般人都以为，股指一涨，投资者的市值也会“水涨船高”，跟着上涨。其实不然。不少投资者都有这样的体会：近一段时间以来，每当大盘大涨，不少投资者的市值却小涨、不涨甚至下跌；大盘小涨，市值不涨反跌，甚至大跌；大盘小跌，市值大跌；大盘大跌，市值更是冲锋陷阵地暴跌。类似现象似乎已成为了一种常态。对此，新入市的股民想不明白，老股民却习以为常。

市值与股指相背离，还会导致舆论导向的片面性。眼下，一提起股市，人们自然会产生丰富的联想：大盘从千点起来涨了多少多少倍，股民发了多少多少财，等等。并由此得出这样的结论，大盘该调调了，股指该压压了，否则大盘越往上走，积累的风险也会越大。于是，一些调控措施出来了，或加息，或增加交易成本，或加快发行新股的速率，等等，目的只有一个，希望以此来给股市降降温。

大盘涨了这么多，投资者到底有没有赚到钱？手中的钱包是不是也像指数那样“鼓”了这么多？股市是不是真的该降降温了？相信看了上面的文字以后，定能找到答案。在这里，笔者顺便建议我们的管理层和一些专家、学者，多深入到股市、股民中去，充分掌握股市里的第一手资料，了解和掌握在股市上涨的同时，普通投资者盈亏的真实状况，为作出正确科学的决策提供正确、有益的依据。同时建议股民朋友们在节日期间，在好好休息、适当放松的同时，抽点时间，给自己充充电，学会并掌握牛市制胜的法宝，坚持价值投资和中长线投资的理念，防止和避免“市值与股指相背离”这一反常现象的再次出现，做到既赚指数又赚钱，以分享大牛市所带来的投资收益和快乐。

（写于2007年9月28日）

## 告诉你大盘真正的点位

### ——理性看待当前市场系列评述（上）

有买就有卖，这是市场的不二法则，谨慎也没有错，这是能够在纷繁复杂的市场里始终立于不败之地的重要法宝。

大盘从998点起涨以来，运行到日前6000点关口，涨幅达5倍还多，不少投资者开始担心形成头部，担心中期调整。已经赢利的，担心大赢变小赢，小赢变亏损；没有赢利，甚至亏钱的，担心小亏变大亏，大亏变巨亏。总之，连日来，看空的声音明显占了上风，操作上，不少人开始趋向谨慎，有的已经减仓，有的正在减仓或准备减仓。

有买就有卖，这是市场的不二法则，谨慎也没有错，这是能够在纷繁复杂的市场里始终立于不败之地的重要法宝。但是，如果我告诉你，上证指数其实并没有那么高，11 月 2 日收的 5777. 81 点是个失真的指数，上证指数的真正点位只有 3797 点，4 成的股票甚至连 3000 点都不到。而且大盘和个股已经调整了近三个月的时间，更有人已经在别的股票上大赚特赚以后，正准备让你去接他们的高价筹码，再从你的手里“夺”过低廉的筹码的时候，你心里会怎么想，打算走还是不走，打算卖不卖股票？

卖不卖股票、卖什么样的股票，都是投资人个人自己的行为，但笔者想说的是，上证指数的真正点位的确只有 3797 点，有 4 成的股票的确连 3000 点都不到，而且大盘的确已经调整了近三个月的时间。

10 月 29 日，笔者曾对长期跟踪的全部 25 只自选股，按“5. 30”和“6. 20”两次大跌后形成的双底作为起涨点，到 10 月 26 日收盘时的上证指数和个股收盘价格，计算出个股涨跌幅相对应的指数，发现当时的上证指数为 5590 点，而 25 支股票对应的指数平均为 4887 点，失真了 703 点。

尽管指数仅失真了 700 多个点，但打开 K 线一看，发现许多股票其实根本不是那么回事。有的连连阴跌已达数月，有的大幅下挫已是腰折，有的已是从哪里来到哪里去，更有甚者已跌得面目全非。这些股票里不乏质地优良、属于错杀的品种。眼看着一个个自己中意的股票倒在原地，笔者想到的不是清仓，不是离场，而是去把它捡起来，养起来，而是感到手头可支配的资金太少、太少。同时，也使笔者产生了一种强烈的感觉，大盘指数不仅没有 5590 点那么高，甚至连 4887 点也没有，于是就试着从另外一个角度去探寻指数真实的点位。

采集方法：还是选择笔者长期跟踪的 25 只股票，按照近半年来（4 月 30 日至 11 月 2 日），个股高点出现的日期作为调整开始的日期，并采集这一天该股的最高价和当天的上证指数最高点位，作为调整幅度计算的起始价位（点位），并以此测算出 11 月 2 日个股收盘时所对应的实际指数。

下表说明：时间取 2007 年 4 月 30 日至 11 月 2 日；高点时间：前两位为月份，后两位为日期；最高：指当天的最高价，前两位单位元，后两位角、分；上证：指个股出现高点当日的上证指数最高点位；最新：指 11 月 2 日个股的收盘价；对应：指个股的收盘价所对应的上证指数；调整时间：天，从个股高点出现日到 11 月 2 日止，计算天数时包括交易日和非交易日。

举例："亚盛集团高点时间 0528"——该股的高点出现于 5 月 28 日；"最高 1496"——最高价为 14.96 元；"上证 4284"——同日上证指数的最高点 4284 点；"最新 0682"，该股 11 月 2 日的收盘价 6.82 元；"对应 1953"——6.82 元的价格相当于上证指数为 1953 点（按比例方法计算）；"调整时间 158"——从最高点下来已调整了 158 天。

备注：全部数据采用人工计算，尽管力求仔细，但难免会有差错。其中大唐发电为除权价（仅考虑 10 送 10）。

| | | | | | | |
|---|---|---|---|---|---|---|
| 上证指数 | 高点时间 1016 | 最高 6124 | 上证 6124 | 最新 5778 | 对应 5778 | 调整时间 017 |
| 中国银行 | 高点时间 1101 | 最高 0758 | 上证 6005 | 最新 0748 | 对应 5928 | 调整时间 001 |
| 工商银行 | 高点时间 1101 | 最高 0900 | 上证 6005 | 最新 0865 | 对应 5771 | 调整时间 001 |
| 中国人寿 | 高点时间 1031 | 最高 7598 | 上证 6002 | 最新 7060 | 对应 5577 | 调整时间 002 |
| 中国联通 | 高点时间 1016 | 最高 1185 | 上证 6124 | 最新 1018 | 对应 5261 | 调整时间 017 |
| 中国平安 | 高点时间 1024 | 最高 1493 | 上证 5907 | 最新 1317 | 对应 5211 | 调整时间 009 |
| 兴业银行 | 高点时间 1029 | 最高 7050 | 上证 5750 | 最新 6351 | 对应 5180 | 调整时间 004 |
| 大秦铁路 | 高点时间 1016 | 最高 2738 | 上证 6124 | 最新 2182 | 对应 4880 | 调整时间 017 |
| 湖北迈亚 | 高点时间 0910 | 最高 1376 | 上证 5357 | 最新 1242 | 对应 4835 | 调整时间 053 |
| 广深铁路 | 高点时间 1015 | 最高 1140 | 上证 6039 | 最新 0895 | 对应 4741 | 调整时间 018 |
| 平煤天安 | 高点时间 1010 | 最高 5178 | 上证 5861 | 最新 4083 | 对应 4622 | 调整时间 023 |
| 长丰汽车 | 高点时间 0917 | 最高 1849 | 上证 5427 | 最新 1400 | 对应 4109 | 调整时间 046 |
| 重庆钢铁 | 高点时间 0918 | 最高 1029 | 上证 5459 | 最新 0741 | 对应 3931 | 调整时间 045 |
| 中国国航 | 高点时间 0921 | 最高 3000 | 上证 5489 | 最新 1968 | 对应 3601 | 调整时间 042 |
| 北京城建 | 高点时间 0622 | 最高 4000 | 上证 4249 | 最新 2886 | 对应 3066 | 调整时间 133 |
| 大唐发电 | 高点时间 0809 | 最高 5196 | 上证 4769 | 最新 3302 | 对应 3031 | 调整时间 085 |
| 潜江制药 | 高点时间 0524 | 最高 1117 | 上证 4208 | 最新 0794 | 对应 2991 | 调整时间 162 |
| 杭州解百 | 高点时间 0529 | 最高 1357 | 上证 4336 | 最新 0878 | 对应 2805 | 调整时间 157 |
| 梅雁水电 | 高点时间 0528 | 最高 0875 | 上证 4284 | 最新 0550 | 对应 2693 | 调整时间 158 |
| 凯恩股份 | 高点时间 0528 | 最高 1160 | 上证 4284 | 最新 0726 | 对应 2681 | 调整时间 158 |
| 四川长虹 | 高点时间 0620 | 最高 1300 | 上证 4312 | 最新 0792 | 对应 2627 | 调整时间 135 |
| 吉电股份 | 高点时间 0611 | 最高 1089 | 上证 4000 | 最新 0704 | 对应 2586 | 调整时间 144 |
| 铜锋电子 | 高点时间 0529 | 最高 1028 | 上证 4336 | 最新 0555 | 对应 2341 | 调整时间 157 |

续表

| | | | | | | |
|---|---|---|---|---|---|---|
| 上海九百 | 高点时间0525 | 最高1275 | 上证4190 | 最新0689 | 对应2264 | 调整时间161 |
| 华茂股份 | 高点时间0528 | 最高2580 | 上证4284 | 最新1347 | 对应2237 | 调整时间158 |
| 亚盛集团 | 高点时间0528 | 最高1496 | 上证4284 | 最新0682 | 对应1953 | 调整时间158 |
| 平均 | | | | | 对应3797 | 调整时间082 |

从上表可以看出，虽然上证指数从高点6124点下来，才调整了17天，跌幅也不大，只有5.6%，至上周五仍高居5778点，但25支股票对应的上证指数平均只有3797点。其中对应指数在5000点之上的只有6家，占24%；4000点以下的多达14家，占56%；不到3000点的有10家，占40%；最低的亚盛集团所对应的上证指数甚至只有1953点。调整时间平均也有82天，即大盘已调整了将近三个月的时间。

先来看看大盘。再次被空方所言中，好在也在笔者上周五的预料之中："先低开低走，后触底反弹。"今天，也低开了，也反弹了。只不过反弹比预计的要弱，好像是匆匆的过客，然后，便是连连的下跌。最终两市均以超过2%的跌幅收场。

再来看看个股。以前是指数涨，多数股票跌，投资者看着心烦；今天是指数跌，多数股票涨，投资者扬眉吐气。昨天的《星期天特刊——每周投资报告》（8）介绍的6只股票，除中国联通略有下跌外，其余5只在两市跌幅均超过两个点的情况下全部出现上涨，尤其是日照港、中兴通讯、中新药业涨幅较大，华东医药、招商轮船等也以红盘报收，明天仍有逢低介入的机会。

再来看看石油。今天是中国石油的上市日，正如有些人所预料的那样，出现了高开低走的走势，似有一步到位之嫌疑。开盘48.60元，最高48.62，最低41.70元，收盘43.96元。

再来看看石化。看到中国石油上市，不能不让人想起6年前中国石化上市时的情景。中国石化上市日期：2001年8月8日，发行价：4.22元，开盘4.60元，最高4.70元，最低4.31元，收盘4.36元，然后一路阴跌，到2003年1月创下了2.93元的新低。石化、石油，一字之差，真是冰火两重天！咱小散既然在6年前不敢买3、4元钱的石化，自然也就没有胆量买40多元的石油，不过，笔者已经把它加到了"自选股"里，也好有空观赏观赏。

再来看看我妻。出门前给我留了张纸条，让我一大早便捧腹大笑。半路出家的她也来凑热闹了，要我以13.55元的价格委托卖出她的中卫国脉4900股（昨收12.35，真不知她以这个价委托的依据是什么），同时要求用卖出的钱在30元以下买入中国石油。看了纸条，心想，咋会所有的好事都轮到她啊，这不笑才怪！但笑归笑，“最高指示”还是执行了，只不过是白忙了一场。

最后来看我的。按照计划，上班前参与集合竞价：6.02元卖出太龙药业11800股（短线仓位，涨3%），7.62元卖出凯恩股份10000股（涨5%）。两笔委托全部于上午顺利成交。考虑到凯恩属于“贷股”还股的操作方式，加上太龙在低位，于是又准备回补，在下午上班前以7.48元委托买入凯恩，5.80元委托买入太龙，但均未能成功，明天上班前继续排队，不知有没有人愿意以这样的价格转让给我，但愿能够成交，否则凯恩上去以后，短线就还不出了。

（写于2007年11月5日）

# 上证指数：怎样才能做到“真实有效”

## ——理性看待当前市场系列评述（下）

要认识到，大盘实际的点位可能并没有自己所看到、听到的那么高；投资者的实际收益，也没有预期中的那样多；跑赢指数的恐怕只有少数人，甚至还有不少人在大牛市里仍然亏着钱。

指数，尤其是上证指数，是多年来广大投资者投资决策时十分重要的参考依据。曾几何时，人们大都以上证指数作为向导，结合具体个股，作出相应判断，进行买卖操作。无论是对于促进中国资本市场的发展，还是对于普通投资者的决策参考，上证指数都功不可没。

然而，由于“二”、“八”群体结构的不断调整，投资者在实际操作中，上证指数的参考作用越来越弱化，已不能准确反映全部（至少是多数）个股的走势，从这个意义上说，指数是“失真”的。投资者如果据此操作，很有可能会导致投资依据的盲从，也难免会使操作决策错误。

近年来，随着新的“大象”群体的不断加入，上证指数的失真愈演愈烈。如今的上证指数，与其说是上证指数，倒不如说是“大象指数”来得更为贴切。曾几何时，石化、工行都称得上是“老大哥”，如今都已变成了“小儿科”。就以中国石油为例，它的一举一动，就足以使上证指数上蹿下跳，再加上其他老二、老三、老四们的涨跌，真不知会影响指数多少个点。从这个意义上讲，上证指数其实就是少数大象们的指数。更何况，说不定没过多久，中国石油的“老大”位置又不知道会被谁取而代之。

由此我在思考这样一个问题，指数，特别是上证指数，能不能也来个与时俱进，来个彻底改变，使其尽可能地做到“真实、科学、合理、有效”，以便像以往一样，给投资人当向导、作参考。

譬如，指数能不能不以市值所占的权重为计算依据，而改为以个股的平均涨跌幅来计算，暂且叫它“价格指数”。或许这样能更真实地反映股价的起落和投资者持仓市值涨跌的真实程度。既然许多投资者都在抱怨“跑赢大盘怎么这么难，什么时候自己的市值才能跟着指数走啊?”假如以个股的平均涨跌幅来计算相关指数，说不定这一问题就能得到有效的缓解。

譬如，指数能不能不以市值所占的权重为计算依据，而改为以投资者的收益程度来计算，暂且叫它“收益指数”。指数涨，表示投资者的平均收益也同步上涨，指数跌，表示投资者的整体收益也同步下降。看指数如同看收益，要看收益只要看指数就行。这样，投资者“赚了指数不赚钱”、“大盘涨，市值跌”，“大盘的牛市变成了极少数人的‘盛宴’”的局面或许就能迎刃而解。当然，随着将来股指期货的推出，投资者又多了一个新的投资方式，部分投资者就能如愿。但股指期货毕竟风险大于机遇，相信对于绝大多数投资者来说，仍不会轻易地前去冒险，因而也难以从根本上解决这个问题。假如以投资者的收益程度来计算相关指数，就能使这一问题得到一定程度的缓解，说不定还会受到广大投资者的欢迎和拥护。

譬如，指数能不能不仅仅以市值所占的权重为计算依据，而改为以市值所占的权重，再结合上市时间的前后来分别计算，暂且叫它“旧股指数”、

“新股指数”。这样做的好处是，可以使指数在一定时间内，保持真实，起到参谋作用。但问题是“旧股指数”虽然是稳定了，但“新股指数”由于新成员的不断扩充，仍是充满着变数。而且“旧股指数”原有的问题也没有从根本上得到有效的解决。

再譬如，如果指数一定要以市值所占的权重为计算依据，那么能不能把“大象”和“小鸡”加以区分，使“大”和“小”、“二”和“八”各有各的指数，各有各的家园，暂且叫它“大盘股指数”、“小盘股指数”。若真能做到这样，不同的投资人可以根据各自的爱好，选择相应的市场，有针对性地进行投资，以避免当前由于指数失真而导致的“大象”和“小鸡”浑水摸鱼，而使投资者在决策时无所适从，甚至屡屡做反这一问题的出现。

还有，在新的指数尚未建立以前，管理层也好，专家、学者也好，不要光看指数，以为指数涨了，普通投资者的市值也一定就会跟着上涨。要认识到，大盘实际的点位可能并没有自己所看到、听到的那么高；投资者的实际收益，也没有预期中的那样多；跑赢指数的恐怕只有少数人，甚至还有不少人在大牛市里仍然亏着钱。有了这样的共识，相信以此作出的判断和决策，会更有针对性和科学性。

（写于2007年11月7日，修改于2009年5月30日，原载于2009年6月3日《中国证券网》）

## 工行到底该不该涨

果真是因为“工行一涨，害了大家”？如果从另外角度分析，是不是可以说，正是因为有了工行的上涨，才使大盘转危为安，也正是从这个意义上说，工行上涨，功不可没！

“国庆”前两个交易日，加上本周前4个交易日，共计6个交易日，上证指数最大涨幅超过了550点。这其中，工商银行功不可没，在同期6个交易日里，工行从低点6.31元启动，到高点8.02元止，最大涨幅达到27.10%。这次上涨给那些坚持价值投资理念，长期看好、一路持有她的股东们以良好的回报。

然而，就在工行“大象”经过长期的“沉默”开始起舞之际，各种不同的声音也随之而来。妻说“工行一涨害了大家”，言下之意，大盘天天涨，自己的市值不涨反跌，都是工行给害的；周边一些炒家、高手、老股民也没见谁买了工行，市值同样与大盘背道而驰，心里同样非常着急，也把问题归根于工行的上涨。对此，昨天收市以后，叶弘在新浪博客上发表了题为《大盘暴涨：为什么让人这样难受?》的文章，对此现象作了深入、透彻的分析，读后让人深深回味。

果真是因为“工行一涨，害了大家”？如果从另外角度分析，是不是可以说，正是因为有了工行的上涨，才使大盘转危为安，也正是从这个意义上说，工行上涨，功不可没！

好了，说的这些都或多或少带有一些情绪化，还是理性地来分析一下，工行到底该不该涨，为什么会涨，涨多少才是合理的？

先来看看深发展。深发展从2005年3月的低点5.05元启动以来，一路上扬，到本周一创出了42.62元的新高（不考虑除权因素，下同）。短短的两年零7个月时间涨幅高达743.96%。深发展的走势充分表明，同为金融大象的工行没有理由不涨。

再来看看其涨幅。本轮行情从最低点998点启动以来，大盘涨了约5倍，一些牛气冲天的股票更是不知翻了多少个跟斗，甚至连一些没有任何投资价值的垃圾股也涨得人“喘不过气来”，涨得连持有者自己也不敢相信。而工行却在上市整整一年的时间里，一直在箱体内震荡运行，从最低点3.25元起来，到今天最高点8.02元，也才涨了1.47倍，涨幅严重滞后于大盘和其他个股，按照物极必反的道理，工行也没有理由不涨。

再来看看其价格。在今天两市交易的1365家上市公司中，股价最高的中国船舶最高价已达到300元，100元以上的达到了8家，50元以上的达到了83家。而工行尽管今天又涨了2.64%，但收盘价仍在8元以下，收于7.79元，屈居倒数第105位，甚至比一些垃圾股的股价还要低。如此低价、低估值的品种，工行同样没有理由不涨。

最后看看其质地。工行是我国最大的公司银行、个人银行、电子银行服务提供行。截至2006年末，公司的个人贷款和存款余额均列中国商业银行之首，市场份额分别为15.0%和19.7%；在中国境内拥有16997家机构，在境外还拥有98家分行、子银行、代表处和网点。截至2007年3月31日，该行总资产为人民币78808.06亿元，被《亚洲银行家》杂志评为“中国国有最佳零售银行”。如此这样质地优良的股票，在两市实属不多。如此看来，工行这家人人都看得见、摸得着的绩优、白马公司，更没有理由不涨。

当然，话还得说回来，工行到底该不该涨，什么时候涨，涨多少才是合理的？谁说了都不算数，最终的决定权在市场。值得提醒一句的是，几年以后，当你突然想起工行，再来看她价格的时候，千万别说：“当年我怎么那么糊涂、那么幼稚啊！”

（写于2007年10月11日）

## 野百合也有春天

千万别忽略、轻视了路边的“野百合”。说不定哪一天，当盛开的鲜花纷纷凋谢的时候，正是野百合们鼓足干劲、昂首挺胸、纷纷表现的时候。

你可知道我爱你想你怨你念你，深情永不变。

难道你不曾回头想想，昨日的誓言。

就算你留恋开放在水中娇艳的水仙，别忘了寂寞的山谷的角落里野百合也有春天。

“野百合也有春天”，说得多好啊！其实在股市的1000多家股票中又何尝不是如此呢。

一个月前（9月25日），两市大盘大幅震荡，在几次触及5500点后，在5400点上方，多空双方反复搏杀。当天有两件事情引起了广大投资者的关注：一是建行上市，新股申购，对于短期市场的资金面和投资者的心理层面带来了较大的压力；二是当时强势板块之一——航空板块出现了整体暴跌，其中不少前期表现抢眼的航空股全部跌停。

与此同时，前期表现平平、默默无闻、甚至被不少投资者纷纷抛弃的野百合——冷门股，却出现了逆市上涨。

在9月23日《星期天特刊——每周投资报告》（3）里，笔者在“下周值得重点关注的品种”里，重点介绍了4个品种。这4只股票的共同特点是基本面较好，但涨幅相对较小，跌幅较大，属于风险小、机会大的品种。时隔两天，在强势股集体杀跌的同时，这些野百合都出现了不同程度的上涨。同样是这些股票，前一周推荐后，逆市下跌，给看好它的主人丢了脸面；一周后，这些野百合却成了千绿丛中“一点红”，又给它的主人捡回了一点面子。

在那些强势板块、强势股票纷纷“表现”的日子里，这4只野百合就像路边的小草，不被众人践踏就已算万幸，更别指望会受到大家的喜爱和青睐了。

明知道是野百合，为什么还要推荐它们？就是鉴于所谓的强势品种已有明显的被人为抄高的痕迹，价值已有被高估的嫌疑，涨幅已大，风险也大，已不适合散户参与；而野百合们长期以来与牛市无缘，有的甚至逆市下跌。涨幅小，风险也小，正是“小散”们投资的好品种。尤其是对于其中一些基本面不错、有较大估值优势，甚至被错杀的品种，相信会有它们表现的那一天。故在一周前推荐的基础上，“斗胆”再次作了推荐。

这4只野百合抢眼的表现充分说明：“野百合也有春天”。顺便提醒朋友们一句：千万别忽略、轻视了路边的“野百合”。说不定哪一天，当盛开的鲜花纷纷凋谢的时候，正是野百合们鼓足干劲、昂首挺胸、纷纷表现的时候。

（写于2007年10月26日）

## 散户的钱是这样亏掉的

一个多月前，绵世股份股价在30元的时候，妻非要我替她买入不可；一个多月后，还是这家绵世，股价跌至13元多的时候，妻非要我替她卖出不可。通过这件事，我突然感悟，散户的钱原来是这么亏掉的！

“甜药”在散户心中埋下亏钱的“种子”，“诱惑”送散户上了“贼船”，“倔强”让散户掉入“陷阱”，“突变”使散户作出断臂“壮举”。以上“四步曲”告诉人们：散户的钱是这样亏掉的。

2008年6月16日，央视《经济半小时》栏目联合和讯网等四家网站发起调查，共有76万名投资者参加。结果显示，自2007年1月1日至今，参与调查的投资者中亏损者的比例达到92.51%，赢利的投资者仅有4.34%，勉强保本的投资者为3.15%。如此大范围的亏损，即便在过去的熊市中，也极为罕见。调查结果还显示，在亏损的投资者中，有59.98%的人目前亏损额占其金融财产的50%以上。

这么多的人，亏了这么多的钱。无论是局内人，还是局外人，都无不为之感到震惊和惋惜！

炒股票，说起来其实挺简单，无非就是在低位买入，在高位卖出，获取其中的差价，达到赢利目的。即使不小心在高位买入，只要不在低位卖出，也不能算“已经”亏损。然而，就是这么简单的事儿，散户的钱，还是屡屡亏掉。那么，在没有人逼你，完全自愿的情况下，投资者为什么会头脑发热在高位买入？又为何会鬼使神差在低位卖出？问题究竟出在哪里？有没有值得注意、可以避免的地方？

对此，我常常百思不解。然而，一个多月前，绵世股份股价在30元的时候，妻非要我替她买入不可；一个多月后，还是这家绵世，股价跌至13元多的时候，妻非要我替她卖出不可。通过这件事，我突然感悟，散户的钱原来是这么亏掉的！再进一步，通过对个中原因进行分析，还可发现，散户亏钱，基本上都离不开以下“四步曲”。

### 1. “甜药”埋下亏钱的种子

投资失利前，散户们也尝到过甜蜜的滋味，然而，正是这味“甜药”埋下了亏钱的“种子”。2007年，初入股市的妻首战的目标是华夏银行。由于股票选得对路（严格意义上说是运气的成分多一些），加上牛市的配合，刚好赶上华夏银行的主升浪，短短几天时间，就从买入时的10元左右，涨到20元，妻果断获利了结，赚了一倍。首战告捷，不仅使老股民的我羡慕不已，而且使初涉股海的妻信心倍增。从此，尝到了吃糖甜味的妻，终于由一个昔日讨厌股票的人，变成了对股票情有独钟的“股票迷”，也正是这味“甜药”，在妻的心中，埋下了亏钱的“种子”。

### 2. “诱惑”送散户上了“贼船”

目标出现后，会向你招手，会让你心动，然而，正是这种“诱惑”送散户上了“贼船”。妻第一次领教股海险恶的是中卫国脉。当时，买入的时候，中卫的图形非常漂亮，随后，在主力的打压下，中卫开始了“高台跳水”。妻也未能幸免于难，在股海“呛”了头口水后，终于抵挡不住杀跌的恐惧，在低位缴械投降，赚钱不成，结果做成了“高吸低抛”、亏损后认输出局。其实，妻要是在高位买入前多一分风险意识，就不会去中主力精心设下的圈套，也不会上了主力早就准备好的“贼船”。即使不小心上了“贼船”，在低位要是不恐惧，也完全可以在日后中卫的大涨中解套或获利。

### 3. “不服输”让散户掉入“陷阱”

初遇风浪时，还有种“不服输”的精神，然而，正是这股“强劲”让散户掉入“陷阱”。中卫的教训还在眼前，妻又经不起两市一板涨停股票的诱惑，见绵世股份在大市暴跌的情况下逆市大涨，再看绵世的图形，非常漂亮、正在走标准的上升通道、大有填满权的架势。于是，就以29元的价格追入了绵世股份2000股。然而，等妻买入后，绵世一反常态：大盘涨，它不涨；大盘跌，它大跌；大盘大跌，绵世跌停。尽管如此，妻还是有“不服输”的精神，然而，正是这股“强劲”让妻一步步掉入“陷阱”。

### 4. “突变”击破信心，壮士“断臂”

原形毕露后，散户被吓坏了，信心被击溃了，然而，正是这一“突变”使散户作出了断臂的“壮举”。自5月13日妻买入绵世股份算起，仅仅过了一个多月，绵世的股价跌掉了一半还多，从买入时的29元跌到本月24日的低点13.20元。每天看着绵世阴跌、暴跌不止，妻再也按捺不住了，“这可是我平时省吃俭用节省下来的钱啊，老这样跌下去何处是尽头啊？”妻每天对我说得最多的话就是这句“要不要抛这该死的绵世？”言下之意就是要我择机替她卖出绵世。我说，我也没有办法帮你，29元买的，才几天工夫，13元要抛，下得了手吗？我边说边在想，散户的断臂“壮举”原来是这样作出的。

不过，有过中卫的教训之后，这次我劝她不要再犯同样的错误，等等再说。随后，在大盘上涨过程中，绵世连续两个涨停，周末大盘跳水，绵世也表现得非常抗跌。

散户的钱，是怎么亏掉的？很多人的心里，其实并不十分清楚。笔者经过总结，发现以上“四步曲”，大致构成了散户亏钱的一个轮回。日复一日，年复一年，随着这种轮回数量的不断增加，投资者亏损金额也不断积聚，一步步由当初的美好梦境，变成了最终噩梦的降临。

（写于2008年6月29日，原载于2008年7月5日《大众证券报》）

## 为“牛”市亏钱的股民把脉

2007年，短短的9个多月时间，上证指数又翻了一番还多。按理说，在这样大好的形势下，作为股民，不管是谁，或多或少，都应该挣了些钱。但据权威部门最新的一项调查显示，仍有约三成的股民炒股亏损。

从998点起来的这轮“牛”市，到底要“牛”到什么时候，“牛”到什么点位，谁也不知道。知道的是，到今天已经“牛”了两年多，涨了4倍多，尤其是2007年，短短的9个多月时间，上证指数又翻了一番还多。按理说，在这样大好的形势下，作为股民，不管是谁，或多或少，都应该挣了些钱。但据权威部门最新的一项调查显示，今年仍有约三成的股民炒股亏损。据悉，“牛”市亏钱的股民，大体可分为4类，现分别予以“把脉”。

【类型之一】盲目入市型。在成都锦江区天涯南街开理发店的小陈，听客户讲在股市赚了多少多少后，终于也心动，筹资8万元，投入了股市。陈对股市一无所知，完全听从朋友的建议，开始小有所获，后因“5.30”大跌和追涨杀跌，共亏了3万余元。

【笔者点评】在对股市一无所知的情况下盲目入市，实不可取；入市后，不学习、不研究，完全听从朋友建议，也不可取；追高买入，低位卖出，屡屡做“亏本生意”，更不可取。

【类型之二】心态不稳型。袁女士是1993年入市的老股民，经历过投资10万元缩水到1万元的过程。2006年12月，袁以7.9元的价格买入了上海机电。2007年2月，当上海机电涨到12元左右的时候，生怕再坐“电梯”的袁把上海机电卖了。8月，当上海机电涨到37元时，害怕踏空的袁又以时价买入了该股2000股。随后，该股出现下跌，目前已浮亏19%。

【笔者点评】先追涨后杀跌，以及先低卖后高买，是心态不稳的典型表现。因贪婪而追涨，因恐惧而杀跌，是出现这一心态的根源。类似袁女士投资上海机电的现象，相信不少投资者都程度不同地经历过。心态不稳的背后，反映出的是内心的矛盾：既然在37元时要担心踏空，那么在12元时又何必去担心坐"电梯"？既然在12元时担心坐"电梯"，那么在37元时又何必去担心"踏空"不"踏空"？

【类型之三】频繁买卖型。退休干部老沈2006年入市，一共拿出了5万元存款投入股市。最初一个月，老沈还略微获利1000多元。遭遇今年"2.27"暴跌后，老沈变得十分谨慎，每次买入股票后，一有下跌就卖出。仅轻纺城一支股票，他就来回操作了30多次。频繁的操作，不仅没给他带来收益，反而越亏越多，至今已损失了40%以上。

【笔者点评】"谨慎"本身没有错，错的是像老沈这样的"谨慎"不叫谨慎。遭遇"2.27"暴跌后，本该吸取教训，从容应对才是，但沈却专等买入的股票下跌后卖出，好像专门是为亏钱而买的。尤其是在一支股票上，一错再错，错上加错，实在不该。这样的操作，亏才不怪，不亏才怪。

【类型之四】迷信消息型。某公司经理吴先生虽是位2007年6月才入市的新股民，但却有自己的"王牌"——有三个在不同的证券公司工作的亲戚。依靠这些亲戚们提供的"内幕消息"，开始时吴先生也小赚过一笔。"9.11"大跌后，"内幕消息"告诉他，大盘要跌到3000点，于是，吴就在下午收市前，以跌停价卖出了在高位买入的"消息股"，一下亏掉了3万多元。令吴先生没有想到的是，就在吴清仓的第二天，股市开始了连续多日的大幅反弹。

【笔者点评】伴随着股市的发展壮大，各种各样所谓的消息也铺天盖地向股民袭来。有人因听信内幕消息而发财，但更多的人却被所谓的"内幕消息"所害。这就叫"成也消息，败也消息"。其实，你只要稍微想想，就不难明白：真有这样的"活雷锋"会向你提供消息，牺牲自己，去富别人？真有消息，他会自己不买，提供给你我？如真有这样的好事，岂不太阳从西边出、东边落?!

（写于2007年10月18日）

## 七成股民跑输大盘：尴尬背后的反思

频繁换股是导致牛市跑输大盘的头号“杀手”；底部做空是导致牛市跑输大盘的一大“硬伤”；追涨杀跌是导致牛市跑输大盘的“致命伤”。

不知不觉中，2009 年股市头 5 个月的交易已悄然“收盘”。与 2008 年股灾相比，2009 年头 5 个月两市的表现，可以用一个字来形容，那就是“牛”！

【七成股民跑输大盘】1 月 5 日，2009 年头一个交易日。正当人们还沉浸在去年熊市的阴影里，思忖着要不要吸取教训、控制风险，轻仓甚至空仓时，沪深股市一改去年的阴霾，立马显出牛相。上证指数和深证成指以分别上涨 3.29% 和 2.30% 两根中阳，双双实现“开门红”，拉开了牛市“大戏”的序幕。

随后 5 个月，在更多股民的犹豫、彷徨中，两市高举高打、势不可挡，指数屡创反弹新高，个股更是牛气冲天。至 5 月最后一个交易日，上证指数月线连拉 5 阳，从 1820.81，到 2632.93，一鼓作气涨了 44.60%，深证成指涨幅更大，达到 56.16%，两市平均涨 50.38%。一些个股你追我赶，轮番表演，有的股价已翻倍，有的则连翻几个跟头，而且依然没有停歇的迹象。大盘和个股的强劲表现，大大出乎许多投资者年初的预料，更让那些保守、谨慎的投资者看不懂、道不明。

同样让人看不懂的是，指数和个股的强势表现，并没有使多数投资者的市值跟着水涨船高。牛市赢利的投资者并没有如人们想象的那样多，涨幅也没有想象的那样大，收益能够跑赢大盘甚至跟上那些牛股节奏拉出“长阳”的投资者更是寥寥无几，而不赢反亏的倒大有人在。

先来看一个实盘。1 月 10 日，浙江某著名媒体的证券周报推出了类似实盘比赛的栏目——“20 万元投资组合”。至 6 月 5 日收盘，参与实盘操作的三位选手“一赢一平一亏”，全部跑输大盘。同期上证指数涨44.57%，深证成指涨58.74%，平均涨幅51.66%。战绩最好的T，收益率为33.95%，跑输指数17.71个百分点；第二名G几乎打了个平手，收益仅为3.42%，跑输指数48.24个百分点；收益最差的是X，在指数上涨51.66%的情况下，竟逆市亏损8.67%，跑输指数60.33个百分点。三位选手收益无一超过大盘，平均跑输指数42.09个百分点。

再来看一组数据。这是《上海证券报》联合证券之星开展的“千点反弹股民现状”网络调查。截至5月20日20时，超过6000位投资者参加了这一调查。结果显示，尽管7个月中大盘涨幅高达60%，四成个股股价翻番，但在参与调查的投资者中，只有四成投资者表示有收益，但获利幅度只在0~60%之间；仅有一成投资者表示获利丰厚，资产升幅超过100%；出人意料的是，在“千点反弹”期间，还有三成投资者的资产升幅为负，其中两成股民表示略有亏损，一成股民甚至表示亏了很多。换言之，在参与调查的投资者中，多达七成的投资者跑输大盘。

【尴尬背后的反思】熊市亏钱，没啥说的，但牛市跑输大盘甚至亏损，却着实让人匪夷所思。上述三位选手若是刚入市的新股民，抑或是操作手法、心态、技术有问题，跑输大盘也不足为奇。问题是，这些选手，都是久经沙场、身怀绝技的老股民，而且赶上了2009年这难得一遇的大牛市，结果还是出现了平均跑输指数42.09个百分点的尴尬局面。

无论是实盘选手，还是普通股民，“失败”已成往事，尴尬也不可怕。真正可怕的是，“失败”过后仍未醒悟，尴尬之后重复犯错。鉴于这一考虑，利用周末闲暇，笔者将记录着三位选手参赛数据的报纸一一找出，循着他们操作的足迹和脉络，找寻导致跑输大盘的背后原因，进行些许反思，以期给更多的人以启迪。

### 1. 实盘T

开赛第一天——1月12日，T以开盘价5.35元全仓买入山西焦化37300股，第二周就将其卖出。以后，T又先后在沙隆达、澄星股份、海虹控股、泰达股份、金牛能源等多只股票上来回操作。最终，在三位选手中，T以33.95%的收益率胜出，但未能跟上大盘节奏，跑输指数17.71个百分点。

【反思一】频繁换股是导致牛市跑输大盘的头号“杀手”。T曾以选股精准、快进快出著称，其最大的特点是几乎每周都要换股，而且多数以周一开盘价买入或卖出。这种操作手法，在大盘和个股处于缰持或震荡阶段，具有一定的优势，但在一轮大牛市里，往往得不偿失。多动不如少动、少动不如不动的炒股经，在牛市里尤为适用。假如T采取买入后一路持有策略，不仅操作起来更轻松，而且收益率也更高。以金牛能源为例，T的买入价为22.60元，卖出价为22.85元，6月5日收盘价已涨到了35.59元，但因为拿不住，五成多的收益就这样灰飞烟灭。即使一路持有买入的首支股票山西焦化，涨幅也达46.54%，比频繁换股多出收益12.59个百分点。

**2. 实盘G**

2009年第一波也是最大的一波反弹行情自1月13日起至2月16日止。从实盘赛开始，G一直空仓，不敢买入。直至2月16日，大盘已连涨19天，涨幅高达28%时，G终于忍不住，首次建仓华夏银行（9.68元）。然而，从G建仓的次日起，大盘随即出现了连续两周、同时也是今年以来幅度最大的一次调整，给G致命一击。好在半个月后，G抓住时机以9.68元的买入价顺利脱手。这一仗，G空手而归。3月9日，G二度出手，12.65元建仓海通证券，9天后又以12.70元的价格几乎平手出局，再一次无功而返。就这样，G一空仓，大盘就涨，G一进场，大盘就跌，一次次踏空，一次次错失良机，最终只收益3.42%，跑输指数48.24个百分点，与牛市失之交臂。

【反思二】底部做空是导致牛市跑输大盘的一大“硬伤”。在读者的心目中，G堪称捕捉“黑马”的高手。2007年实盘赛期间，G曾因准确捕捉并长期重仓持有大黑马风帆股份（7.30元买入，36元卖出），实现赢利411.24%的目标而一举夺魁，给读者留下过深刻印象。正当人们再次期待G在今年的牛市里再捕“黑马”、再创辉煌之时，G却交了份差强人意的答卷。回眸G的参赛轨迹，不难发现，底部踏空、错失机会，是导致其牛市跑输大盘的重要原因。股市就是这样，期待的往往落空，担心的常常发生，本想空仓等跌，结果涨了又涨；曾经有过辉煌，并非永远会赢；高位满仓风险极大，低位空仓风险同样不可小视。还有，如果说低位空仓是“一错”，那么高位追涨就是“错上加错”。

### 3. 实盘X

相比前两位选手，X似乎“运气”更差，不仅没能跑赢大盘，而且成了唯一一位牛市亏钱的参赛选手，而导致这一结局的“罪魁祸首”当属福星股份。新年伊始，福星股份俨然成了两市仅有的几只明星股之一，在短短一个半月的时间里，涨幅就超过60%，吸引着众人的目光，也刺激着X的神经。2月14日，X在“操作计划”里，作出了大胆而又危险的决定——“下周一7.5元全仓买入福星股份”。周一，X如愿以偿，满仓福星。随后9个交易日，福星大幅杀跌，X市值同步跳水。两周后，X咬牙卖出。这一卖，就使X的收益，由原来的赢利7%变成了亏损13%。此后，大伤元气的X再也不敢冒险操作，从3月2日一直空仓到了5月11日，同期大盘则由2066点涨到了2646。最终，X的收益逆市下跌8.67%，跑输指数60.33个百分点，这一“战绩”成了6月5日收盘时X的一段刻骨铭心的记忆。

【反思三】追涨杀跌是导致牛市跑输大盘的“致命伤”。“炒股切忌追涨杀跌”这一老掉牙的警句，常被一些人视作耳旁风。然而，实践反复表明，追涨杀跌往往没有好结果，十有八九要吃亏，等待X的当然也不例外。X曾因短线激进而名噪一时。实盘赛开始阶段，X也曾在津劝业上成功出击，取得过超过7%的收益。然而，这位短线高手最终还是“晚节不保”，“伤”在了追涨杀跌这一低级而又传统的险招上。面对亏损成绩单，眼睁睁地看着大盘和个股尽情狂舞，个中味道，是苦还是涩，只有X本人才能品得到。

5个月，弹指一挥间；未来，路还很漫长。三位选手，留给人们的反思远非仅此。这些反思，也不仅仅只针对三位选手。其实，许多股民在投资炒股中，都或多或少曾经犯过或仍在犯着上述选手犯过的错误。正因为如此，及时进行尴尬背后的反思，才显得十分必要和紧迫。

（写于2009年5月30日，修改于2009年6月7日）

# 风险控制亟待加强

明知道这种价值为零的认沽权证，参与风险极大，而且在最后交易日的前一天，深交所通过各种途径，反复作了“风险提示”，为何参与者仍趋之若鹜？

先出道题目：明知道肉包子打狗有去无回，你还愿意花钱买来包子往狗身上扔？恐怕多数人的回答是“不愿意”。

再来个假设：假如有一种“投资”，只有风险，不可能有收获，你还愿不愿意拿出自己的真金白银去参加这种所谓的“投资”？我想，多数人同样会选择“不愿意”。

然而，在现实生活中，这样的人还大有人在。

2008年3月26日是五粮认沽权证的最后一个交易日。稍微有点投资知识的人都知道它的实际价值早已为零，在今天即将结束市场交易的最后一天，也就不会去参加这种类似的“死亡游戏”，去作出无谓的牺牲。

因此，我时常在思考这样一个看似非常天真的问题，即：在这种价值为零的认沽权证的最后一个交易日，在开盘集合竞价的时候，应该只有卖出的人，没有买入的人；所有持有这种权证的人都会在第一时间，不计成本，选择清仓。

然而，我错了，错得真是有些天真。每当这一天来到的时候，不仅有买入的人，而且还不少；不仅成交非常活跃，而且价格还不低。

3月26日中午，前市收盘以后，我特意去看了一下五粮认沽权证委托买、卖各五挡的价格和数量。不看不知道，一看吓一跳。

委买：0.049元，数量212848手；0.050元，数量185482手；0.051元，数量211343手；0.052元，数量104211手；0.053元，数量35303手。

委卖：0.054 元，数量 57398 手；0.055 元，数量 15475 手；0.056 元，数量 42818 手；0.057 元，数量 97879 手；0.058 元，数量 30889 手。从委买和委卖的力量对比看，要求买入的数量明显大于卖出。

如果说，此时毕竟离“退市”还有两个小时的时间，个别人心存侥幸的心理尚可以理解的话，那么在下午收市时，也就是一丝希望都没有的时候，还出现了大量的买盘，就使人难以置信，怎么也无法理解了！

从交易所显示的信息可以看到：五粮认沽权证全天共成交 57645481 手，这样一个价值为零的交易品种，全天成交金额居然达到了 2.85 亿元。也就是说，在这些投入的热钱中，如果在今天收市前没有及时出手，将全部有去无回。

不知道经常光顾笔者日记的朋友，有没有人在参与权证交易，特别是买入价值为零、即将到期的认沽权证？但愿没有！

明知道这种价值为零的认沽权证，参与风险极大，而且在最后交易日的前一天，深交所通过各种途径，反复作了“风险提示”，为何参与者仍趋之若鹜？笔者以为，原因大致有二：一是明知故犯，投机心理使然。由于权证实行的是 T+0 交易制度，且涨跌幅度比正股品种大得多，一些人在赚大钱、赚快钱的诱惑下，不顾风险，盲目行事，造成大错；二是缺乏基本的权证知识，造成损失。

对第一种情况，尽管属于参加者“愿者上钩”，但相关部门和会员单位同样不能忽略进一步加强教育警示的工作；对第二种情况，相关部门和会员单位的教育警示任务就显得更加艰巨和紧迫。

以华菱认沽权证最后交易日的交易为例。据悉，在 2008 年 2 月 22 日“华菱认沽权证”最后交易日，有 3.78 万个账户参与买入，其中 89.39% 的账户亏损，合计亏损 0.75 亿元，最大亏损账户亏损 60.66 万元，买入并持有到期的 1.01 万个账户中有近三成账户以前从未交易过权证，八成以上的账户为持股市值在 4 万元以下的中小投资者。当日净买入前 100 名账户中，有 54% 的账户的亏损额超过其持有深市市值的 80%，有 42% 的账户将其在深市市值全部亏完。其中，一个福建地区的个人投资者在收盘集合竞价前 3 分钟，连续买入 821 万份，亏损 9.51 万元。此前，该账户持有的深市市值最大约为 10.57 万元，盲目买入“华菱认沽权证”导致该投资者几乎将其在深市的资产全部亏完。

相信类似的例子，不会只此一个。在此，建议广大投资者牢固树立价值投资理念和风险控制意识，不去从事机会和风险不对等的交易。有关部门和会员单位在进一步加强风险监控和警示教育的同时，采取切实有效的措施，教育、劝导，甚至在必要的时候阻止这种非理性的操作，以免投资者出现“无谓的损失”。

（写于2008年3月26日）

## “股神”许国鸿自灭家门案引发的思考

到底是什么原因导致了许国鸿一案的发生，我们该从中汲取哪些教训？

“老天爷，你为什么不睁眼？为什么要有股市？你让我倾家荡产还不够，竟叫我求生不得，求死不能啊……”一度被誉为“股神”的南京股民许国鸿，被法院判处“无期徒刑，剥夺政治权利终身”后，疯狂地咆哮着、挣扎着，泪流满面地喊道：“女儿啊，爸爸对不起你！”

许国鸿自1990年入市，从6000元起家，在不到三年的时间里，就已赢利近200万元。他在当地名声大振，被人们尊称为“股神”，有人甚至称他为南京的“许百万”。

自2000年4月开始，许国鸿开始接受外人的委托资金，并以“投资三年，50%的回报率”作为代人炒股的规则，当年底可支配的股金就达到600多万元。但这次，他不仅没有赢利，反而亏损了300多万元。在倾家荡产、巨债压顶之际，许国鸿竟丧心病狂地亲手掐死了自己的女儿后自杀未遂，因为有自首情节才免予死罪。

日前，不少媒体都以《炒股代价岂止倾家荡产》为题，刊登了“股神”许国鸿自灭家门一案。看了这一报道后，笔者也和其他读者一样，感到极为震惊，并在思考这样一个问题：到底是什么原因导致了许国鸿一案的发生，我们该从中汲取哪些教训?

首先，要有强烈的风险意识。作为股民，从进入市场的第一天起，就要有足够的风险意识，不能把“股市有风险，投资需谨慎”当做一种口号，当做“耳边风”。钱投入股市后，既希望能够赢利，同时也要有亏钱的思想准备。只有树立了强烈的风险意识，才能在投资操作中，时时谨慎，处处小心，脚踏实地，从容应对。

其次，要亏得起。投资股票的人没有一个是不想赢利的，但往往有许多人会出现事与愿违的结果——亏损。因此，投入股市的资金应尽可能是家庭剩余的，而不是急用的，更不是教育、养老、贷款等资金。这样，投入钱以后，能够赢利最好，即使亏了，也不至于对家庭生活带来大的影响，权当是参加培训交点“学费”。

再次，要沉得住气。既然把钱投进了股市，就不要有投资时间方面的限制。炒股票不同于存银行，能不能赢利，能赢多少，什么时候赢利，都是个未知数，真可谓“人在股市，身不由己”。股价的涨跌受多种因素的影响，在实际操作中，往往欲速则不达，你越是希望它上涨，它越选择下跌；越希望它立即上涨，它却马上下跌，也就是不依人的意志为转移。如果有投资时间上的限制，就会非常被动；相反，如果长线投资，没有时间上的限制，就有减亏甚至获利的希望。

最后，要降低自己的赢利预期，更不能定不切实际的目标，给自己带来不必要的心理压力和精神负担。因为在多数情况下，没有压力的投资比有压力要成功得多。而过多的一厢情愿，往往会适得其反。如果心态再好点，甚至不把“钱”当做“钱”，在观看行情时做到欣赏股市，在参与交易中享受股市，说不定能取得意想不到的投资收益，而且，对身心也大有益处。

以上是读了许国鸿一案后的一些感想。愿所有的投资人，在今后的投资路上，多一些理性和思考，少一些冲动和鲁莽。也愿许国鸿一案留给人们的警示作用是深刻和长远的。

（写于2007年9月20日）

# 大小非其实没那么可怕

大小非其实没那么可怕，由大小非解禁带来的短期阵痛或许更有利于股市的长期发展，中国股市的明天依然十分美好。

### 短期阵痛或许更有利于股市的长期发展

大盘和个股在不到一年的时间里砍掉了7成，来了个“3折大甩卖”，有的个股下跌幅度更大，用暴跌、惨跌、股灾来形容，都不为过。那么谁是导演这场股灾的罪魁祸首？市场内外比较一致的看法是：大小非的疯狂抛售、减持是导致市场暴跌最主要、最直接的原因之一。不少人由此得出这样的判断：如果大小非问题解决了，市场就会重拾升势，否则，大小非问题如不解决、不对大小非的减持问题下狠心、动真格，似乎两市就难有艳阳天。

这些观点听起来似乎有些道理，也容易引起广大中小投资者的共鸣，但细细想来，笔者实不能完全苟同。其实，大小非问题不是今天才有，而是由来已久，只不过在行情好的时候，大家情绪比较激昂，往往会忽略大小非解禁对市场可能带来的冲击；而在行情低迷的时候，这些冲击又会被人为地放大，一些人还习惯地把股灾的责任往大小非身上推。舆论方面，从大盘本轮调整的第一天起，有关大小非的争论，也一直没有停止过。从新华社、《人民日报》，到《求是》杂志，几乎所有重量级的媒体，每当谈及股市、股票和股民时，都少不了有关大小非的话题，可谓仁者见仁、智者见智。笔者作为一名最普通的散户，一直没有离开这个市场，自然也非常关注有关大小非问题的进展，也在不断地思考导致大小非问题出现的原因，以及解决大小非问题的对策。得出的启迪是，大小非其实没那么可怕，由大小非解禁带来的短期阵痛或许更有利于股市的长期发展，中国股市的明天依然十分美好。

## 目前的点位正是解决大小非问题最好的时机

先来澄清两个误区。

【误区之一】大小非减持得越少，对今后市场的压力就越轻。前一阵子，包括《求是》杂志在内的许多媒体，都谈到了大小非对市场造成的压力问题。有一种观点认为，由于大小非真正在二级市场减持的数量并不多，因此得出对后市的压力不会太大这样的结论，有的还用上月大小非实际减持数量“少”来加以印证。这其实是一种误解。正确的看法应该是，已经减持的数量越大，对后市带来的压力就越小；反之，已经减持的数量越少，对后市带来的压力就越大。

【误区之二】只有对大小非采取限制“市场准入”等实质性的措施，股市才会出现反转。这使人想起了当年的股权分置改革。记得当时也有两种观点，争论得颇为激烈：一种观点认为，要把大小非统统锁起来，唯有此才能确保股市的上涨；另一种观点认为，只有通过改革，从根本上解决股权分置问题，彻底消除投资者对股权分置问题的担忧，才能确保股市的长久发展。现在回过头来看，这次改革的选择是正确的、及时的，事实上，上一轮气势恢弘的牛市，从某种角度看也正是得益于这次股权分置改革的顺利推进。如今，在大小非解禁处于高峰之机，股市作了深幅调整的情况下，目前的点位，对于解决大小非问题恰好提供了千载难逢的好时机。正确的对策不是限制大小非“市场准入”，而是敞开大门允许其减持，即“变堵为疏”，否则，不仅会使改革走向倒退，而且会使问题越积越多，矛盾越来越复杂，使短痛变成长痛。因此，在目前情况下，已没有必要把讨论的焦点集中在是否要对大小非采取限制其“市场准入”措施等问题上，而应把眼光放得更长远些，去寻找从根本上解决股市目前存在问题的对策。

## “生不逢时”的大小非减持冲动不如当初

笔者提出大小非其实没那么可怕的观点，主要理由有二：一是从大小非的主体性质来看，与中小投资者相比，有着明显区别。尽管大小非持股的成本要比中小投资者在二级市场购入低了很多，在任何点位减持都将获利丰厚，但大小非中有相当一部分是央企、国企、战略投资者。在各种投资主体中，央企、国企最听党的话，这一点不用怀疑，因此，当国家不希望股市再出现非理性大幅下跌、需要他们发挥维稳作用的时候，这些大小非们不会也不敢“顶风作案”。最近，不少大小非纷纷加入到“自锁”、“增持”、“回购”者的行列，不管出于什么样的目的，是否真心，却也从一个侧面说明，大小非们事实上已经开始这样做了，或多或少担当起了股市维稳的责任。

二是从大小非的投资目的来看，与中小投资者并无不同，也是以追逐投资收益的最大化为目的。尽管依大小非建仓的成本计，目前仍有较大的获利空间，但必须明白，作为投资主体，谁不希望自己的利润达到最大化的程度？如果大小非对中国股市的未来充满信心，认为中国股市整体向上的趋势不会改变，预计股市在不远的将来还能涨到3000点、5000点，甚至更高，还有哪家大小非会在如今2000点上下的位置去卖“地板价”呢？更何况，相比那些先期已经解禁且先知先觉能在6000点兑现的大小非，对于如今才刚刚解禁、属于“生不逢时”的大小非们来说，目前再减持的冲动也明显不如那时。

**关键在于促进股市长期稳定健康发展**

作为中小投资者，不妨换个位置，站在大小非角度想一想，其实他们身上所承担的压力和风险一点都不比中小散户小。这种压力和风险，包括来自经济、政治、社会等各个层面，既有企业内部，还有企业外部等等。另外，企业资金的运作，也不是大家平时所想象的“一减了之”那样简单，那些已经减持或将要减持的资金，必然要寻找新的投资途径和渠道，当这些资金暂时没有更好去处的时候，当股市对于大小非们来说，已经有了足够吸引力的时候，最终还会促使这些资金再次杀回股市、反手做多。到那时，这些解禁的大小非不仅不会像猛虎下山那样可怕，反而会成为推动股市持续稳定发展的中坚力量。当然，这其中关键是经济的持续稳定健康发展，包括大小非在内的制约股市发展的长期、根本问题的彻底解决，以及投资者信心的重新树立。譬如，关于大小非，一方面，要让市场逐步消化“库存”的大小非，另一方面也要采取实实在在的措施，防止新的大小非“二次出现”。可以设想一下，随着股权分置问题的解决，随着大小非解禁问题的解决，随着制约股市长期发展诸多问题的解决，随着各方对发展股市认知度的不断提升，股市的春天也为时不远了。

**看不准就趴下，动不好就不动**

先给中小散户提条建议："看不准就趴下，动不好就不动。"散户要想在股市生存，理性和稳健显得尤为重要。作为在股市摸爬滚打、历经坎坷10几年的老股民，在最近市道下，采取的是"以静制动、静观其变"的策略。虽未能因躲过暴跌而狂喜，也不会因大涨踏空而大悲。自己最大的体会是，无论是在牛市，还是在熊市，看不准就趴下，动不好就不动。把股市投资作为调味品，而非工作生活的全部；把股票当做家庭财产的一部分，而不是家庭财产的全部；用平常心看待股市，以好心态操作股票，按计划行事，做到沉着、坚定，像笑对生活一样笑对股市和股票；不图投资收益的最大化，但求轻松、稳健地获利。在大盘已跌到2000点左右的今天，尤其不要在大小非的争论中陷得太深，不知不觉中充当了其中的牺牲品，而要力争做一名与众不同、头脑清醒的投资者。

（写于2008年9月25日）

## 弃股择楼："昨天的故事"会否重复

如果当初因为弃房择股而踏空房市，导致6.29倍的收益打了水漂，这是"一错"的话，如今再来弃股择楼就可能"错上加错"。

炒股，有"追涨杀跌"一说，指的是高价买入的股票在低位卖出，导致投资损失，这是炒股的大忌。其实，任何投资理财都一样，投好了，理对了，就能使资产保值增值；投不好，理错了，就会适得其反，甚至弄巧成拙。

就说眼下投资理财的两大热门：炒房和炒股。如果判断对头、选择正确，两年前抛股票、买房子，一直持有至今，资产就能成倍增加，甚至增加数倍，相当于做了回漂亮的“高抛低吸”。但显然，这已成为“昨天的故事”。假如今天再弃股择楼，虽不能说一定就错，但至少与两年前相比，风险明显加大。如果两年前是弃楼择股的，今天再来个反向操作，弃股择楼，希望日后重复“昨天的故事”，就属典型的“追涨杀跌”，这同样是投资理财的大忌。

日前，一朋友给我提供了一条重要的购房信息，劝我抛股票、买房子。朋友“购房意识”比较强，几年功夫，在宁波等地，“理”出了四五套房子，尝到了购房的甜头。而我“购房意识”比较淡薄，除了居住的房子外，一直没有买“二套”，属于典型的“炒房踏空族”。如今朋友给出了建议，这房子到底该不该买，“昨天的故事”日后会不会重复？一时还真是难拿主意、难辨方向。

后来，经过再三考虑，决定既不卖股、也不买房。我给自己算了这样一笔账。2007 年，中石油上市时每股 48 元，宁波房价在 6000 ~ 7000 元/平方米。当时，有两种选择：一是卖中国石油、换宁波房子，按均价 6500 元计，10000 股石油能换 74 平方米的房子；二是相反，卖宁波房子，买中国石油，74 平方米的房子只能换 10000 股石油。无论是弃股择楼，还是弃楼择股，当时市值都是 480000 元。如今，时间过去了不到两年，再来算算，市值却大相径庭：按 6 月 19 日石油的收盘价 14. 12 元、房价每平方米 12000 元计，两年前同是 480000 元的市值，如今，前者涨到了 888000 元，后者跌到了 141200 元，因为操作方向不同，收益一正一负，竟相差了 6. 29 倍。

是坚守股市，还是转投楼市，要因人而异，区别对待，但其中关键的一点在于给股市和楼市合理定价。著名经济学家、清华大学中国经济研究中心常务副主任魏杰日前表示，目前学界对于当前国内股市和楼市的主流观点是：股市偏低、楼市偏高。因此，魏杰教授认为，目前国内股市还有上涨空间，楼市价格则有些偏高。虽然，专家的话只能作为普通投资者决策的参考，但理性面对不同品种的涨跌，做到“高抛低吸”，而非“追涨杀跌”，却是必须遵守的共同准则。

“股市偏低楼市偏高”这话到底对不对，谁也不敢过早下定论，“昨天的故事”会否重复，也有待日后来验证。但笔者感到，如果当初因为弃房择股而踏空房市，导致 6. 29 倍的收益打了水漂，这是“一错”的话，如今再来弃股择楼就可能“错上加错”。但假如能坚守初衷，坚持站好股市“最后一班岗”，甚至用长线投资的心态和理念，在继续持股的同时，再逢低适当“补点仓”，谁又能说你的操作一定不对呢。同样的操作，“昨天”看来是对的，今天不一定也对；一样的弃股择楼，“昨天的故事”日后也不一定会重复，这正是风险投资的魅力所在。

（写于2009年6月8日，修改于2009年6月20日，原载于2009年6月12日《经济参考报》）

# 入门篇：新股民风险警示学堂

“铁打的营盘，流水的兵。”股市亦不例外。老一代股民因为种种原因，终究要陆续淡出这个市场，新一代股民自然会纷至沓来，股市的最终未来属于年轻人。

# 开场白："礼物"送给新股民

生活"因股而精彩"。正是因为股市充满了这种独特而又神奇的魅力，才会使那些"股市不死鸟"任凭风吹浪打，仍顽强地坚守在这片熟悉的"阵地"上，也才会吸引着越来越多的"新兵"加入到股市大军里来。

儿子中考一结束，提出的第一项"请求"是，希望准许他学炒股票。并说，要求不多，只要5000元，若能准许，一个假期下来，赚个2000元没问题。

好家伙，一个假期赚40%，还说"没问题"，"胃口"倒不小。然儿子的"突然袭击"还是弄得我有些措手不及。看着儿子认真的样儿，一时还真是难住了我：不准吧，自己也在炒股；准许吧，怕他从此陷得太深，不能自拔。

是啊，自己就是个在股市陷得很深的人。想当初自己不也是雄心勃勃、满怀激情来到这个市场？记得19年前，我曾对妻说，把家里的钱拿出来炒股吧，不出几年，怎么样怎么样……一副踌躇满志的样子。后来，妻同意了，家里的大部分钱也都投入到了股市。结果怎么样？19年了，6000多个日夜，投入了大量金钱，耗费了宝贵时光，经历了无数次的激动与喜悦、痛苦与泪水，最终，和许多股民一样，星星还是那个星星，月亮还是那个月亮，梦想也还是那个梦想。

梦想没有成真，感悟倒也不少：股市是良师，她让股民懂得，面对困难与挫折，要学会忍耐、看到希望、充满信心、选择坚强；股市是益友，每当遇到曲折坎坷，每当出现喜怒哀乐，总可以在股市这个大家庭里得到倾诉与慰藉，你理解她，她也理解你；股市是家园，吸引着数以千万计的人们，在这个大家庭里进进出出，你来我往，日复一日，年复一年，乐此不疲，无怨无悔；股市是归宿，既能让股民在太阳升起的时候，充满希望和期待，又能在夕阳西下的时候，获得感悟与满足。因为有了股市，忙碌紧张的生活多了份新奇、激动、刺激和希望；假如没了股市，生活或许就像白开水，索然无味，平淡而又激情不再！

是的，生活“因股而精彩”。正是因为股市充满了这种独特而又神奇的魅力，才会使那些“股市不死鸟”任凭风吹浪打，仍顽强地坚守在这片熟悉的“阵地”上，也才会吸引着越来越多的“新兵”加入到股市大军里来。然而，炒股的路并非一条平坦的大道，会有许多曲折与坎坷；投资的过程也不会一帆风顺，而是充满了艰辛与磨难。最深的体会却是，要想在股市赚钱，不是一些新股民所想象的那么简单，真正能够赚到钱的投资者实际上并不多。

正因为如此，我对儿子说，利用这个假期，趁着这份兴致，体验股市冷暖，学些证券知识，我不反对。但要记住：将来无论做什么，只要用心去做，都会有饭吃，就是不能“以股为业”，专干炒股这一行，也不能将来没事做的时候想到炒股，没钱赚的时候前去炒股。

听完我的话，儿子点点头，并希望我能讲讲炒股的具体要领和注意事项。

“这个可以有”。这样吧，我把这19年来炒股的心路历程，期间的酸甜苦辣，操作的注意事项，至深的感悟体会，作些回顾，加以整理，记录于后，供你参考。

“铁打的营盘，流水的兵。”股市亦不例外。老一代股民因为种种原因，终究要陆续淡出这个市场。新一代股民自然会纷至沓来，股市的最终未来属于年轻人。正因为如此，干脆把这些感悟体会刊发出来，让它发挥更大的作用，让更多的新股民参考借鉴，也算是我这个“老兵”送给“新兵”们的一份小“礼物”，名字就叫《新股民风险警示学堂》。

好了，闲话少说，“学堂”马上开讲，大家听好了！

（写于2008年6月9日，修改于2009年6月19日，原载于2008年6月14日《大众证券报》）

# 第1讲：炒股勿用“压力钱”

老股民真诚地告诉大家，用于炒股的资金，必须是没有使用时间上的限制、不受盈亏影响、完全属于自己、可以独立支配的“自有资金”。

炒股票，首先要有钱。

钱从哪里来？什么样的钱可以投入股市？

对此，各有各的门道，各有各的答案。有人从银行取出了多年的积蓄，有人采取各种方法去贷款，也有人把自己的养老金、孩子的教育费、家里的生活费，甚至用于买房、结婚、上大学的钱都拿出来，投入股市，用于炒股。

这样做对不对、好不好？因各人情况不同，因此也不能一概而论。但有一点，千万别把有“压力”的钱投进股市！

这里所说的“压力钱”，指的主要有这么几种情况：一是倾其所有，孤注一掷。即，把家里的全部财产拿出来用于炒股，一旦投资失利，就会对家庭生活造成重大“压力”。二是预支未来（寅吃卯粮）。即，把“未来的收入”也提前拿出来用于炒股。三是不计成本、贷款炒股。即，通过银行贷款、向亲友借款，有的甚至采取高利贷等办法，筹集股款。

用“压力钱”炒股与使用自有、可支配、无压力的“闲钱”相比，最大的特点是，前者有使用时间上的限制，以及“只能赢利不能亏损”的心理压力。一旦投资结果与预期不一致，往往会给心理、情绪、正常生活带来较大影响，轻则影响工作、学习和生活，重则导致妻离子散、家破人亡，对个人、家庭，乃至社会稳定都会产生程度不同的负面影响。类似的例子，在平时时有所闻。

怎么办？老股民真诚地告诉大家，用于炒股的资金，必须是没有使用时间上的限制、不受赢亏影响、完全属于自己、可以独立支配的“自有资金”。

即使如此，也不能倾其所有，把全部家当搬出来放在一个“篮子”里，也要控制好比例。

自有资金炒股的最大好处是，可以使投资者保持一种平和的心态，涨了、赢了当然高兴，跌了、亏了还有机会；无论是赢是亏，都不至于影响情绪、改变生活。而且，因为有了这种平和心态，反而有利于投资。操作的时候，可以做到理性思考、沉着决断、动作稳健、不急不躁，进而有利于取得投资的成功。

总之一句话，用于炒股的资金必须是没有盈亏压力、可以承受风险的“闲钱”。

（写于2008年6月10日，修改于2009年6月19日，原载于2008年6月28日《大众证券报》）

## 第2讲：有所“为”有所“不为”

在实际生活中，当你周围的一些亲友、炒股“高手”都感到炒股容易、大赚特赚的时候，你可以退出观望、可以选择“不为”，逐步卖出获利的筹码；当他们都感到炒股艰难、纷纷被套的时候，你可以逐步进场、选择“为之”，分批买入比他们更便宜的筹码。

这么说吧，打个比方，做什么事情都不能过于“投入”，尤其不能陷得太深。最高的境界，应该是：有所“为”，有所“不为”。

先来说说炒股与工作的关系。如果没有其他工作，炒股成了自己的“主业”，就可以也应该多花些心思在炒股上；但假如除了炒股，你还有其他工作，自然要处理好日常工作与业余炒股的关系。首先要做好工作，其次才是考虑炒股。有时间炒炒股票，没时间可以暂时把“股市里的事”放一边，如果把炒股太当回事儿，结果不但会影响工作、误了“正事”，说不定炒股的效果也不会如意，这叫得不偿失。这是有所“为”有所“不为”的一个意思。

再来谈谈高位与低位的关系。诚然，作为普通投资者，要精准地判断和预测大盘和个股在某一位置究竟算是“高位”还是“低位”，不大容易做到。但自己给自己确定一个心里期望的点位，以此作为自己“认可”的“高位”和“低位”，作为自己买、卖的参考和依据，这一招还是十分管用的。一旦大盘和个股，到达自己预期中的“低位”，采取“有所为”的操作策略，适当加快操作的频率，进行必要的加仓。一旦大盘和个股，到达自己预期中的“高位”，采取“有所不为”的操作策略，进行必要的减仓、观望或休息。如果做不到在人的一生中“只做几回”、几年里头“只做一两次”，那么在一年里面不要始终满仓、不要频繁进出，只操作其中几段时段，倒是可以考虑的。这是有所“为”有所“不为”的另外一个意思。

最后讲讲赢利与亏损的关系。股票这东西，说深奥，的确深不可测，谁也无法预知；说简单，其实就是敲敲键盘、打打数字这些事儿，只要买卖时点能够把握好，买得比别人便宜，卖得比别人高些即可，哪怕少赚点或是被套。再说得直白点，在实际生活中，当你周围的一些亲友、炒股“高手”都感到炒股容易、大赚特赚的时候，你可以退出观望、可以选择“不为”，逐步卖出获利的筹码；当他们都感到炒股艰难、纷纷被套的时候，你可以逐步进场、选择“为之”，分批买入比他们更便宜的筹码。这是有所“为”有所“不为”的再一个意思。

有所“为”有所“不为”，看似问题不大，其实，反映了投资者的一种心态、一种境界。真要做到、做好，也不容易，倒是可以尝试一下反向操作的方法。即，“人弃我捡、人要我给”的策略，当众人“作为”、纷纷追涨的时候，我慢慢地选择“不作为”；当大家“不作为”、开始“割肉”的时候，我开始逐步地加仓、慢慢地“作为”起来。

炒股其实就那么回事：高位卖出，低位买回，有行情就做，没行情就休，这叫有所“为”有所“不为”。但这一点恰恰连很多老股民也难以做到，作为新股民要做到恐怕就更难。

（写于2008年6月11日，修改于2009年6月19日）

## 第3讲：路边“野花”不要“采”

有了“股票池”，并对她钟情有加，投资就成功了一半。假如再做到，路边的“野花”我不“采”，那胜利或许就非你莫属了！

两市一千多只股票，几乎每天都有涨停。要想每天的涨停板都是自己的，跌停板都是别人的，根本不可能做到，除非你自己亲自来做庄。况且，在许多情况下，这支股票今天会不会涨停，往往连主力自己都不清楚。

怎么办？降低期望值，保持平常心！在选股的时候，与其总是不切实际地希望捕捉到明天的涨停板，成为一名冲在最前方的“勇士”，不如现实一点，在力求规避风险的同时，一步一个脚印，朝着理想的“彼岸”奋力前行。要做到这一点，关键是要建好、用好自己的“股票池”。

“股票池”的建立。在建“股票池”的时候，可根据各人的喜好、能力，确定相应的板块、品种和数量。一般情况下，要力求做到不同板块有机结合，多个品种同时具备，数量多少十来个为宜。如有条件，也可建立几个“股票池”，并加以分类，比如“长线品种”、“近期关注”、“今日待买”等。

“股票池”的跟踪。“股票池”建好以后，不能一建了之，接下来就要加以跟踪、关注。平时，要加强学习、研究。在看报、上网时要格外留意“股票池”里品种的信息，发现涉及“股票池”里被关注股票的信息，要及时记录，以便用时备查。与此同时，还要注意了解掌握这些股票的性格脾气特点、股性灵活与否、波动大致区间、主力持仓成本、买卖安全位置等。

“股票池”的使用。建“股票池”的目的是为了使用，因此，一般情况下，操作的股票应选自己“股票池”里面的品种。路边的“野花”不要“采”，同样适用于股市投资。有些投资者喜欢喜新厌旧，认为会涨的就是好股票，因此经常追涨采“野花”。当然，这种做法也有“走运”的时候，但多半由于对“野花”缺乏应有的了解，最终往往会吃亏，叫做“采”花不成反被花“踩”。而买卖自己熟悉的品种，往往情况了解、股性熟悉、心里有底、比较踏实，成功的胜算就比较大。

“股票池”的更换。随着宏观面情况的变化和个股基本面的变迁，“股票池”也需要动态管理，需要更新换代。一般情况下，当“股票池”里的品种基本面出现问题、涨幅已大，或被爆炒过后，应把这支股票从“股票池”里剔除，停止跟踪。对于一些基本面优良、未被“炒作”过、股价严重超跌、估值优势明显、主力深套其中，甚至跌破了发行价的品种，可以有选择地加入到“股票池”里来，作为新的“替补队员”，以便当大盘调整到位、东山再起时，能够及时地建仓买入。

有了“股票池”，并对她钟情有加，投资就成功了一半。假如再做到，路边的“野花”我不“采”，那胜利或许就非你莫属了！

（写于2008年6月12日，修改于2009年6月19日）

## 第4讲：涨幅也是硬道理

在选择买入品种的时候，在同等条件下，要尽可能选择涨幅小、跌幅大的。

股票还是“池”里的好，但“池”大“鱼”又多，该选谁呢？对此，不同的投资者会有不同的喜好。比如，有人喜欢“正道”，紧跟热点，做趋势的“朋友”；有人擅长“潜伏”，专盯冷门，捡便宜的买。但有一条原则务必坚持——对绝对涨幅巨大的品种一定要坚决回避，有道是“涨幅也是硬道理”。换言之，在选择买入品种的时候，在同等条件下，要尽可能选择涨幅小、跌幅大的。

散户也好，机构也罢，买入股票的目的，都是为了获利，都是希望它涨。但哪些股票最有可能上涨，哪些品种跌的可能最大，情况也是千差万别。有的涨了还涨，有的跌了还跌，有的今天涨明天跌，有的今天跌明天涨。但之所以会涨跌，情况无非两种：一是内在价值决定。即，当市场价格低于内在价值的时候，股价就会慢慢地涨上去。反之，当市场价格高于内在价值的时候，股价就会慢慢地跌下来，目的都是为了向内在价值靠近。二是市场供求使然。当市场供大于求的时候，股价就会出现下跌。反之，当市场供不应求的时候，股价就会在众人的哄抢下出现上涨，目的都是为了调节市场的供求，满足人们的需求，并最终达到供求之间的大致平衡。

但无论哪种情况，一点是相通的，即没有只涨不跌的股票，也没有只跌不涨的股票。况且，主力、庄家不惜资金成本、人力物力，来到这个市场，目的就是为了获利。因此，当股价涨到一定高位、主力获利丰厚的时候，就该小心了，防止主力随时可能进行的高位套利。反之，当股价跌到一定低位、主力深度被套的时候，机会就来了，因为此时主力随时都有可能发起总攻或自救行动。

“涨幅也是硬道理”是老股民的肺腑之言。对此，有些朋友可能会不以为然，甚至持反对意见，并会列举些历史上万科、茅台、船舶等例子加以驳斥：人家不是涨幅越大越会涨吗？有的涨了几十倍、上百倍还在涨，有的涨了好几年仍没有停止上涨的脚步，你怎么解释?!

我想说的是，此类股票的确属于“涨幅越大越会涨”的品种，但在两市一千多家上市公司里面，属于凤毛麟角，散户不那么容易抓得住的。另外，如果你一买入，说不定马上就会“变脸”，图形虽然好看，包装虽然精美，但你不一定能赚钱。更何况，此类股票一旦跌起来，比谁都凶，输钱不说，光是你我这样的心脏能不能承受都是个问题。所以，与其战战兢兢地拿着这些随时都有可能引爆的“危险品”，不如踏踏实实地拿着涨幅小但安全系数高的品种来得坦然！

（写于2008年6月13日，修改于2009年6月19日）

# 第5讲：控制仓位最要紧

“不涨不卖、小涨小卖、大涨大卖；不跌不买、小跌小买、大跌大买”。为什么在市场大起大落的时候，总有那么一些人能够做到涨不喜、跌不悲？善于控制仓位，就是其中的奥秘之一。

股票也选了，买点也有了，接下来就是准备下单买入。但怎么买，是倾其所有，全仓买入，还是留有余地，部分买入？其实，这里面也大有讲究。

买多吧，一旦涨起来，甚至涨停，肯定过瘾。但万一跌起来，甚至跌停的话，就会损失惨重。所以不少投资者常常因买得多、跌得惨而后悔不已。买少吧，跌起来损失倒不大，但如果涨起来，就不大痛快，所以此类投资者同样会因买得少而懊恼不已。如此看来，无论是买多还是买少，都会使一些投资者感到困惑。

那么，什么样的仓位才算是合理、可行的仓位？有这么几点，可供参考。

### 1. 根据资金定仓位

总体而言，无论资金大小，都有个仓位控制的问题。但相比之下，资金量大的投资者，尤其要把控制仓位作为头等大事来对待。一般情况下，资金量大的投资者，尽量不要重仓，尤其不要满仓，至少不能长期满仓。资金不多的投资者，可在个人能够承受的风险底线之内，适量重仓。

根据点位定仓位。确定仓位大小时，还有一个重要的判定依据就是大盘的点位。一般来说，当大盘涨幅已大、处于相对高位时，要减仓、轻仓，越往上走，仓位越要降低；在大盘相对低位，要增仓、重仓，越是下跌，仓位愈可加重。“不涨不卖、小涨小卖、大涨大卖；不跌不买、小跌小买、大跌大买”，指的就是这个意思。

### 2. 根据股价定仓位

除了以上两点需要考虑外，还要考虑目标股票的价格，根据股票价格确定仓位轻重。对看好的股票，在基本面未作任何改变的前提下，应该采取高位轻仓、低位重仓、越涨越卖、越跌越买的策略，而不是随波逐流、人云我云，频繁地进行追涨杀跌。

当然，最关键的一条，还是要因人而异，根据各人的操作风格来合理地控制自己的仓位。可以肯定的是，如果仓位控制好了，操作起来不仅可以做到进退自如、得心应手，而且心情也会变得非常愉悦。为什么在市场大起大落的时候，总有那么一些人能够做到涨不喜、跌不悲？善于控制仓位，就是其中的奥秘之一。

（写于2008年6月16日，修改于2009年6月19日）

## 第6讲：分散搭配少不了

持仓量在三五十万的，一般情况下，一个品种不要超过10万元；持仓量在一二十万以下的，持仓品种不要少于两个；持仓量在100万元以上的，可以再增加持仓品种的个数。

要想取得投资的主动权，不仅要控制好仓位，还要会进行组合搭配。两者同样重要，缺一不可。

比如，当你在某一时段控制的仓位是1/2，但由于买入的只有一个品种，而该品种恰恰出现了与大盘相反的走势，人家涨你不涨，岂不坏了心态？还有，万一持有的品种，出现了突发事件，导致意想不到的后果发生，单一持仓就会导致全军覆没。假如买入的品种较好地进行了组合投资，做到了适度分散、合理搭配，情况就会大不一样，损失也会减轻许多。

一般情况下，在分散搭配的时候，可以掌握这么几条原则：既要有股票，也要有基金；既要有深市股，也要有沪市股；既要有大盘股，也要有小盘股；既要有热门股，也要有冷门股；既要有高价股，也要有低价股；既要有最近上市的新股，也要有原先上市的老股。如有可能，还要注意不同行业、不同地域上市公司之间的组合搭配。

当然，以上情况并不是说所有投资者都要同时“拥有”，更不是说，在组合搭配的时候，“组合”越多越优、“搭配”越广越好，而是同样要有个“度”，在控制好“度”的基础上，进行有机的搭配。比如，持仓量在三五十万的，一般情况下，一个品种不要超过10万元；持仓量在一二十万以下的，持仓品种不要少于两个；持仓量在100万元以上的，可以再增加持仓品种的个数。

组合搭配以后，尽管你的收益可能无法做到最大化，其实真正能够达到收益最大化的投资者也并不多，但却能有效地规避市场的风险，尤其是个股“变脸”所带来的风险。

（写于2008年6月17日，修改于2009年6月19日）

## 第7讲：善待呵护是关键

所谓“养”，就是要精心地“饲养”好、“看护”好自己经过精心选择才买入的品种，要有那种“不达目的誓不罢休”的精神。

与“养”相比，“买”显得相对容易些。但买入后，怎么“饲养”、如何“呵护”，却非常考验投资者的智慧与能力。

有的投资者，买入的股票其实就是未来的大“黑马”，但在震荡洗盘的时候，经不起考验，不注意“看护”，早早地被赶下了“马”，还交了“学费”；有的投资者，虽然买入的股票也出现过下跌，但心态平和、耐心“呵护”，终于使收益由亏转赢，最终反败为胜。

上述两种投资者，最大的区别在于心态和耐心。前者心态浮躁、缺乏耐心，出了败招；后者心态平和、又有耐心，才出高招。

诚然，对于已经买入的股票，何时卖出是最好的时机，谁也无法预知。但事实反复证明，要想投资取得成功，精心“饲养”、善待呵护是关键。

所谓“养”，就是要精心地“饲养”好、“看护”好自己经过精心选择才买入的品种，要有那种“不达目的誓不罢休”的精神。

“养”字文章，好说难做。对于买入的股票，如果买入后一路上涨，可能养起来相对较为容易些，毕竟一天天看着她长大，心里自然是乐滋滋的。但一旦出现震荡、洗盘，甚至大跌，日子就会很难过，尤其是当大盘和其他个股出现上涨而自己持有的股票却不涨反跌的时候，更需要有信念作支撑，有理由来坚守。

对于某些“好动”的投资者来说，手里拿着股票长期不动，可能手会发痒。对此，可以在“养”的同时，适量做做差价，进行高抛低吸。但前提是，要适量、有计划，并严格按计划行事。否则很容易搞坏心态，一不小心，还会乱套。同时，要注意“高抛”的同时不要忘了“低吸”，短差就是短差，有差价就行，只要不做反，就要接回来。

假如在做差价的时候，做反了、做丢了，就要直面现实、学会放弃。此时，唯有好好总结、吸取教育，没有他法。

（写于2008年6月19日，修改于2009年6月19日）

## 第8讲：见好就收不可忘

怎么“卖”？就是要严格按计划行事，一旦到达计划价位，就要坚决离场，切忌患得患失，错失“高抛”良机。

股票选也选好了，看也看住了，但还是不能说你已经胜利了、成功了。因为接下来还有一个“卖”的问题。有的投资者买入股票后，也碰到过“黑马”，“获得”过不错的收益，但由于贪心太重，没有及时卖出，只当了回义务保管员，又将收益“还”了回去。这就是典型的“卖”字出了问题。

怎么“卖”？就是要严格按计划行事，一旦到达计划价位，就要坚决离场，切忌患得患失，错失“高抛”良机。投资者之所以常常买时坚决、卖时犹豫，原因就一个字：“贪”。有的担心卖出后股票再涨、甚至涨停，想卖时往往怕了、手软了；有的虽然也已决定卖出，但只想卖个更好的价格，于是再等等，结果痛失良机。

在许多情况下，一些卖出的股票的确出现过上涨，甚至大涨，似乎是可以卖个更好的价格；但也有不少股票，由于没有按计划行事，错过了高抛良机。对此，投资者应该都有体会。

解决办法：

明白一个道理——买入是为了卖出，“精养”也不是为“养”而“养”。

做出一个抉择——该出手时就出手。当丰收的季节向你走来，要学会及时地“收割”，等待下次播种时机的到来。

做好一种准备——无论卖后是涨还是跌，都不后悔。并以此作为一条“铁律”，铭刻在心里头，落实在行动上。要始终明白，在这个市场里，卖在最高价、买在最低价的，毕竟只有极少数人。这样的好事，只能作为美好的愿望而已，切忌太当回事儿。有句话叫做“留得青山在，不怕没柴烧”，说的就是“见好就收”这个道理！

（写于2008年6月20日，修改于2009年6月19日）

## 第9讲：“惊弓之鸟”做不得

操作出现失误并不可怕，真正可怕的是，面对错误，不能及时、正确地加以认识和改正，总是重复、多次地犯相同或类似的错误。

炒股需要有记性，惊弓之鸟做不得。这是老股民的又一大感悟。

在实际投资中，常常有这么一种现象，有时候对自己非常看好的品种，没买时它一路上扬，你一买它就跌。即使买入时考虑问题非常周到，也难免会有“失足”之时，出现错判、误判的情况。

对因判断失误而买错的股票怎么处理？老股民的回答是：沉着冷静、切莫惊慌，尤其不能做惊弓之鸟。

首先，对错买的情况要具体问题具体分析。如果买入的股票，是建立在正常、理性的判断基础上作出的正确选择，一时下跌是由于该股正常回调或大盘下跌所带来的系统性风险所致，应该无忧，无需惊慌；反之，如果对买入的股票，并不太熟悉，由于一时冲动、盲目追进而出现的下跌，就要另当别论，但惊慌同样不必。

其次，对错买的股票要区别情况不同对待。如果错买的股票，是那种绝对涨幅巨大、庄家获利丰厚，或者基本面出现严重问题、不适合久留的品种，就要尽早处理，该割肉的割肉，该止损的止损，不要考虑买入成本，越早走越好；如果错买的品种，绝对涨幅不是太大、庄家获利空间不大，基本面也没有出现明显的问题，就可暂时拿一段时间，边持有边观察，寻找高点伺机出局也不迟。

还有，对错误的操作，要加以总结，认真反思。俗话说，吃一堑长一智，错一时不要紧，总出错就不应该了。要做到这一点，就需要对曾经做过的错误操作，加以及时、认真的总结和反思。在总结中发现问题，在反思中看到教训。通过总结和反思，防止和避免今后再犯类似的错误。

总之，操作出现失误并不可怕，真正可怕的是，面对错误，不能及时、正确地加以认识和改正，总是重复、多次地犯相同或类似的错误。

（写于2008年6月23日，修改于2009年6月19日）

# 第 10 讲：勤学多思要牢记

炒股实际上是心态左右操作，心态决定成败。心态好了，人就会大度，理智就会占上风；心态好了，炒股才会目光远大、志在千里，才不会过多地计较一时的涨跌和眼前的得失，才能做一名理性、成熟的投资者，才能笑到最后。

炒股，与做其他事情一样，需要付出、需要投入。如果把炒股看做是非常简单、人人都会的事，只要有钱，谁都可以炒股，那就错了。

要炒好股票，需要对政策面和市场面有个基本的了解，这就需要勤学多思。随着经济社会的快速发展，政策面和市场面无时不在发生着巨大而又深刻的变化。可以这样说，谁要是不加强学习，随时都有跟不上形势、被市场淘汰出局的可能，更何况想在复杂多变的市场里成为赢家了。

要炒好股票，还要对股市的规律性和市场的复杂性有较充分的认识和准备，这同样需要勤学多思。凡事不能光往好处着想，总得留有余地，总要有“一颗红心，两种准备”。作为股民，从进入股市的第一天起，如果把问题想得过于简单，把结果想得过于美好，只有赢的打算，没有亏的准备，显然是行不通的。还有，尽管股市变幻莫测，但仔细留意、细心观察，总还是有规律可循。通过勤学多思，进一步了解市场的复杂性，把握股市的规律性，对于取得投资的成功，将大有益处。

要炒好股票，还要具有宽广的胸怀和良好的心态，这更加需要勤学多思。在股市投资、比拼，从某种意义上说，比的不是资金量的多少，也不是技术水准的高低，而是心态。大家都有这样的体会，炒股实际上是心态左右操作，心态决定成败。心态好了，人就会大度，理智就会占上风；心态好了，炒股才会目光远大、志在千里，才不会过多地计较一时的涨跌和眼前的得失，才能做一名理性、成熟的投资者，才能笑到最后。

勤学多思，是炒股的必修课和基本功。要想取得投资的成功，唯有勤奋，没有其他捷径可走。要做到勤学多思，关键在平时，功夫在课外。在证券投资的道路上，只要勤学多思，就没有越不过的坎。

（写于2008年6月24日，修改于2009年6月19日）

## 结束语：坚持走自己的路

财富的增值不能也不应该成为衡量股市投资成功与否的唯一标准，通过炒股，在股市这所大学校里，能够认识自我、懂得磨炼、学会坚强、善于感恩，能够坚持风格，走自己的路，谁能说这不是另一种成功呢？

《新股民风险警示学堂》一共10讲，到现在为止，已经全部结束。期间，从用什么样的资金炒股，到选什么样的股票买入；从怎样控制仓位，到如何进行搭配；从坚持长线投资，到及时落袋为安等方面，谈了老股民在19年投资实践中的心得和感受。相信这些心得和感受，在许多方面，是广大股民朋友所共同经历过或正在经历着的。但愿这些心得和感受，能给朋友们以一定的启发和思考。

与此同时，笔者深知，股市毕竟是股市，除了市场规则的公开、透明外，在操作方面，不可能有统一的“教科书”，也不会有被大家所普遍认同的“标准答案”，否则，股市就不叫股市了。路还得靠人走，股市的规律也有待于广大股民自己去摸索和体味，更何况股市的复杂性和深不可测的特殊性，都决定了市场参与主体的多元化和投资风格的多样性，不可能也完全没有必要做到千篇一律。坚持风格，走自己的路，才是最好的选择。

坚持风格，走自己的路，需要作不懈的努力。正是因为没有现存的“教科书”，没有统一的标准答案，才需要投资者自己去实践、去摸索、去体味。当投资路上还算顺利、一时取得成功的时候，就要想想成功的奥秘在哪里；一旦出现失误的时候，也没有必要过于自责，更要去想想失败的原因有哪些，怎样做才能避免类似的错误不再发生。

坚持风格，走自己的路，需要有过人的胆略。做一名随波逐流的普通投资者并不难，难的是使自己成为一名与众不同的投资者。当大家在涨停板前参与排队、一致看多、跟着起哄的时候，你如何做到独立思考、沉着冷静、甘受寂寞、不受影响？这当然需要有过人的胆略。当大家在跌停板前，一致看空、纷纷抛股的时候，你如何做到一如既往、坚定信心、不受干扰、继续看多？这还是需要有过人的胆略。

坚持风格，走自己的路，需要有自己的个性。无论是牛市，还是熊市，能够在股市里赚钱的人，永远只是少数人。要让自己成为这其中的少数人，必先成为与众不同的人，做个有着鲜明个性的“真我”。比如，当市场一片狂热的时候，你始终比别人多了一分清醒和理智，懂得急流勇退的道理；再比如，当狂风暴雨袭来的时候，你又比别人少了一分胆怯与恐惧，多了一分沉着与坚定，并心甘情愿地去做“另类”，去做那只宁死不屈、顽强抗争的“不死鸟”。

《新股民风险警示学堂》要跟朋友们说再见了，但股市这所大学校却学无止境。当你满怀信心、带着美好的憧憬来到这个市场的时候，当然希望随着时间的流逝，通过不懈的努力，自己的财富能够不断增长。但是，财富的增值不能也不应该成为衡量股市投资成功与否的唯一标准，通过炒股，在股市这所大学校里，能够认识自我、懂得磨炼、学会坚强、善于感恩，能够坚持风格，走自己的路，谁能说这不是另一种成功呢？

（写于2008年6月25日，修改于2009年6月19日）

# 闲话篇：股市是所大学校

日复一日，年复一年，潮涨潮落，世代相传。不管离去的是什么时间，以什么方式，也不管是面带微笑地离去，还是含着眼泪地淡出，唯一不变的是，前来“中国股市大学”就读的学员依然趋之若鹜，兴致勃勃。

## 股市小鸟

我是一只鸟，一只特别的鸟，喜欢在股市的天空翱翔，飞来飞去，默默无闻，不知疲倦，无怨无悔。

已经10天了，股市的上空始终阴云密布，见不到一缕阳光，股民的心也随之冷到了极致。早上醒来，即兴作“诗”一首《股市小鸟》，献给在暴跌中受伤的人们。

我是一只鸟，一只特别的鸟，
喜欢在股市的天空翱翔，
飞来飞去，默默无闻，
不知疲倦，无怨无悔。

我是一只鸟，一只可怜的鸟，
不像“大小非”，可以获得廉价的筹码，
但可以省吃俭用，多花些银子，
在二级市场买入，为圆同样的股票梦。

我是一只鸟，一只最笨的鸟，
不像大机构，有先知先觉的本领，
但懂得先飞的道理，
可以没日没夜，尽情、忘我地劳作。

我是一只鸟，一只无助的鸟，
无法改变规则，
无法左右政策，
但习惯了逆来顺受，独自煎熬。

我是一只鸟，一只知足的鸟，
每当见到一缕阳光，
我就笑，笑得是那样的灿烂，
还常常忘了自己是谁。

我是一只鸟，一只弱小的鸟，
无法知道，何时会有狂风暴雨袭来，
但可以躲开，
还学会了装死。

我是一只鸟，一只欣慰的鸟，
虽然常独自迷茫、彷徨，
但可以相互关爱、相互温暖，
也可以彼此安慰、抱团取暖。

我是一只鸟，一只快乐的鸟，
虽然一无所有，两手空空，
但还有希望，
也还有明天。

（写于2008年6月18日，原载于2008年7月2日《大众证券报》）

## "分歧"与"一致"

在看不准、难决断、失去方向的时候，多看少动、沉着应对，平常心待之，倒也是上策！

工作、学习、生活，都免不了有出现分歧的时候。在资本市场，在股市投资，同样会有各种分歧现象的出现，甚至产生严重的分歧。

分歧无处不在。比如，有人看多，有人看空；有人持股，有人持币；持股的人，有人要卖，有人不卖；持币的人，有人要买，有人不买；卖股票的人，有人卖这，有人卖那；买股票的人，有人买这，有人买那；卖出的，有人喜欢冲高的时候卖，有人喜欢下跌的时候卖；买入的，有人喜欢冲高的时候买，有人喜欢下跌的时候买，等等。

分歧无时不有。比如，在大盘跌到998点的时候，有人选择买入，也有人选择卖出；在大盘涨到6124点的时候，有人选择卖出，也有人选择买入。再比如，今天（3月20日），当上午大盘下探到3516点的时候，有人选择买入，也有人选择卖出。当下午大盘上冲到3858点的时候，有人选择卖出，也有人选择买入。还比如，面对同样一支股票，如北京城建，当上午跌到15.81元的时候，有人选择买入，也有人选择卖出；当下午涨到18.99元的时候，有人选择卖出，也有人选择买入，等等。

这种分歧还表现在：市场里不同主体——管理层与投资者之间存在分歧；相同的主体——股民与股民、机构与机构之间存在分歧；同一家庭——不同成员之间存在分歧；甚至是同一股民自己，昨天和今天、上午和下午、刚才和现在，都无时无处不存在着这样的分歧。

当然，话还得说回来，除了分歧，也有一致的时候。有时候，行情一片红火，机构、散户纷纷看多，一致看"好"；有时候，行情一片惨绿，机构、散户纷纷看空，一致看"淡"。不过，这种"一致"并不等于"正确"，"分歧”也不等于“错误”，“真理往往掌握在少数人身上”的事件也时有发生。

总之，分歧是绝对的，一致是相对的。只要股市、股票、股民存在一天，这种分歧就会存在一天。

有分歧并不可怕，有时候这种分歧的存在还有其正面的、积极的作用，而且，这也是风险投资有别于其他投资的重要区别和迷人之处。问题在于，怎么看待和面对这种分歧？作为投资者，在分歧面前，应该站在哪一头？

还是回到上面的例子里，在大盘跌到998点的时候，如果你选择买入；在大盘涨到6124点的时候，如果你选择卖出。今天，当上午大盘下探到3516点的时候，如果选择买入；当下午大盘上冲到3858点的时候，如果选择卖出。当北京城建上午跌到15.81元的时候，如果选择买入；当下午涨到18.99元的时候，如果选择卖出，这就对了。

相反，在大盘跌到998点的时候，如果你选择卖出；在大盘涨到6124点的时候，如果你选择买入。今天，当上午大盘下探到3516点的时候，如果选择卖出；当下午大盘上冲到3858点的时候，如果选择买入。当北京城建上午跌到15.81元的时候，如果选择卖出；当下午涨到18.99元的时候，如果选择买入，这就反了。

诚然，要做到“对”十分艰难，要做到“错”相对容易。但有一点，做起来倒是不难：即在看不准、难决断、失去方向的时候，多看少动、沉着应对，平常心待之，倒也是上策！

（写于2008年3月20日）

## “简单”与“复杂”

从投资效果来看，过于复杂的，不一定都会取得好的收益，相对简单的，反倒时常取得意想不到的收获。

简单与复杂，是一对矛盾体，又似一对密不可分的孪生姐妹，同生共长，无时不在伴随着人们的工作、学习和生活。

在股市投资，也时常出现这种简单与复杂围绕的现象。有时候，投资真的非常简单，简单得难以置信：无论男女老少，不管职业文化，高抛低吸人人都懂、个个都会。在大盘和个股处于上升周期时，只要有钱，买入后一路持有，该干什么还干什么，根本不用管它，即可轻松分享股市投资带来的收获与喜悦。三百六十行，就数炒股最简单。

但有时，却又非常复杂，复杂得无论谁都看不透，猜不明白：当大盘和个股在上升通道运行时，你不买、它还涨，你一买、它就跌；当大盘和个股在下降通道运行时，你不卖、它还跌，你一卖、它就涨。大盘涨时，与己无关，大盘跌时，自己的股票跌得比谁都厉害。别的股大涨时，自己的小涨、不涨，甚至下跌；别的股下跌时，自己的领跌、大跌，甚至暴跌，等等。类似的复杂性在股市投资中早已司空见惯、见怪不怪了。

简单与复杂是相对的，不是孤立的。因为有简单，所以有复杂；因为有复杂，才会有简单。简单是相对于复杂、因复杂的存在而存在；复杂是相对于简单、因简单的存在而存在。

简单与复杂又是相互转换的，不是一成不变的。简单的可以复杂化。比如说，低买高卖。乍一看，非常简单，但真正操作起来却又变得非常复杂，操作得好的恐怕也没有几个。大盘在998点时，到底是低了还是高了？是该买还是该卖？大盘在6124点时，又是高了还是低了？是该撤还是该进？恐怕很少有人知道。不同的投资者有着不同甚至是截然相反的答案，简单的问题实际上非常复杂。个股也一样，投资者都想低买高卖。10元钱的时候认为是高了而卖出的股票，涨到20元的时候（各方面都没有变化）又认为是低了而匆忙买入，类似这样本来非常简单的问题，被人为地复杂化了的情况，在股市投资中也屡见不鲜。

复杂的也可以简单化。比如，大盘从6124点一路下跌以来，直到跌破3000点时才止住，几近腰折。此时，有人担心会跌到2000点、1000点，甚至更低，整天为要不要抛股票而费尽心思；当涨到近4000点的时候，又担心大盘反转，涨了再涨，又为要不要建仓而绞尽脑汁。正当这些投资者将简单的问题复杂化的时候，对于另一部分投资人来说，却显得非常简单与从容：当初6000多点没卖，在3000点的时候更不会卖，自然还会不断进行补仓操作。他们面对复杂多变的股市，不仅不感到复杂，还觉得非常简单，操作起来显得既洒脱又自在。

不同的投资者，对待简单与复杂有着不同的心境与态度。有人因复杂而紧张、害怕，有人因简单而坦荡、从容；有人经常把简单的问题复杂化，也有人善于把复杂的问题简单起来。即便是同一投资者，对待简单与复杂也会因时间、环境的变化而发生改变，有时因复杂而犹豫、彷徨，有时因简单而坚定、执著。从投资效果来看，过于复杂的，不一定都会取得好的收益，相对简单的，反倒时常取得意想不到的收获。

因何复杂？原因是多方面的，关键一条，心中无数，底气不足；何以简单？简言之，胸有成竹，目标坚定。

客观认识、正确对待简单与复杂的这种规律，不是消极地为了认识而认识。认识规律的目的，是为了把握规律、利用规律，为我所用；是为了使本来简单的问题不人为地导致复杂化，使之继续简单、更加简单；也是为了使原本复杂的问题不再复杂、变成简单。

要做到这一点，关键是要处理好简单与复杂的关系，把握好两者的度。简单与复杂的关系处理得好，复杂会变成简单，处理不好，简单也会变成复杂。要学会发现复杂、认识复杂、适应复杂，进而跳出复杂、达到简单。

学习思考的时候，要力求复杂，把问题想得多些、深些、复杂些。比如，在进入股市前，就要对市场的复杂性有充分的思想准备。进入市场后，对各种可能遇到的复杂情况要“时刻准备着”：复杂是正常的、不复杂反倒不正常。一旦遇到了复杂情况，要能处惊不变、沉着应对。通过加强学习、努力实践、不断总结、加以提高，练就一身变复杂为简单的过硬本领，善于从纷繁的复杂情景中排除干扰、理清思路、摸索出头绪来。

计划操作的时候，要尽力简单，把期望值调低些就会简单许多。

简单与复杂，是所“大学”，有无数的课题等待我们去研究与实践；简单与复杂，又是门“学问”，深不可测，不是两年三载能够学就的。只有不断地去摸索、去品味，才能把握其中的规律和真谛，并及时地接近它，有效地驾驭它，进而做到该复杂时就复杂，该简单时则简单，做一个既复杂又简单的投资者。

（写于2008年5月5日）

## 股市与“折腾”

亏时被折腾，赢也被折腾。股票折腾股民，股民折腾股票，股票折腾股票，股民折腾股民。股市的本性之一就是折腾。

我时常在想这样一个“低级”的问题：“股市，到底是一个什么样的地方?”

——是投资的场所。

——是赚钱的去处。

——弄不好，也是一个会亏钱的地方。

这些回答都没有错，都非常正确。

然而，还有一个答案，常常被许多人所忽略：股市也是一个折腾最多、最会折腾的地方。

不是股民，也未曾做过股票的人，自然不知道“股海”深浅。成为股民前，大多数人认为自己的水平、能力不比别人差，因而胸有成竹，信心十足。成了股民后，方知股海深不可测，备受股市的煎熬与折腾。而身在股市，又很难察觉这种折腾的真正缘由，只有当跳出股市看股市时，才能对股市的折腾看得更加清楚与理性。

股票折腾股民。亏时被折腾。辛辛苦苦挣来的钱投入股市，本想发笔小财，却被套住、深套，甚至割肉、止损，不赢反亏，股民深受被股票折腾之苦。赢也被折腾。买入股票后涨了该抛还是该留，大盘大涨而自己的股票小涨，别人的市值涨得多而自己涨得少，所有这些，股民同样深受被股票折腾之苦。

股民折腾股票。两市一千多家上市公司，各有各的流通份额，各有各的归属去处，在某一时段总是处于相对的平衡状态。比如，在收市以后，大家都在各自的“家园”里生活得相安无事。然而，在交易时间内，由于股民“买进、卖出”这种不停地折腾，导致股票的价格一会儿因供不应求出现上涨甚至涨停，一会儿又因供大于求出现下跌甚至跌停，股票也受股民折腾之苦。

股票折腾股票。不同的股票，有的幸运地成了“热门股”，有的不幸成了“冷门股”。相同的股票，今天或许成了“热门股”，明天可能又成了“冷门股”。股票的价格也因此一会儿被抬到了“天上”，一会被打到了“地狱”。从“热门”到“冷门”，再从“冷门”到“热门”，都是股票与股票互相竞争，互相折腾的结果。

股民折腾股民。折腾来折腾去，说到底是股民与股民的折腾。我卖你买，我赢你亏，我笑你哭，时时处处都在进行着这种股民与股民之间的折腾与被折腾。

折腾是股市的本性之一。折腾是绝对的，不折腾是相对的；折腾是永久的，不折腾是暂时的；折腾是普遍的，不折腾是个别的。有股市就会有折腾，只要股市存在一天，这种折腾就会进行一天；股民既是折腾的主体，又是被折腾的客体，只要身在股市，就要有折腾与被折腾的准备，并且要学会能忍受折腾，会进行折腾，且敢于折腾，又善于折腾。折腾得好，折腾得精彩，就能享受折腾带来的愉悦和快乐。如果不愿忍受这种折腾，不会进行折腾，且不善于折腾，出路只有一条：趁早离开股市。

（写于2007年12月4日，原载于2009年5月4日《楚天金报》）

## “理性”与“激情”

有时激情战胜了理性，激情占了上风；有时理性战胜了激情，理性成了主导。作为投资者，在市场狂热时，需要的是舍弃和理性；当市场一片冷清时，反倒需要的是坚持、捡拾和激情。

理性与激情，是一对矛盾体。有理性就难有激情，有激情也就难有理性。

但理性与激情，也是一对统一体。在理性的同时，可以有激情，在充满激情的同时，也可以有理性。工作、学习、生活，需要处理好理性与激情的关系，投资、理财、炒股，同样需要处理好理性与激情的关系。

激情诚可贵，理性价更高。大盘从998点起涨以来，一路高歌，一路猛进，在两年多的时间里，一鼓作气，冲过了6100点，涨幅达到5倍多。与此同时，广大投资者的激情也被极大地调动起来、激发出来。看到、听到的都是“行情未完”、“牛市没有结束”、“趋势仍然向上”等各种看多的文字和声音。此时，在不少人的眼里，股市如同一台巨大的“印钞机”，钞票“不捡白不捡”。于是，场内的人大多不愿意离去，场外的人又拼命地往里面挤。把此时比作投资者“激情燃烧的岁月”也不为过。然而，事实证明，投资者此时的狂热、过分的激情是不理性的，要是当时能冷静些、理性些，该有多好！

理性诚可贵，激情价更高。大盘从6124点高位开始调整以来，一路下跌，一路跳水。到今天（11月28日），短短的31个交易日，经过厮杀，跌破了4800点，跌幅超过20%还多。与此同时，广大投资者的激情也随之开始冷却，取而代之的是开始变得更加理性和谨慎。看到、听到的都是“行情完了”、“牛市结束了”、“趋势仍将向下”等各种看空的文字和声音。于是，场内的人大多想挤出去，场外的人又不愿往里进，投资者“激情燃烧”的情景荡然无存。然而，以后的事实仍将证明，投资者此时的“冷静”、所谓的“理性”同样是不理性的，要是能多一份激情、多一份冲动，该有多好！

理性与激情，你选哪一个。理性与激情，无处不有，无时不在，一刻也没有停止过彼此的较量。有时激情战胜了理性，激情占了上风；有时理性战胜了激情，理性成了主导。作为投资者，在如今的市道里，你该怎样面对，怎样抉择？

笔者以为，当场外的人纷纷挤进来的时候，当大家纷纷争抢筹码的时候，当市场一片狂热的时候，需要的是避让、舍弃和理性；相反，当场内的人纷纷挤出去的时候，当大家纷纷抛弃筹码的时候，当市场一片冷清的时候，需要的是坚守、捡拾和激情。

（写于2007年11月28日）

## “赴宴”与“买单”

是前去赴宴，还是给人买单，主动权往往掌握在投资者自己的手里。

天下没有免费的宴席。要想赴宴，就要有买单的思想准备；买了单的，就有用宴的权利。然而，在许多情况下，赴宴与买单却没有这种必然的联系。即，赴宴的不一定要买单；买单的，也不一定就能享受丰盛的宴席。

赴宴与买单的这种关系，在证券投资中也时有表现。

一般情况下，赴宴的得先买单，买了单的方可用宴（请客的除外）。高抛低吸、低买高卖，就属这种情况。

但有时，赴宴的，不一定要买单。如投资者在低位买入一只股票后，在一定高位将“接力棒”传给了下一位，自己用宴后获利走人，将买单的义务转交给了后来者。买单的，也不一定就能用宴。如果投资者将高位筹码接住后，股价没有按照自己的预期上涨，“不涨反跌”，情急之下斩仓出局，导致赴宴不成反替赴宴的人买了单。

赴宴与买单也不是一成不变的。在很多情况下是彼此联系、相互转化的。本来可以用宴的投资者，由于没有及时获利了结，结果成了买单者；原本需要买单的投资者，被套后由于看好公司的发展前景，耐心坚守不放弃，等股价涨到相对高位获利后再分批卖出，由原来买单者变成了用宴者。

发现、揭示并把握赴宴与买单的这种关系，目的在于利用这一规律，并为投资所用。

在做出某一操作决定之前，要研究、分析买单的概率和赴宴的胜算各有多少。譬如，大盘所处位置、个股基本情况、股价变化特点、主力持仓成本、短线价格走向等，并据此综合分析投资盈亏的概率大小。当用宴的胜算大于买单概率的时候才可出手。否则，当买单的概率大于赴宴的胜算时，宁可选择放弃，也不轻举妄动。

一旦买入某一股票以后，需要沉着应对，不可惊惶失措。当股价的走势与自己的预期一致时，按照预先设定的赢利目标，做到该用宴时就用宴，防止由于贪心太重由原本的用宴者变成了买单者。当股价的走势与自己的预期相反时，不要手忙脚乱，以致动作变形，要想想当初下单时的初衷——大的环境和个股基本面有没有发生变化。此时，是选择认输买单，还是坚守等待用宴时机的来临，等待新的买单者出现后，再从容离开。对此，一定要想清楚，尽力使自己由买单者变成用宴者。

还有一种可能，就是当判断失误，不幸成了最后一位赴宴的人，需要自己买单的时候，同样无需惊慌。如果发现一开始做出赴宴的决定就是错误的，买单已不可避免的时候，果断地买下自己该买的那部分账单（及时止损），以免照单全买（损失扩大）；如果感到自己当初的决断没有错，盛宴还将继续，新的买单者仍会源源不断地到来，可以选择等待，继续用宴，以便再选时机，从容退出（获利了结）。

买单是痛苦的，赴宴总是件让人高兴的事情，人人都希望自己是赴宴而不是买单的人。但既然是盛宴，总会有人用宴，也须有人买单。是前去赴宴，还是给人买单，主动权往往掌握在投资者自己的手里。

（写于2008年5月25日）

## “投入”与“回报”

假如做到了“投资有计划、选股有目标、操作有铁律”，自然就成功了一半。多年的实践表明，巧“投入”，才能多“回报”。

“一分耕耘，一分收获”；“付出总有回报”；“没有投入，哪来收获”……这些显而易见的道理，有一个共同的特点，都是在揭示日常生活中“投入”与“回报”之间的对应关系。在高风险的证券市场里投资，同样存在着这种关系，只不过结果有所不同而已。

“投入”大，“回报”就多。在通常情况下，“投入”与“回报”成正比。随着“投入”的不断增大，“回报”也相应的增多。比如，投资一家股票后，该股出现了上涨。如果“投入”的资金多，可买股票的数量也多，在涨幅一定的情况下，“回报”的绝对数额就多。反之，则少。再比如，在“投入”资金一定的情况下，由于增加了精力上的“投入”，加强了对股市和股票的研究，就能更加准确地把握投资的时机和品种，使“投入”后的“回报”达到较为理想的程度，即“投入”大，“回报”就多。

“投入”大，“回报”不一定多。在有些情况下，股票的“投入”与“回报”不一定成正比关系。先说资金“投入”。当建仓时机和品种选择不当时，买入的股票不涨反跌，甚至出现大幅下跌，此时如果“投入”的资金多，买入股票数量也多，在下跌幅度一定的情况下，亏损的绝对数额就越多。反之，则少。再说精力“投入”，如无过人的短线操作能力，又整天忙于盯盘，经常追涨杀跌，当个股刚刚开始启动就抛出股票，当股票才开始下跌又匆忙买入，往往会造成收益减少或亏损扩大。如此“勤奋”的“投入”，不仅不会使“回报”增多，还会导致损失的扩大。反之，如果“懒惰”点，“勤奋”差一些，反而会使“回报”增多，损失减少，即“投入”大，“回报”不一定多。

巧“投入”，才能多“回报”。种种迹象表明，“回报”多少，收益大小，不仅取决于“投入”的量，还取决于“投入”的质：资金“投入”要“巧”。说得直白点，就是通常所说的要做到“低买高卖”。一旦大盘和个股上涨的趋势确立，就要重仓出击；若下降通道形成，就应及时退出离场，精力“投入”要“巧”。“付出总有回报”在股市投资中同样适用，关键是怎么“投入”，如何“付出”。在股市投资，不仅要把工夫花在盘中，适当地看盘、盯盘，更要把工夫花在盘前、盘后，化在“4小时以外”，要做足功课，肯下工夫，即我们平时所说的“工夫在平时”。假如做到了“投资有计划、选股有目标、操作有铁律”，自然就成功了一半。多年的实践表明，巧“投入”，才能多“回报”。

（写于2008年4月2日）

# “完美”与“缺憾”

投资炒股没有绝对的“完美”，即使是6124点逃顶、1664点炒底的人，也不见得会心满意足、觉得“完美”，常常因没有抓住中间的反弹、没有捕捉到当天的涨停板而内疚、自责。相反，“缺憾”恰恰是难免的、绝对的。

最近，儿子中考体育，满分30，得了29，欣喜之余，略留遗憾。想想孩子体育从小都是弱项，能得29，已是万幸——本属“缺憾”的，成了“完美”；比比最近一次“模考”得了30，又觉有憾——本应“完美”的，却成了“缺憾”。

再一想，生活的角角落落、投资的方方面面，又何尝不像孩子的中考那样，既有“完美”，又存“缺憾”。仔细观察，不难发现，生活其实就是“完美”与“缺憾”的统一，不存在只有“完美”、没有“缺憾”的地方，也没有只有“缺憾”、没有“完美”的时候。炒股更是一种“完美”与“缺憾”时时相伴的数字游戏。既没有只有“完美”、没有“缺憾”的股民，也没有只有“完美”、没有“缺憾”的操作。无论股龄长短、水平高低、能力大小，还是操作成功与否、盈亏或多或少，都难免既有“完美”，又存“缺憾”。

“完美”是相对的，“缺憾”是绝对的。生活中，没有绝对的“完美”，看上去十分“完美”的东西，实际上往往留有“缺憾”；看起来似乎有“缺憾”的生活，其实正是其“完美”之处。投资炒股也一样，没有绝对的“完美”，即使是6124点逃顶、1664点炒底的人，也不见得会心满意足、觉得“完美”，常常因没有抓住中间的反弹、没有捕捉到当天的涨停板而内疚、自责。相反，“缺憾”恰恰是难免的、绝对的：怎么刚买入的股票又跌了、还是跌停？刚卖出的股票却涨了，且还是涨停！凡此种种，皆属于此。

“完美”不见得一定就是好事，“缺憾”也不见得一定就是坏事。因为“完美”，反而误人的事，生活中并不少见。因为太“完美”、太“顺利”，反而失去目标方向、失去前进推力，最终一事无成、遗憾一生的，大有人在。相反，因为“缺憾”，“坏事变成好事”的现象，生活中也屡见不鲜。有人在磨难中挺了过来，有人在逆境中顽强奋起，“坏事”反倒成了“好事”。炒股也不例外，有人刚下“股海”，正赶上牛市，就尝到了“甜头”，于是不知道天高地厚，不知道“股海”深浅，脑子一热、胆子一大、键盘一敲、钱又没了，最终吃了“苦头”。有人刚好相反，刚下“股海”，就赶上熊市，被“股海”“呛了水”，开始吃了“苦头”。于是，及时总结失利教训，始终不忘忧患意识，时时提醒控制风险，脚踏实地，一步一个脚印，最终“反败为胜”。

“完美”与“缺憾”并非一成不变，既彼此依存，又相互转换。“完美”离不开“缺憾”，“缺憾”也离不开“完美”。没有“完美”，就没有“缺憾”，没有“缺憾”，也无所谓“完美”。过去“完美”的，现在不一定仍是“完美”的，现在有“缺憾”，也不一定将来仍有“缺憾”，正如“月有阴晴圆缺”一样。炒股也逃不出这一规律，过去成功的，现在不一定还是成功的；如今失利的，也不代表将来永远不会成功。关键在于怎么面对“完美”与“缺憾”，如心浮气躁、冲动蛮干，“完美”也会变“缺憾”；如沉着应对、理性抉择，“缺憾”也会变“完美”。

追求“完美”，善待“缺憾”。“完美”与“缺憾”之间的辩证关系，是一种客观存在、不依人的意志为转移的客观现象，但并不妨碍人们去追求“完美”。恰恰因为人们在不断地追求这种“完美”，才使生活变得更加“完美”。但在追求“完美”的同时，也不能忘了善待“缺憾”，善待“缺憾”的过程本身就是在追求“完美”。投资炒股，同样要追求“完美”，善待“缺憾”。既要加强学习，刻苦钻研，在力求“完美”的同时做到“胜不骄”；又要摆正心态，两手准备，在善待“缺憾”的同时做到“败不馁”。唯有如此，才会使“缺憾”少一点，“完美”多一点。

（写于2009年4月27日，修改于2009年5月6日）

# “金钱”与“数字”

若把股票当数字，投资起来会理性，操作起来会顺手，心态也会更平和，甭愁不会钱生钱！

金钱是“热”的。衣、食、住、行，离不开金钱；工作、学习、生活，离不开金钱；有钱能走遍天下，没钱将寸步难行。

数字是“冷”的。数字，只是一种符号、一种标志、一种供人们使用的“冷血动物”。需要的时候，被人想起，供人使用；不需要的时候，被人遗忘，遭人抛弃。

股票就是金钱。股票可以变金钱，金钱也可变股票。股票上涨，就是金钱增多；股票下跌，等于金钱减少；没有了股票，也就没有了金钱；没有了金钱，等于没有了股票。

股票亦是数字。股票“量”的多少和“价”的高低，是用数字来体现的。没有数字，就无法体现股票“量”的多少和“价”的高低。股价的涨跌，实际上就是数字的变化；数字的变化，实际上也反映了股价的变化。

要把股票当金钱。金钱来得不容易，投资股票非儿戏，买股之前要慎重，要视股票如金钱。

别把股票当数字。股票毕竟非数字，此乃劳动心血换，莫把股票当数字，倍加珍惜才可贵。

太把股票当金钱，会使人紧张、激动，甚至害怕；会使人决策失误、动作变形、屡屡犯错；会影响身心健康、耽误工作学习，甚至导致家破人亡。

若把股票当数字，投资起来会理性，操作起来会顺手，心态也会更平和，甭愁不会钱生钱！

（写于2008年2月14日）

## 股市是所大学校

股市是所大学校，炒股也能成“大器”。在这所学校里，有人看到了希望，有人找到了归宿，只要认真学习，刻苦钻研，严格要求，勤奋律己，就能成为学员中的佼佼者，取得理想的学习成绩。

不管离去的人，是面带微笑，还是含着眼泪，前来“中国股市大学”就读的学员依然趋之若鹜，兴致勃勃。

没有校门围墙，不受时空限制，但却在国内外闻名遐迩。股市虽是股民用来买卖股票的场所，但更像是一所大学。与常规大学不同的是，股市这所大学没有院子，没有围墙，没有大门，不受时空限制，遍及全国各地。

虽没有名额限制，无须入学考试，但对学员素质要求极高。“中国股市大学”没有名额限制，在校学员从建校初期的寥寥几人，发展到目前的数以千万，且还在不断地发展壮大。股市也无须入学考试。无论男女老少，不管职业出身，只要符合基本条件，均可登记入学。但对学员素质要求极高。既有涉及政治、经济、科技、文化等知识方面的素质要求，也有较高的心理、心态等方面的素质要求。否则，一不小心，随时都有被淘汰出局的可能。

“股市大学”没有书记校长，没有院系班队，不分专业等第，没有专本之分和年级之别。无论学龄长短，资格深浅，也不管是老师，还是同学，在权利、义务方面，均一视同仁。管理也规范统一，秩序井然，有注册、有登记，有一整套严格规范的运作机制和管理体系。

老师五花八门，教材多种多样，但不考试也无标准答案。从进入大学的第一天起，学员就有许多知识要学，很多功课要做。“股市大学”的老师五花八门，有专业的、非专业的，有资深的行家、也有初出茅庐的新手；教材多种多样，既有政策法规，又有公司资讯等等；教学形式也是千差万别，有的看电视，有的听广播，有的上网校，有的看书读报听讲座等，不一而足。值得一提的是，这还是一所没有小考、中考、大考等各种考试，甚至连作业都没有的学校。且所学内容均无标准答案。无论是“大盘研判”，还是“个股研究”，均无统一标准的答案，全凭学员感觉，实行的是“走一步、看一步，走到哪、算到哪”，答案全是“未知数”。

准时开课结束，生活紧张刺激，但时常有喜悦泪水相伴。“股市大学”实行的是每周5个工作日、每天4小时工作制。节假日照常休息。工作日分上、下两节课，每节课2小时，都会准时开始结束，课间休息一个半小时，精确得不差分秒，其他学校无法与此相比。课本内容变幻莫测，要求学员全神贯注。全体学员都非常投入，无论是在课内还是课外，大家都会时常在一起交流心得、切磋技艺、相互学习、共同提高。学习生活既丰富多彩又紧张刺激，随着红、绿、白3种颜色数字的不停跳动，学员的心脏也会随之跳动，时而开心激动，时而沮丧流泪，直至下课，这种紧张的生活才会逐渐地恢复平静。

学费相对昂贵，回报充满变数，但却非常锻炼人考验人。无须任何发动，虽然省吃俭用，但所有学员都会自觉地投入时间，投入金钱。尽管不一定会有回报，有时甚至会连本带息被“吃掉”，仍义无反顾、无怨无悔。学校还是个培养人、锻炼人、考验人的地方，考验学员的眼力，考验学员的判断，考验学员的耐心，考验学员的意志……股市是所大学校，炒股也能成“大器”。在这所学校里，有人看到了希望，有人找到了归宿，只要认真学习，刻苦钻研，严格要求，勤奋律己，就能成为学员中的佼佼者，取得理想的学习成绩。2007年，全体中国股民还被香港《亚洲周刊》评为了“2007年度风云人物”。

不分学期长短，没有开学结业，但前来就学者趋之若鹜。“股市大学”虽也有学员进出、流动的情况出现，但却是所终身学习制的永久性大学，不分学期长短，没有开学结业，从入学的第一天起，就注定绝大多数学员将要无止境地学习下去。日复一日，年复一年，随着岁月的流逝，学员也自动轮回，潮涨潮落、代代相传。不管离去的是什么时间，以什么方式，也不管是面带微笑地离去，还是含着眼泪地淡出，唯一不变的是，前来“股市大学”就读的学员依然趋之若鹜，兴致勃勃……

（写于2008年5月11日，修改于2009年4月22日，原载于2009年4月25日《楚天金报》）

# 感悟篇：炒股，要经得起“考验”

考验，无处不在；考验，无时不有。这就是股票，这就是股市。只有那些面对考验不惊慌失措，面对考验始终做到方寸不乱的投资者，才能在这个高风险的市场里生存，才会在这个许多人难以立足的市场里笑到最后。

## “行情演绎”为何常与多数人的预期相反

作为中小散户，在平时，对各大机构、业内人士的行情研判，可以也有必要予以适当关注、作为参考，但绝对不能太当回事，一定要有自己的判断、主见和计划。请记住：相信自己不会错。

无论是持股，还是持币，多数投资者都非常关心“明天”的行情怎么“演义”。涨还是跌？涨，能涨多少？跌，会跌几点？等等。因此，每当下午收市后，许多人总要通过看电视、听广播，或上网、看报等不同方式，了解各大机构、业内人士对后市大盘的研判和个股的看法，并以此作为“明天”操作的依据之一。

然而，这些研判和看法，究竟对不对、准不准，“正确率”有几成，“可信度”有多少，却很少有人会在“事后”加以关注或留意。为此，我特意翻出了以前买来的报纸，以五、六两月为例，对相关文章进行一次“正确率”检验。

先来看一下五月的行情预测和收盘结果。大盘自6124点见顶以来，两市出现了大幅下跌，仅2008年1～4月，上海就下跌了29.81%，深圳也跌了23.70%。好在“五一”前最后一个交易日（4月30日），两市出现了大幅反弹，上海综合指数和深圳成分指数分别上涨了4.82%和4.84%。在此背景下，一些专业机构、业内人士，都对“红五月”的行情充满了自信。“半数机构看好五月行情”，“中线行情起步，操作适当积极”，“反弹还仅仅是一个开始”，“有望挑战四千点上方”。仅从一些媒体刊登的这些标题，就可看出当时大家对“红五月”的期待有多深！

中小散户也一样看多。某报刊登的一项调查，从一个侧面反映出中小散户当时一致看好五月行情的激动心情。在“预测未来一个月内上证指数能升多高”一栏里，调查结果显示：认为五月收盘会在3600～4000点的达到52.27%，4000点以上的占40.66%，而认为在3600点以下的，只占7.07%。对五月行情的预测用“一致看多”来概括也并不为过。

然而，五月收盘结果，却给善良的人们以“当头一棒”：上海综合指数收盘3433.35点，下跌了7.03%；深圳成分指数收盘12048.24点，下跌了10.79%。这一收盘结果意味着，不仅有92.93%的中小投资者统统“扑空”，而且绝大多数专业机构、业内人士也全部“失算”。

再来看一下六月的行情预测和收盘情况。“五月不红六月红”。鉴于这样的心态，六月行情预测几乎也是“一边倒”地看多：“红6月行情值得期待”，“抓住有利时机做一波行情”，“五成专家下周看涨”。从中可以看出，继五月行情由“希望”变“失望”之后，大家对六月的行情依然充满了期待。

然而，正如失望的五月一样，六月收盘结果再一次令绝大多数“自信”的投资者大失所望。该月，上海综合指数收盘2736.10点，深圳成分指数收盘9370.78点，短短一个月时间，分别下跌了20.31%和22.22%。这一结果的出现，同样是绝大多数机构、业内人士和中小散户所始料不及的。而且与五月相比，六月下跌幅度进一步扩大，呈现出不断加速之势，堪称“有过之而无不及”。

与绝大多数人的“美好预期”相反，也有少数业内人士显得较为理性。国资委主任李荣融在国资委2008年一季度经济形势通报视频会议中表示，股市表现好坏的根本还在于企业，后市能不能走好的关键在于预期。“股市的动荡目前还没有过去，因为经济增长还没有走入一个稳定持续增长的阶段，因为国际环境影响仍在制约着中国。”然而，在众人一致看好“红五月”行情之机，5月1日《大众证券报》刊登的《李荣融：股市动荡还没过去，最担心资金链》这篇文章发出的“警告”，有几个人能够听得进去？即使有谁真听进去了，但能够真正做到、做好，且从中受益的，又有几个人？

市场是无情的，甚至是残酷的。五、六两月“行情演义”的结果与多数人当初的预测大相径庭，给这些市场参加者再次上了“生动的一课”。值得一提的是，广大投资者希望最大的五、六两月，恰恰是失望最大、损失最为惨重的两个月。

既然“行情演义”总与大多数人的预期相反，行情预测的“正确率”也高不到哪里去，那么，预测行情还有没有意义、有没有必要？相信看到这里的时候，答案已经不言自明。问题是，作为中小散户，面对各种各样的“预测”，到底该怎么办？

以笔者之见，作为中小散户，在平时，对各大机构、业内人士的行情研判，可以也有必要予以适当关注、作为参考，但绝对不能太当回事，一定要有自己的判断、主见和计划。请记住：相信自己不会错。

（写于2008年7月13日，原载于2008年7月19日《大众证券报》）

## 这么多涨停板为何总没“我的事”

精挑细选股票、拿住骑牢看好、任凭怎么折腾、我自岿然不动。学会、做到了这一点，就总会有“芝麻开门”的一天，总会有涨停板轮到你头上的时候。

股民，无论新老，每天在盘中或收市后，大多要看看行情、瞅瞅涨幅榜，尤其是那些雄居前排位置的那些“明星们”——涨停板股票。但新老股民的区别在于，老股民多半是以旁观者的身份，像看路边的风景一样欣赏一番就完了，而新股民总是陷得很深：这么多涨停板怎么又没我的份？自己手里的股票怎么全是些“瘟股”？是不是股票也兴“别人家的比咱家好”？明天要不要扔掉手中的“瘟股”，去追这些涨停板？

有类似心态的股民应该大有人在。妻是个入市不久的新股民，也常有这种想法和冲动。每当此时，我总会尽量耐心地讲些自己知道的事情，并提出一些与此有关的问题，供她思考。

“知道涨停板是怎么回事吗?”“不知道!”妻回答得很干脆。有时候,她想以涨停价委托,却连涨停价怎么计算都不知道,常问我“该股涨停价是多少?”等等。我不止一次地告诉她:据我所知,炒股好比在农贸市场做生意,股民如同生意人,股票如同青菜萝卜。在某一时间,股票的供应量是固定的,有人把它藏起来不卖,有人把它拿出来到市场上去卖。卖的人里面,有人愿以低廉的价格出售,有人想以较高的价格卖出。这是“供”的一方。从需求来看,某一股票,在不同的时间,市场需求是不同的。有时想买的人很多,有时要求买入的人不多,有人敢于追高买入,有人只愿意低价吸纳。当供求双方大致平衡的时候,股价也相对平稳;当供大于求的时候,会有不少人选择廉价出售、打折出售、亏本出售,等等,导致股价下跌,甚至跌停;当供不应求的时候,在股票供应量一定的情况下,会有不少人选择高价买入,导致股价上涨,甚至涨停。即便如此,还是会有不少人买不到自己想要的股票,于是赶紧排队。有人排了一天队,还是没有买到,于是明天、后天、大后天,在这支股票的“门前”,始终排着长长的队伍。这就是股票之所以会涨停的缘由。再说得直白点,股票的涨跌其实就是由供求关系的变化所造成的。

“知道股票涨停与概率原理之间的关系吗?”“不知道!”妻还是回答得很干脆。说实在,最近几天,尽管大盘不温不火、起色不大,但个股行情还是此起彼伏、大有做头。在涨幅榜上,时常可见“涨停板”们的身影,多数日子都会有多则成百、少则几十支股票涨停情况的出现。与此同时,大家也会感到,在这么多涨停板的股票里面,却常常没有自己持仓股票的身影。每当此时,妻总会感到不大好受:“这股票是不是存心跟自己过意不去?我到底哪一点得罪了涨停板们?”同样,每当此时,我都会告诉妻:自己的股票没有涨停是再平常不过的事了。不要把目光光盯在涨幅榜上,只关注那些“明星们”,还要去看看跌幅榜,看看那些默默无闻的“普通百姓”。两市每天在上市交易的公司多达一千多家,这几家涨停的股票,算起来屈指可数,比例还不到1%,所以,轮到涨停是偶然的,轮不到是必然的。这就好比买彩票,10个数字,如果你都买了,肯定会出现其中的一个,但如果只买其中一个数字,那出现这一数字的可能性只有1/10,换言之,买了10次,可能9次都不“中”,只有其中一次才有可能命“中”,而且这一次也仅仅是“可能”而已,没有绝对的把握。上面的分析,如果用书面点的话说,叫做概率。概率学研究的重要内容，便是事件出现可能性的大小。明白了概率的原理，懂得了其中的真谛，就会见怪不怪了，也就不会觉得这么多涨停板为何总没“我的事”了。

“知道该怎么做自己的股票才会涨停吗?”“不知道!”妻依然这样干脆地答道。我说，做股票跟日常生活没什么两样，越是想得到的东西，可能越是得不到，越是平常心待之，“好事”越是会降临到你的身上。这里的意思是，对涨停板不要刻意地去想、去追求，特别是不切实际地奢望一天一个涨停这样的“好事”会天天发生在你的身上。但也不是说可以完全地消极以怠，关键是要明白股票为什么会涨停？怎么做，自己的股票才会涨停？还是把话题切入到市场的供求关系上来。上面提及的供求平衡、供不应求和供大于求三种关系，指的是某一股票，在某一时段出现的一种独特现象。在很多时候，这种关系是动态的、经常地发生变化的。现在处于供求平衡状态的股票，并不等于以后也会平衡；刚才还是供不应求的股票，也不等于随后还会供不应求；眼下供大于求的股票，更不代表永远都会供大于求。极端的情况是，刚才还是供不应求、处于涨停的股票，往往等你一买，立马就供大于求、开始下跌，有的甚至跌停。涨停的“甜头”没有尝到，跌停的“苦头”倒是实实在在地吃到了。所以，这里的关键是要有提前量，能够提前发现潜在的涨停板，而不是等到已经涨停了再去后悔。怎么发现？如果有提前预知的真本领当然最好，但多数人可能都无法知晓，唯一有效的办法是，精挑细选股票、拿住骑牢看好、任凭怎么折腾、我自岿然不动。学会、做到了这一点，就总会有“芝麻开门”的一天，总会有涨停板轮到你头上的时候。

可惜的是，我的妻基本不看，类似上述问题也基本答不上来。每当讲起上面这些“大道理”，妻自然也是听不进去。因为，她想听的、她所要的是明确地告诉她“今天什么股票会涨停、该股能有几个涨停板?”但恰恰这一点我做不到，所以也无法满足她。至此，我突然想到，尽管每个老股民也都是从新股民一步步地走过来的，但要真正懂得其中的道理，顺利完成由新股民到老股民的转变，要走的路其实非常漫长!

（写于2008年6月4日）

## 为何下跌总在“我”买入后发生

“快买！不卖！万一涨停！”这是新股民常挂在嘴边的一句话。主力正是抓住了股民的这种心理，在将股票拉到一定高位、“画”出美丽图形、制造各种“利好”之后，设下陷阱让投资者往里面跳！

对于下跌，不同的投资者会有不同的预期和企盼。空仓的或者刚卖出股票的投资者，总是希望大盘和卖出的这支股票出现下跌、大跌，甚至暴跌；已经买入的或者想卖未卖的投资者，则希望大盘和个股不断上涨、大涨，甚至暴涨。但在许多情况下，这种预期和企盼仅仅是股民美好的愿望而已，结果往往事与愿违。

在实际操作中，大家都有这样的经历：对看好的目标股，你不买，它天天涨，你一买，它就跌。

最近，作为新股民的妻就经历了这种“痛苦”的“磨难”。绵世股份是妻经常关注的自选股之一。由于该股质地优良、业绩良好、股性又活，妻一直想买，但因该股涨幅已大，担心买后被套，故迟迟没有下手。可你越是不买，它就越往上涨。5月13日早，妻狠狠心，要我以昨收盘价（30.95元）跌4%（29.71元）的价格替她买入绵世股份2000股。结果，在该股回调到29.00元的时候，我代她买入了2000股绵世股份。在随后的日子里，妻最担心的事又发生了，绵世一改往日的上涨势头，出现了连连下挫，仅几天工夫，仅绵世一支股票，妻的账面就亏损了近万元。

为何下跌总在“我”买入后发生？这是许多新股民发出的共同感慨。原因何在？除了与心态有关外，情况大致可分为两种：

一是在担心下跌中股价不断上涨。因为涨幅已大，担心下跌，所以不敢买。因为不敢买入，所以天天上涨。由此循环，不断往复。等有一天，股民终于控制不自己，突然决定一搏、赶紧杀入的时候，行情就到头了，股价来了个360度大转变，该股民成了最终的买单者。

二是在担心上涨中股价不断下跌。一买就跌也好，不卖还跌也罢，共同的一个特点是，因为担心上涨，所以追入，所以不敢卖出。“快买！不卖！万一涨停！”这是新股民常挂在嘴边的一句话。主力正是抓住了股民的这种心理，在将股票拉到一定高位、“画”出美丽图形、制造各种“利好”之后，设下陷阱让投资者往里面跳！

当然，没有只涨不跌的股票，也没有只跌不涨的股票。在新股民买入后一路下跌的股票，也会有转机发生，也会有涨的时候。遗憾的是，这个“涨的时候”往往就是曾经买入该股的新股民实在忍不住下跌的折磨，终于选择斩仓、离场的“时候”。

（写于2008年6月5日）

## “黑马”为何偏在扔下“我”后开始奔腾

股市本没有“黑马”，因为主力与散户之间，在斗智斗勇的过程中，人为地将某一股票在某一特定的时间段造成供求关系失衡，出现供不应求现象，才导致股价的上涨和“黑马”的出现。

平心而论，作为股民，无论新老，大多骑过“黑马”（包括大“黑马”）。但真正能够骑完全程，并享受“黑马”狂奔所带来的乐趣的投资者却并不多见。不少人在“黑马”还未开始奔跑或者刚刚启动时就被早早地赶了下来。

中卫国脉（600640）是最近跑得最欢的“黑马”之一。入市不久的新股民——妻持有的中卫是2007年10月买入的，成本约在17元左右。买入后，中卫在震荡几天后，一路下跌，最低跌至6元左右，妻无奈之下“割”了一部分，余下3000股没有抛。

5月23日（周五）下午一开市，沉寂多时的中卫借通讯题材突然放量涨停，妻甚是高兴。26日（周一）一早，妻要我代她冲高卖出持有的全部中卫（昨收8.79元）。我遂以涨停价低一分的价格作了卖出委托，结果中卫以涨停价（9.67元）开盘，顺利成交。中午收市时，该股有所回落（大约涨六七个点），妻高兴得连连说我抛得好。我问她“要不要接回？现在接回不仅筹码回来了，而且还多出了千元资金。”妻说，说不定涨过以后还要下跌，决意不再买入。在随后的几天里，中卫“黑马”一路狂奔，绝尘而去，6月3日最高价达到13.98元，收盘12.07元，一匹大“黑马”就这样与新股民失之交臂。

新股民为何对一路阴跌、甚至暴跌的股票能够死死地抱住不放，但对刚刚开始启动的“黑马”却骑不住？分析起来，原因大致有三。

**一是迷信K线**

说新股民不学习、不努力，这实在是有点冤。其实，新股民在学习中一点都不亚于老股民，看K线、研究行情图形比谁都卖力。但问题是，在看K线、研究行情图形的时候，往往只注重“过去”，不考虑“将来”。喜欢在上升通道运行的股票，不论股价有多高、涨幅有多大，“会涨的就是好股票”，不假思索地大量买入。一旦图形破位被套，便怨声连连；不喜欢走下降通道的品种，一旦持有这类品种，不管买入成本有多高，股票稍有上涨便忍痛“割肉”。殊不知，刚刚跑掉的往往是一匹未来的大“黑马”。

**二是无的放矢**

新股民在选股的时候，同样非常努力，常常通宵达旦。但到底在选什么样的股票，是选涨幅大的还是小的，股价高的还是低的，热门的还是冷门的，其实心里并不完全清楚。选了半天，常常无功而返。操作的时候，往往缺乏计划，有很强的随意性。比如，在大盘不同的点位，控制多少仓位？对不同的个股在不同的价位，买还是卖？心里往往无数。以妻卖中卫为例，假如采取的是长线持有的策略，不仅不会在刚刚开始上涨的时候卖出，而且还会在一定的低位适量补仓。期间，如能再做些短差当然更好，但必须及时接回，中卫以涨停价（9.67元）卖出后，如果不是患得患失、贪心太重，能及时地在回调三四个点的时候买回，不仅不会痛失“黑马”，而且还能多出不少资金。

**三是心态浮躁**

新股民看行情的时候，往往特别喜欢看涨幅榜，尤其是对涨停板上的股票情有独钟。“这支股票昨天我刚刚看过，本来想买的”；“那支股票我跟踪了好长时间，要是今天早上一早买入就好了”。类似的事后话常挂在一些新股民的嘴边。说明什么？急功近利思想在作祟！老股民认为，要不被“黑马”赶下去，就要学会长线投资，学会忍耐，不怕被折磨。

股市本没有“黑马”，因为主力与散户之间，在斗智斗勇的过程中，人为地将某一股票在某一特定的时间段造成供求关系失衡，出现供不应求现象，才导致股价的上涨和“黑马”的出现。作为散户，特别是新股民，永远无法知晓这种失衡的供求关系会出现在哪个品种上？会在什么时间出现？唯一能做的，就是不管主力与散户之间怎么厮杀，始终做到沉着镇定、岿然不动。若真能做到这些，还用担心“黑马”跑了？

（写于2008年6月3日）

## “抱怨”无济于事，“适应”才是本事

做一名折中的股民，什么时候都不满仓，什么时候都不空仓，涨有涨的计划，跌有跌的打算，看行情就如同欣赏音乐，既能听懂“涨的高潮与激情”，又能欣赏“跌的深沉与感人”。

行情急挫，怨声四起。炒股十几年，有许多体会，其中一条是，股市涨跌没什么规律可循，全凭市场自身的喜好。但股民情绪倒有一定的规律，即，行情好的时候，大家眉开眼笑，一片欢腾；但跌的时候，随着资金和市值的

不断缩水，不少人开始怨声载道，抱怨、指责声四起。有的怪罪证券公司、咨询机构言而无信、成了“黑嘴”；有的抱怨管理层、政策面调控无方，该管不管；有的认为股市下跌和投资者损失，都是市场规则、制度缺陷造成的；还有的对媒体希望资本市场健康稳定发展的呼声不屑一顾，认为光口头说说，没有实质性救市措施又有何用？很少有人能从自身方面去查原因、想办法、找对策。

**多从自身，查找原因**

说心里话，作为市场的参与者，面对大盘和个股跌成今天这样，我的心情也和大家一样，非常难过，也少不了会产生一些责怪和怨言的情绪。但经历多了以后，想法反而会变得理智起来。譬如，如何看待眼下股市的暴跌。我认为，正如股市上涨、股民赢利是多重原因促成的一样，股市下跌、股民亏损同样是由于多种原因共同作用的结果。从市场层面看，既有外部的原因，如宏观调控政策、企业经营业绩所致，也有市场本身的涨跌规律，如大盘和个股的波动周期。既没有只涨不跌的股市，也没有只跌不涨的股市，涨多了就要跌，跌多了就会涨。从投资者层面看，导致亏损的原因也有多方面，既有大盘下跌所造成的系统性原因，也有自身操作所造成的非系统性原因。如果抛开自身原因不说，光把目光盯在外在的、客观方面的原因，并加以不切实际的放大，这个“结”将永远都无法解开。

**要想生存，唯有适应**

任何事物都有两重性，没有绝对的“好事”，也没有绝对的“坏事”。股市下跌也一样，从投资所造成的损失看，似乎是件“坏事”，但如果从风险已经得到极大的释放看，却又成了件“好事”。还有，同样的下跌，对于不同的投资者，也有截然不同的结果。对于重仓甚至满仓的投资者来说，可能是件“坏事”，但对于轻仓甚至空仓的投资者来说也许就是件“好事”了。再说，当下跌已经成为事实，已经无法改变的情况下，不一味地抱怨和指责，而是对过去的操作，不断地加以回顾和总结，在今后的投资道路上少犯或不犯类似的错误，从失败的阴影中走出来，面对市场的现状和实际，逐步地去学会适应。若能这样，“坏事”同样会变成“好事”，这叫“适者生存”。除此之外，没有它法，除非你远离股市，永不回来！

**宽以待人，不会有错**

撇开导致本轮行情大幅下跌的主客观原因不说，作为投资者，心平气和地面对现实，及时认真地加以总结，理性客观地面向未来，肯定比一味地钻在埋怨指责的“死胡同”里要强许多倍。如果能够客观看待近段时间管理层和媒体为维护市场稳定所做的努力，再加上换位思考、宽以待人，思考问题、处事方法便会大不一样。再说，少强调客观因素，多看到自身不足，也是传统美德之一。况且，在抱怨、指责他人的同时，对自身往往也会造成潜移默化的损失，对工作、学习、生活也会带来一些负面影响，有道是“抱怨无济于事，适应才是本事。”

真要适应，还须忍耐。当然，有的朋友可能会说，“适应，适应，说说容易，做起来难。像今天，大盘和个股跌得如此之惨，跌停板股票到处都是，市值损失更大，远远超过大盘跌幅，不看账户也罢，看了更加气人，有时候连‘看一眼’的勇气都没有，你叫我怎么适应?!”其实，这不仅是许多股民的想法，也是我今天的感受。的确，在今天这样的市场环境里，要学会适应，做到沉稳，谈何容易？但不去适应怎么办？

至于适应的方法，得因人而异，以下几点可供参考：一是忍耐法。从进入股市的第一天起就要有忍耐的思想准备。现实生活中，一些成功人士，有许多都是敢于忍耐、善于忍耐的典范。在忍耐中蓄势，在沉寂中暴发。投资炒股也一样，最终成功者，无一不是在最困难的时候“忍得住、耐得牢”的人士。二是远离法。如要忍耐，实在有困难，不妨在一定的时间里远离股市，这也是不是办法的办法。三是欣赏法。做一名折中的股民，什么时候都不满仓，什么时候都不空仓，涨有涨的计划，跌有跌的打算，看行情就如同欣赏音乐，既能听懂“涨的高潮与激情”，又能欣赏“跌的深沉与感人”。

好了，说着说着，又扯远了，其实我自己也在不断地摸索、尝试与学习中，以上想法算是与大家共勉。

（写于2008年7月16日，原载于2008年7月26日《大众证券报》）

# 感谢2007！

在股市，笔者收获了金钱，收获了感悟，收获了友情，收获了生活，收获了希望。收获的实在是太多、太多！

世界多么美好，生活如此精彩！

这就是2007！神奇的2007！难忘的2007！

当2007年的台历即将翻到最后一页的时候，当2007年的股市悄然收官的时候，笔者最想说的话是：感谢2007！

感谢2007，让笔者收获了金钱。12月28日，当两市收盘以后，2007年的沪深股市也落下了帷幕。让全国股民高兴的是，上证指数从2675.5点，涨到了5261.6，涨幅达到了96.66%，成为2007年全球表现最强的股市。让笔者感到高兴的是，经过一年的努力，本人不仅跑赢了大盘，实现了年初制定的赢利目标，把10多年来投资所造成的亏损统统还清，还取得了一笔数目不小的赢利。如果以年初的市值作为基数，赢利达到了359.66%。如果以年初的市值加上全年追加投资的总和为基数，赢利也有102.47%，该知足了。

感谢2007，让笔者收获了感悟。2007年投资，让笔者收获的，不仅是财富的增加，还有比财富更值钱的东西——感悟。比如，在大盘和个股剧烈波动的时候，怎样做到"把握趋势，从容应对"。比如，当管理层频频"教育"的时候，怎样正确理解管理层的意图，做一个聪明的"小人"；比如，当股指与市值相背离，指数严重失真的时候，怎样透过现象看本质，不被"虚假"的指数乱了"方寸"；比如，怎样以买菜的心态选股，怎样进行反季节选股，怎样处理好长线和短线的关系，怎样正确面对股评，怎样做一名"高手"中的"高手"。

感谢2007，让笔者收获了友情。边炒股边写博，边写博边交友，是笔者2007年获得的又一大收获。自8月19日“笔者日记”开张以来，坚持做到边炒股边写博，并基本上保持了每天一篇的发博速度。同时，写博、发博的过程，也是扩大交流、增进友谊的过程。在都快网，在19楼，既有朋友来笔者博客作客、留言，也有笔者去朋友那里作客、留言。

感谢2007，让笔者收获了生活。“有股的日子真好！”这是笔者发自内心的感受。因为有了股市和股票，使我们枯燥的生活变得丰富多彩；因为有了股市和股票，使我们对“明天”多了一份憧憬和期待；因为有了股市和股票，使我们彼此之间缩小了距离，多了一些共同的语言。还因为股市和股票，与生活和民众有着许多相通之处，股市和股票教会了我们怎样做人，怎样做事，怎样待人，怎样处世。还因为有了股市和股票，使我们在正常工作、学习、生活的同时，多了一份可以关心的东西，多了一份可以从事的事情，使我们的生活更丰富、更充实。

感谢2007，让笔者收获了希望。“因为股市在，所以希望在！”无论你在过去的一年里，投资的结果是赢还是亏，总结的是成功的经验还是失败的教训，带来的是喜悦还是泪水，留下的是欣慰还是遗憾，接下去的一年，对你、对我、对他，对所有的人都是一样的公平，一样的充满了诱惑、期待和希望。从这个意义上说，2007年，既给了笔者明天的希望，也给了所有的人希望的明天，因为大家共同获得了新的希望。

收获了金钱，收获了感悟，收获了友情，收获了生活，收获了希望。笔者收获的实在是太多、太多！2007，笔者要感谢的，也还有很多、很多。在2008年新年的钟声即将敲响的时候，笔者有太多、太多的话想说，但最想说的，还是这句“感谢2007！”

（写于2007年12月29日，原载于2008年1月3日《浙江工人日报》）

# 一个普通散户的年度投资报告

涨也不喜，跌也不悲，始终以平常心对待股市和股票，用平常心浏览行情，进行操作，还慢慢领悟了“炒股如做人”这一浅显而又深刻的道理。机会只留给有准备的人，精彩也只属于心态平和的投资者。

**别了——2008!**

2008年12月31日下午3时，随着显示上证指数的大屏幕定格在了“1820.81”这一数字，沪深股市又结束了一天的交易。2008年的股市也由此划上了痛心而又无奈的句号。面对“1820.81”的收盘指数，2008——留给广大股民的，除了亏损、泪水和失望，还有教训、反思和期待。别了，2008!

**“战绩”——虽败犹荣**

下班后，像往年一样，在岁末这一天，我都要打开账户，翻出笔记，连夜赶制一份“年度投资报告”，向“市场老师”交上自己的一份答卷。

先来看看大盘。一年前，在经历了2007年的大涨之后，广大股民对“大事多、喜事多”的2008同样充满了期待；一年后，伴随着金融风暴席卷全球，沪深股市也出现了单边下跌，上证指数从年初的5261.56点，跌至1820.81，下跌65.39%。两市股灾式的暴跌走势，出乎绝大多数投资者的预料，也把广大投资者的期待、憧憬和梦想击得粉碎。

再来看看笔者——一个普通投资者的市值：年初开设的“20万元投资组合”（29日6.40元买入威华股份2800股）起始日期2008年1月2日，起始资金200000元，目前持仓市值68386，资金30761元，合计99147元，亏50.43%。比大盘少跌14.96个百分点，虽已腰折，但跑赢指数。

大、小两个账户合在一起，按年初市值为基数，总共亏损49.00%；按年初市值加上全年新投入的资金为基数计算，则亏41.37%，比大盘少跌24.02个百分点。虽然没有达到年初确定的赢利目标，但依然跑赢大盘。

如把2007、2008两年投资年度收益加在一起计算，盈亏相抵，还赢利2.32%，同期大盘下跌31.95%，还是跑赢大盘34.27个百分点。

如按今年两市投资者的平均亏损程度计算，同样感到欣慰。据一项历时半个月、由全国25110位投资者参加的网络大调查结果显示，在过去的一年里，60%的股民亏损幅度超过70%，还有22%的股民亏损幅度在50%～70%之间，即有82%的股民亏损幅度达到50%以上。相比之下，笔者全年41.37%的亏损，不仅跑赢了大盘，而且成了“十个股民只有一个亏损幅度在50%以下”中难得的“1/10者”，这是在以前是我想都不敢想的事。

2008，颗粒无收的投资者无奈之下，比业绩时比的不是“谁赚得多”，只能比“谁亏得少”；2008，笔者也亏了，但虽败犹荣。

**“投入”——紧张忙碌**

“全年41.37%的亏损”这是十个股民中“战绩”最好的一个。可见2008年对于广大投资者而言，是何等的残酷和凄惨。况且，要成为“十里挑一”，亏损控制在50%以下，也并非易事。

是啊，为了能够取得“全年41.37%的亏损”这样骄人的“战绩”，我常常不分白天黑夜，废寝忘食，任劳任怨，研究政策动向，捉摸上层意图，分析股市行情，捕捉两市黑马。

是啊，为了能够取得“全年41.37%的亏损”这样骄人的“战绩”，我常常省吃俭用，东拼西凑，把工资、奖金，一切能够投入的金钱，全都投到了股市里面，多一分是一分。

是啊，为了能够取得“全年41.37%的亏损”这样骄人的“战绩”，除了投入精力、财力外，还不断地研究股市运行规律，总结投资理财心得，分析成败得失缘由，提高实战应对能力。

是啊……

**“遗憾”——不堪回首**

股民的付出远不止这些，所承受的压力也比想象的要大得多。俗话说，一分耕耘一分收获，可这句话偏偏到了股市却不灵验，似乎有意要捉弄善良而又无辜的普通投资者……

对于如此执著、“投入”的股民，市场还是没动恻隐之心，反而来了个“一网打尽”，不仅将许多投资者上一年的赢利几乎悉数奉还，而且使一个入市十多年的第一代股民入市以来的总收益再次由赢利变成了亏损。

究其原因，一是对困难估计不足，被2007的短暂辉煌冲昏了头脑。记得2007年也是这个时候，笔者写过两篇博文，分别是“感谢2007”和“2008：有钱就买”。那时，一些以专家自居的业内人士纷纷预测2008年的股市会冲破8000点，甚至10000点，最保守的估计，低点也在三四千点以上，几乎没有人料到股市会跌到3000点、2000点以下，甚至更低。

二是对在牛市十分惯用而在熊市却非常致命的长线投资可能带来的后果缺乏思想准备。长期满仓导致的结果是大盘大涨市值小涨，大盘小涨市值不涨，大盘不涨市值小跌，大盘小跌市值大跌，大盘大跌市值暴跌。尤其是在3000点以下管理层频出救市之招以来，全仓杀入抢反弹导致的“致命伤”使更多的投资者“大伤元气”。

### “收获”——感悟多多

2008，除了留下深深的遗憾，更多的却是收获。

从投资本身看，经过这些年的历练，笔者也和市场上所有的“有心人”一样，不断摸索适合自己的炒股方法。

大家知道，股市的最大魅力是它的“不确定性”，谁也无法预料；炒股最有效的方法在于“没有方法”，没有一成不变的经验，没有人人惯用的工具；炒股的最高境界在于“视钱非钱”，既要珍惜金钱，因为它来之不易，又不能过于看重金钱，否则将导致心态失衡。对此，不是所有的人都会有体会。正因为有了这一点，虽不能保证赢利，但至少不会被市场轻易地所淘汰，更不会出现“生活被股市所左右”这样的被动局面。

而且，在总结、感悟的同时，能够把体会、心得及时地记录下来，形成文字，通过博客、报纸，发表出来，同样是一种收获。一年来，分别在《大众证券报》、《浙江工人日报星期特刊》、《股市动态分析周刊》杂志等专业媒体发表文章数十篇，既时常地提醒自己，又及时地受益他人。

当然，最大的收获在于心态比过去平和了许多。过去，无论股市是涨还是跌，总是提心吊胆，跌急涨也急，还时常影响工作，影响生活，常常弄得饭吃不下，觉也睡不香。如今却大不一样，涨也不喜，跌也不悲，始终以平常心对待股市和股票，用平常心浏览行情，进行操作，还慢慢领悟了“炒股如做人”这一浅显而又深刻的道理。

**你好——2009！**

2008已经过去，成为历史，回顾总结也不是目的。展望未来，2009年的股市怎么运行，谁也无法预料。可以肯定的是，在经历了2008这样的大幅下跌之后，风险已慢慢得到释放，机会正悄悄来临。行情始终有两种可能——涨和跌，对此，投资者既不能盲目乐观，也不应过度悲观；操作始终要进退有余，按既定计划，既不盲目追涨，也不轻易杀跌；结果始终要两手准备，既不因涨狂喜，也不因跌悲观，更不能因为炒股影响正常的工作、学习和生活。

2009，不缺的是机会和精彩，缺少的是足够的信心、充分的准备和平和的心态。机会只留给有准备的人，精彩也只属于心态平和的投资者。

（写于2009年1月4日）

## 注定会有喜悦与泪水相伴
### ——致晚辈的一封公开信

在高风险的证券市场投资，一定要用空闲的时间，拿出家里一少部分闲钱来投资。“总结过去，获取经验”永远都不会过时，永远都不会有错。

昨晚，我的一个晚辈用“悄悄话”在我的博客里作了“深情”留言。摘要如下。

【来信】

自从2007年月2月进入股市，在这段时间对股市的体验和感受如下：

2007 年我的收益没有其他人那样达到翻倍，也许是因为宏观政策面的因素，在 5. 30 大跌恐慌心理影响下而割肉斩仓。但主观的因素还是盲目地选择调换手中的股票所致。当在我周围的朋友们都以笑之而赢利的时候，我的心里是有一点点的失落，感觉被股票忽悠了。

在这个时候，我选择总结过去，获取经验，也可以说在这个时候想起你说的那句话“看股市的涨跌就是看你如何看待金钱”。我顿时欣然，在未来的半年中一直持有 601991 与 600650，对这两支股票几乎做到手中有股心中无股的心态，只是偶尔想起的时候，利用几分钟的时间看看此时的走势，不管涨跌如何，还是会重新投入工作中……

这段时间很多朋友的“哭声”或“无声”都一一显现出来了，没有以往的那种激情和喧哗了，但在我心里也没有那时的恐惧和无奈了，只是默默地等待黎明的出现……

晚辈××

【回复】

早上起来，看了一下自己的博客，看到了你给我非公开的“留言”，心里很高兴。现作答如下：

“在 5. 30 大跌恐慌心理影响下而割肉斩仓”：别说你这个入市才一年的新股民在“5. 30”割了个地板价，就是我这个有了 10 多年股龄的老股民，也一样割在了地板价。当时是 6 月 5 日（星期二），上午还是满地躺着“跌停”板，下午一开市便来了个“绝地大反击”，展开了气势磅礴的新一轮大行情。我是这天上午清仓的。几天后，又忍不住追高买入。一个来回，损失不少。这一幕，我至今记忆犹新。每当新一轮行情刚刚启动，总会有人成功抄底，也会有人割地板价。现在需要的是，不要忘记“历史”，曾经有过的错今后不要再犯。

“当在我周围的朋友们都以笑之而赢利的时候，可我的心里是有一点点的失落，感觉被股票忽悠了”：相信你当时的心情，许多股民都或多或少经历过。我也一样，经历了无数次这样的失落。好在现在的你已经不是一年前的你了：“这段时间很多朋友的‘哭声’或‘无声’都一一显现出来了，没有以往的那种激情和喧哗了，但在我心里也没有那时的恐惧和无奈了，只是默默地等待黎明的出现……”但还是要记住一句重复了多次的话——勿以涨喜，勿以跌悲。

“看股市的涨跌就是看你如何看待金钱”：没想到，我随意说的一句话被你牢牢地记在了心里头。其实，自己平时辛苦得来、省吃俭用、投入股市的钱，谁人不“肉痛”？“把金钱当做数字”也是不得不采取的心态。而且，随着时间的推延，这种心态反而能够“视钱如钱”、“珍惜金钱”，因为欲速则不达嘛！

“在这个时候，我选择总结过去，获取经验”：从字里行间可以看出，你比过去成熟了许多，除了儿时的那种天真、率直，又多了一份凝重与责任。我们来到这个股市的第一天起，就注定是来吃苦的，会充满艰辛与不易。尽管，大家来这个市场的时候都充满了雄心，充满了壮志，都认为自己的水平与能力不比别人差，定会取得过人的业绩。但实际情况可能远非如此。正如人来到这个世上的第一天起，就注定会与成功与失败为伍，会有喜悦与泪水相伴。有了这样的思想准备，天大的事来了，都会坦然面对了，更何况股市涨跌这样的“小事”。鉴于这样的考虑，在高风险的证券市场投资，一定要用空闲的时间，拿出家里一少部分闲钱来投资。“总结过去，获取经验”永远都不会过时，永远都不会有错。

（写于2008年4月3日）

## 股市“送”来大“红包”

“十次操作九回输”，重要原因之一是投资者太想赢了，过于追求“赚快钱、赚大钱”，频繁进行“追涨杀跌”所致。古人云：“欲速则不达”、“心急喝不了热粥”，说的就是这个道理。

“双节”将至，“红包”渐热。有长辈送给晚辈的，有客人送给“新人”的，有企业发给员工的，还有生意人发给客户的，等等，不一而足。最近，业余股民的我也意外地“收”到了一只特殊的“红包”，是股市送来的。

11月10日收盘时，上证指数为1874.80点，本人操作的两个账户几乎满仓。当时股票市值为409995元，资金余额753元，合计410748元。一个半月之后（12月26日），上证指数收盘1851.52，跌1.24%；而我两个账户的股票市值为219026元，资金余额271655元，合计490681，增加了79933元，增幅19.46%。一涨一跌，两者相差20.7个百分点。如果用余资按现价（26日收盘价）将仓位恢复至11月10日满仓时所持有的股票，还剩资金33496元，比原满仓时所余资金多出了32743元，即：“现在”与11月10日收盘相比，持有的股票品种和数量保持不变，但资金却多出了32743元，这多出来的资金，相当于股市“寄”来的大“红包”。

一个半月时间，大盘下跌了1.24%，我却“收”到了股市“送”来的内装3万余元现金的大“红包”！惊喜之余，我也在不断地总结和反思，感悟其中的道理。

**有耕耘才会有收获**

股市里的耕耘，一方面体现在操作的频率和节奏上。在此一个半月时间里，我有20个交易日进行了买卖，一共操作35次，其中买入13笔，卖出22笔。假如在此期间不作任何操作，不仅股票数量不变，而且资金也不会多出一分钱。另一方面，股市里的耕耘，还体现在操作之外。如果操作不当，“多动症”不仅不能带来良好的回报，反而有可能适得其反。其中重要的奥秘是“功夫在平时”，而非操作时。比如，何时买卖、买卖什么、数量多少，心中都要有本账。只有“平时”功夫深、勤钻研、肯吃苦，付出比别人更多的劳动，才会在“战时”拉得出、打得响，才能招之即来、来之能战、战之能胜。

**越想得到越得不到**

论付出，有些投资者可能会说，我的付出也不少啊：一天到晚盯着盘面、时刻关注行情变化、操作几乎每天都有，可就是“运气”不佳。好像市场在故意与我作对，与我“过不去”，每次操作，十有八九都是错的。其实，类似的情况，大家都遇到过，亏钱的原因也不在市场本身（系统性风险除外），而是在投资者自已身上。“十次操作九回输”，重要原因之一是投资者太想赢了，过于追求“赚快钱、赚大钱”，频繁进行“追涨杀跌”所致。古人云：“欲速则不达”、“心急喝不了热粥”，说的就是这个道理。

**心平气和好赚大钱**

说实话，我的这35次操作，有许多次都是买入后下跌，卖出后上涨，但由于对自己的操作有足够的信心、耐心，基本不采用“止损术”、“追高法”，而是相反，即买入后如再跌，则越跌越买，卖出后如再涨，则越涨越卖，操作的结果最终多数都做了“正差”（高抛低吸），很少做“反差”（追涨杀跌）。当然，心平气和好求却难做到，最典型的莫过于每当出现“刚卖出的股票一路狂涨，刚买入的股票却又跌个不停”这种情况时自己的失落和遗憾，每当此时，对投资者的信心和耐心的确是个不小的冲击和考验。实际上，能够经得起这种考验的人，离胜利往往也就不远了。

股市有“红包”，一点也不假，“红包”发给谁，市场说了算。面对股市“送”来的这只大“红包”，下一步，我仍将不惧不贪，按计划行事：每跌50点，再买入两成，若跌250点，则再次满仓。但愿到那时，股市“送”来的这只“红包”又比现在看到的要大得多。

（写于2008年12月28日，原载于2009年第1期《股市动态分析》杂志）

## 炒股不能功利短视

力争做一名淡泊功利、目光远大的投资者，以此作为股市投资的“座右铭”。

功利短视，不仅在日常生活中要不得，同时也是股市投资的大忌。

在股市投资，筹了资金、费了心思、花了工夫，目的只有一个，那就是获利。如能在短时间里，获取利润的最大化，当然更好。然而，有句古话，叫做欲速则不达。炒股也一样，不能功利短视，因为“心急吃不了热粥”。

期望“短线赚快钱”往往落空，“有颗平常心”却常常带来惊喜。下面就以我投资中国联通和林海股份为例，谈谈怎样才能做到不功利、不短视。

要耐得住寂寞。炒股的人都希望自己能够骑上“黑马”，最好是匹大“黑马”，越“黑”越好。事实证明，绝大多数投资人也骑过这样的“黑马”，只不过品种、数量不一、“黑”的程度不同而已。但骑上“黑马”后，真正能够骑到底的却不多，多数人在“黑马”尚未启动，或刚刚开始奔跑的时候，就早早地被赶了下来，最终与“黑”无缘。究其原因，主要是耐不住寂寞，无法忍受“黑马”启动前的震荡、调整，甚至大幅洗盘。殊不知，这是多数“黑马”在奔跑前必须经历的“阵痛期”。记得在2007年“530”前后，我以5.62元的价格买入中国联通8700股。买入后，许多牛股一飞冲天，但中国联通就是不涨，始终在一个小的区间内窄幅波动。两个月后的7月25日，当时上证指数4320多点，本想将持有的联通以6.27元的价格获利卖出，三个月后，又想以50.62元的价格换入中国铝业。当时，也是犹豫再三，心里没底。但最后，还是理智战胜了冲动，没有轻举妄动，因而也就没有被联通这匹大“黑马”赶下来。

要顶得住诱惑。一些投资者之所以会被潜在的“黑马”赶下来，还有一个重要的原因，就是经不起“黑马”狂奔的诱惑。在两市一千多家上市公司里，时常会有涨停的品种出现在涨幅榜上，有的甚至接连几个涨停，强烈地刺激着股民的眼球。与此同时，自己手里拿的股票却老是作“原地踏步”，甚至逆市下跌。每当此时，一些投资者往往经不起诱惑，很容易情绪失控，抛掉日后的大“黑马”，追入当时的“强势股”，结果做反。还是以中国联通和林海股份为例。当时，除了中国铝业，还有两种方案可供自己选择：一是“弃弱择强”，卖出当时的“弱势股”中国联通（时价6.27元），去换入我自己长期跟踪、非常看好、当时还逆市大涨的“强势股”林海股份（时价8.86元）。按照时价，除去交易成本，8700股中国联通当时可换6095股林海股份；二是“守弱弃强”，顶住诱惑，继续持有中国联通，对林海股份继续观察。后来，还是采取了防守策略，以静制动，选择了“不操作”，终于顶住了这次林海对我的诱惑，否则，“后果”不堪设想。

要经得起考验。在耐得住寂寞、顶得住诱惑的同时，还要经得起考验。这种考验，表现在来自大盘、个股、心理、政策等多方面的压力。比如，大盘涨、你不涨，别人赚、你没赚，涨了踏空、跌了套牢，等等。每当碰到这样的压力时，尤其要提醒自己，要沉住气，不为所动，耐得住寂寞，经得起考验。鉴于这样的考虑，我所持有的中国联通，既没有去换中国铝业，也没有去调林海股份，而是选择了坚守，选择了持有。在随后的9个月时间里，风光一时的中国铝业疾速下挫，牛气冲天的林海股份也大幅下跌，而默默无闻的中国联通却大放光彩，逆市大涨，成了两市少有的明星股票之一。2007年4月17日，见中国联通和林海股份都已到达自己理想的卖、买价位，终于如愿地进行了换股操作，先以8.26元的价格将8700股中国联通全部卖出，再以5.70元的价格换入林海股份12481股（实际买入12500股）。

用同样数量的中国联通去换林海股份，选择不同的时机操作，竟有如此大的差异：9个月前只能换6095股，9个月后就能换12481股，增加了6386股，增幅达到105%，翻了一倍还多。奥秘何在？表面看是因为换股的时机不同，实际则反映了投资理念和心态上的差异，即，不追涨，不杀跌。始终提醒自己：力争做一名淡泊功利、目光远大的投资者，以此作为股市投资的“座右铭”。在漠视功利短视的同时，尽可能地去获取投资收获的最大化。

（写于2008年5月3日，修改于2009年6月20日，原载于2009年5月23日《每日商报》）

## 炒股，要经得起“考验”

考验，无处不在；考验，无时不有。这就是股票，这就是股市。只有那些面对考验而不惊慌失措，面对考验始终做到不乱方寸一步的投资者，才会在这个高风险的市场里生存，才会在这个许多人难以立足的市场里笑到最后。

做人、做事，都不可能一帆风顺，都会有风浪，都会有考验。能否经受住这些考验，尤其是在人生中遇到的最关键的几次考验，往往决定着一个人的前途和命运。

投资、炒股也一样，无时不在经受着各种考验：寄予厚望的股票刚刚买入就出现下跌，该不该“割肉”？刚刚看空的股票一卖出就大幅上扬，要不要“接回”？逢高卖出后，希望大盘回落以便逢低接回做个差价，大盘和个股却只涨不跌；逢低买入后，希望大盘反弹以便摊低成本获些小利，大盘和个股却跌跌不休……

这样的经历、这样的考验，所有的投资者都或多或少地经历过。但在同样的考验面前，其结果不同的投资者却迥然不同。差异何在？在于不同的投资者采取了完全不同的心态和完全不同的操作方法。

2009 年初，笔者按照事先拟订的计划，分别卖出了中国铝业、新乡化纤和银鸽投资，准备待大盘和个股回落时再逢低买回，赚些差价，总仓位也由原来的半仓降到了 1/3 左右。然而，“怕涨思跌”的我不仅没有如期迎来大盘和个股的下跌，反而出现了小幅上涨的相反走势。投资者发现，震荡市道里轻仓盼跌的难度一点都不亚于熊市里满仓盼涨。

当指数和个股出现与自己的预期相反的情况时，对投资者的确是个不小的考验。股票卖出了，仓位也轻了，大盘和个股却一个劲儿地上涨。“会不会踏空啊？”“是不是‘牛’又回来啦？”“该不该不计成本地进场？”类似的想法往往会突然地出现在投资者的脑海里。

上面 3 只个股卖出后，在随后的几个交易日里，大盘和个股依然顽强地运行在“上升通道”。与此同时，卖出的这些股票也都在卖出价的上方运行，不给自己任何“接回”的机会。面对自己卖出的品种“一去不回头”，也动过“反差”接回的念头，好在最后还是理智战胜了恐惧，经受住了这样的考验，没有高价买入。要不，按照当时“想法价”买入，与收盘价相比，一个来回将减少资金 1000 多元，又将留下不小的遗憾。

如果说，卖出的股票不在高位“反向追入”对投资者是一种考验，那么，买入的股票不在低位“反向杀出”对投资者也是一种考验。而且，对于自己看好的股票，当买入后出现下跌，还要敢于在仓位控制的基础上，越跌越买，当然这也需要经受住“恐惧”的考验。

考验，无处不在；考验，无时不有。这就是股票，这就是股市。只有那些面对考验而不惊慌，面对考验却不失措，面对考验始终做到不乱方寸一步的投资者，才会在这个高风险的市场里生存，才会在这个许多人难以立足的市场里笑到最后。

（写于2009年1月18日，修改于2009年6月6日，原载于2009年7月10日《经济参考报》）

# 尾声

## 做个股市“硬汉”[①]

2008年10月以来，沪深股市一改长达一年多时间的低迷，出现了连续8个多月的单边上扬。期间，两市不经意来根数十点的长阳，时不时出现低开高走的壮观场景，投资者持股或建仓的积极性明显提高。有时，虽然两市指数涨幅不大，但个股的表现热情依然不减，投资者入市的积极性日益高涨，日K线、周K线、月K线都是连续收出多根阳线，投资者赚钱的效应又开始逐步显现。

然而，就在过去的2008年，在大盘和个股跌跌不休的日子里，能够从容坚守或逢低建仓的投资者却并不多见。不少人不仅手头的资金不敢买股票，而且持有的股票也拿不住。如今，随着大盘和个股的上扬，这部分投资者又开始反手做多，加入到了“抬轿者”的行列。当然，在上涨过程中分批买入也没有错，毕竟股市还有“买涨不买跌”的说法，况且各人的投资风格也不一样，没有必要也不可能做到千篇一律。但假如能在去年底大盘和个股跌的时候，将持有的筹码“抱住不放”，用剩余的资金“越跌越买”，结果就会大不一样。这样的投资者，不仅其整体收益远在追涨买入者之上，而且用冷静

---

① 写于2008年7月11日，修改于2009年7月5日，原载于2009年7月10日《经济参考报》。

的目光去审视这些投资者便会发现，他们显然不是一般的投资者，而是用特殊材料、像炼钢那样百炼而成的真正的“硬汉子”。

不是所有的材料都可以炼成钢铁的。炼钢需要用特殊的材料，当然不是随便拿来什么材料都可以去炼的。要想成为股市“硬汉”，“炼钢”前，同样要经过筛选、鉴别。什么样的投资者适合“炼钢”，情况千差万别，但有一点是共同的，即必须是用特殊材料做成的。大盘在6000点上方的时候，众人一致看多、做多，你也跟着看多、做多；大盘到了2000点下方的时候，大家一致看空、做空，你也跟着看空、做空。如果这样，说明你只是个极普通的投资者，与一般人没什么两样，这样的“材料”肯定不适合“炼钢”，最终也“炼”不出“好钢”。但假如，你有与众不同的思想，有着自己独立的思考，不随波逐流，不人云亦云，你就具备了“炼钢”的潜质和条件，就会经得起烈火的锤炼，就有可能炼成一块坚不可摧的难得的“好钢”。

炼钢的过程是痛苦的。钢铁是个好东西，能承载无数的负荷，担当起支撑大厦的重任。然而，人们看到的，大多是在繁华的都市里用钢铁支撑起来的林立的高楼，却很少有人会想起，“他们”曾经在烈火中锤炼的样子。当大盘和个股涨到一定点位（价格）的时候，回过头去看看这些特殊的股民买入时的点位和建仓的成本，你可能会感到羡慕，但谁能体味他们当时选择默默坚守和逢低买入时所承受的风险和压力？从6000、5000、4000，到3000、2000，一个个整数大关相继告破，期间，连3000“政策底”、2000整数关都毫无招架之力，一捅即破、纷纷失手。随着股市的连续暴跌，有的投资者把2007年牛市里“赚”的利润统统还了回去，有的连老本也亏了进去，还有的亏得只剩下了一些零头。眼看着自己的市值“水落船低”、不断缩水，不少股民连看一眼自己的账户都没了勇气，还有的发誓“从今往后再也不入股市”，等等。然而，即便是在这种最难熬的黎明前的黑夜，还是有部分股民看到了希望，选择了坚守，挺了过来，走到了今天。这就是痛苦的“炼钢”过程。

只有经历过烈火锤炼的钢铁才能成大器。20世纪中叶，有一本小说，名叫《钢铁是怎样炼成的》。小说的主人公保尔·柯察金饱尝了生活的苦难，练就了革命精神和反抗性格。十月革命爆发后，只有16岁的他，就参加了红军。无论在炮火年代，还是在国民经济建设时期，保尔·柯察金都表现出了大无畏的精神和钢铁一般的意志。由于在战争中多次负伤以及劳累过度，他全身瘫痪，双目失明，被牢牢地禁锢在了床上，但他战胜了精神与肉体的打击，拿起笔来歌颂为建立苏维埃政权而奋斗的英雄，以顽强的意志和惊人的毅力创作出了这部脍炙人口的长篇小说《钢铁是怎样炼成的》。

保尔·柯察金的英雄形象曾经激励和鼓舞了几代人。每当人们在工作、学习、生活中遇到了一些困难，只要一想起《钢铁是怎样炼成的》这本小说，只要一想起保尔·柯察金，再大的困难也会变得渺小、变得算不了什么。工作、生活是这样，投资、炒股又何尝不是这样呢?!

**作　者**